MILF-MÄDCHENRECHNUNG

KATJA GRACH

MILF
MÄDCHEN
RECHNUNG

WIE SICH FRAUEN HEUTE
ZWISCHEN FUCKABILITY-ZWANG
UND KINDERSTRESS AUFREIBEN

SCHWARZKOPF & SCHWARZKOPF

INHALT

EINLEITUNG: DIE MILF IST UNTER UNS 7

**1. DIE MILF IN DER POP-
UND PORNOKULTUR** 23

**2. GIRLS JUST WANNA HAVE A CHOICE,
SEX & FUN(DAMENTAL RIGHTS)** 47

3. DER FUCKABILITY-FAKTOR 119

4. REAL-LIFE-MILF AM WICKELTISCH 165

5. UND JETZT? 215

Die MILF ist unter uns

Die MILF ist ein Mutant, ein kulturell weiterentwickeltes Mischwesen aus uralten Frauenidealen – sie ist Mutter und zugleich sexuell attraktiv. Heilige und Hure in einem. Der Begriff begegnet uns im Porno als Genre für »reifere« Frauen, in Medienberichten über Stars, die gerade erst geboren haben und schon wieder perfekt erschlankt über rote Teppiche stolzieren, sowie als kulturelles Gütezeichen für Mütter, die *trotz* Babybrei und Kinderkacke-Phasen noch immer zwischen 8 und 10 Punkte auf der Fuckability-Skala erreichen. Schließlich steht die Abkürzung MILF für »Mother I'd like to fuck«; also die Mutter, die man(n) gerne vögeln möchte.

Die MILF gebärt und zieht Kinder groß, während sie trotzdem das versaute Luder bleibt, das sie immer schon war. Es sieht fast so aus, als bräuchte die Midlife-Crisis des Partners keine jüngere Geliebte mehr, weil die MILF durch ihren Sexappeal die Konkurrentinnen aussticht und als Trophäe durchgeht, mit der sich auch Herren mittleren Alters schmücken können. Denn eine richtige MILF will – trotz Alter und Mutterschaft – Sex und sexuell attraktiv bleiben. Sie bringt ihren Körper bereits nach der ersten Geburt schnellstmöglich wieder in Form und sonnt sich in den bewundernden Blicken anderer Mütter, Ehemänner und Pubertierender. Die Bezeichnung »MILF« wird zum verbalen Arschgeweih für ein Sexleben »nach« der Mutterschaft – so oder so ähnlich lassen sich aktuelle Diskurse rund um die vögelnswerte Mutter zusammenfassen.

Anders als zur Zeit der sexuellen Revolution, wenn wir sie so nennen wollen, geht es nicht mehr nur darum, überhaupt Sex zu haben und dabei möglichst frei von Konventionen zu sein. Heute geht es – wie in so vielen anderen Lebensbereichen auch – um den Marktwert von Sexualität. Ist der Sex gut? Wie gut? Wie lang? Ja, ist überhaupt der Sexpartner oder die Sexpartnerin heiß genug? Besonders für Frauen geht es heute darum, möglichst lang »fickbar« zu bleiben.

»Ich mach nicht denselben Fehler wie meine Großmutter und werd einfach nur 'ne alte, faltige, nette Frau. Ne, ne. Ich muss fickbar bleiben. Na klar, sonst werd ich aussortiert. Natürlich, wir müssen unsere Fuckability-Spanne verlängern. Von 15 bis 75 müssen wir fickbar bleiben, denn sonst haben wir versagt.«

Carolin Kebekus in »Die Anstalt« auf ZDF (2015)

Doch woher kommt diese Vorgabe eigentlich? Vor gut 60 Jahren wurden vor allem junge Frauen mit Schönheit und Sexappeal in Verbindung gebracht. Heute ist mit 30 Jahren noch lange nicht Schluss. Mutterschaft oder Alter scheinen Frauen nicht generell von der Erwartungshaltung zu erlösen, sexuell attraktiv oder, wie Kebekus es nennt, »fickbar« zu bleiben. Das ist, auf Neudeutsch gesagt, der Fuckability-Faktor. Fuckability als Garantie dafür, wahrgenommen zu werden, Aufmerksamkeit zu generieren, vor allem Aufmerksamkeit als Frau. Dieses Thema haben auch die US-Komödiantin Amy Schumer und ihre Kolleginnen Julia Louis-Dreyfus, Patricia Arquette und Tina Fey aufgegriffen: In einem satirischen Clip namens *The Last F-able Day* für den Sender Comedy Central machen sie sich über die traurige Realität lustig. Nämlich dass auch in der Filmindustrie Hollywoods das Ablaufdatum für bestimmte Rollen und Besetzungen davon abhängig gemacht wird, wie sexuell attraktiv eine Darstellerin eingestuft wird.

Kritische Stimmen könnten jetzt abwinken und meinen: »Das war ja immer schon so: Frauen sind eben das schöne Geschlecht.« Mag sein. Bloß waren Mütter kulturhistorisch gesehen zumindest lange Zeit als asexuelle Wesen von der gesellschaftlichen Diskussion um sexuelle Attraktivität ausgeschlossen. Dass Mütter für die breite Masse als sexy gelten, ist definitiv neu.

Heute kennen den Begriff »MILF« fast alle. Die Abkürzung für »Mother I'd like to fuck« geht auf die US-Teeniekomödie *American Pie* aus dem Jahr 1999 zurück. Darin prägte Jennifer Coolidge in der Rolle als »Stifler's Mom« die MILF der westlichen Popkultur. Den Grundstein dafür legte bereits die berühmt-berüchtigte Mrs. Robinson 1967 in dem Film *Die Reifeprüfung*: Eine verheiratete Frau und Mutter verführt einen viel jüngeren Mann. Das war, noch vor dem offiziellen Beginn der sexuellen Revolution, ein Tabubruch sondergleichen. Kein Wunder, dass die Geschichte für Mrs. Robinson ziemlich frustrierend ausging. Stifler's Mom hingegen kam unbeschadet davon und durfte sich auch in den Fortsetzungen einer großen Fangemeinde erfreuen. Parallel dazu sprang auch die Pornoindustrie auf diesen Zug auf und schuf für die MILF ein eigenständiges Genre. Seit 2006 werden in der Branche sogar Auszeichnungen in der Kategorie »MILF of the Year« verliehen.

Seither ist der MILF-Markt rasant gewachsen, und selbst unter Jugendlichen ist der Begriff längst Teil der Alltagssprache geworden. 2015 widmeten die 1999 geborenen YouTube-Stars[*] Die Lochis eine ihrer zahlreichen Videoparodien den heißen Müttern (*Ich mag MILFs*). Der Text, der vor allem von einem minderjährigen und jüngeren Publikum als Die Lochis selbst konsumiert wird, wartet mit Aussagen auf wie »Auf eine sexy Mutter hab ich immer Lust« und »Sei ein Gentleman, dann kannst du sie auch später bangen«. Im mittlerweile wieder eingestellten interaktiven Social-TV-Format joiz Germany wurde das Duo auch zu einem Spiel namens »MILF or milk« eingeladen, bei dem sie raten mussten, welche der gezeigten deutschen Promifrauen eine echte MILF sei und welche noch kein Kind bekommen habe. Bei einem falschen Tipp sollte ein Glas Milch auf ex getrunken werden. Was MILF bedeutet, muss(te) dabei niemandem mehr erklärt werden. Auch in den sexualpädagogischen Workshops, die ich unter anderem mit Jugendlichen abhalte, fällt dieses Wort immer wieder ganz selbstverständlich.

---

[*] 2016 hatten mehr als 2 Millionen Menschen ihren YouTube-Kanal abonniert.

Mütter sind nun also offiziell sexuelle Wesen. Im Real Life waren sie das an sich schon immer, sonst hätte das mit der Fortpflanzung ja wohl kaum geklappt. Aber um die echten Mütter geht es in der Diskussion eigentlich recht wenig. Dabei stehen gerade sie den MILFs aus der Pornowelt und der Popkultur gegenüber, auf die alles Mögliche von Weiblichkeit, Frausein, Fitness, Coolness, Sexyness, Erfolg, finanziellen Unabhängigkeit bis hin zur Emanzipation projiziert wird.

In diesem Buch geht es genau um den Zusammenhang dieser »Dreifaltigkeit« der MILF: Porno, Popkultur und Real-Life-Mütter. Es stellt sich die Frage, was eigentlich hinter diesem MILF-Hype steckt. Immerhin ist das dazugehörige Porno-Genre in den letzten Jahren quasi explodiert, der Begriff Teil der Alltagssprache geworden und damit auch eine mögliche Erwartungshaltung an reale Frauen.

Maßgeblich an dieser Entwicklung beteiligt sind Kirche, Politik und Wirtschaft. Alle drei tragen in unterschiedlichem Ausmaß an entscheidenden Stellen in der patriarchalen* Kultur- und Religionsgeschichte ihr Schäuflein bei. Sie profitieren am meisten, wenn Frauen in Schach gehalten beziehungsweise beschäftigt werden – ob mit Idealbildern oder zu vermeidenden Negativbildern. Und so bringt auch die MILF gutes Geld für die Schönheits-, Unterhaltungs- und Pornoindustrie. Sie bietet Brot und Spiele und reicht dem anti-feministischen Backlash die Hand. Die MILF hat nichts mit sexueller Freiheit zu tun, sondern mit Kalkül. Eine MILF-Mädchenrechnung eben. Ich gebe zu, das ist eine gewagte

---

* Das Patriarchat bezeichnet eine Gesellschaft, in der die Rechte, Normen und Werte vor allem von Männern bestimmt und geprägt werden. Eng damit verbunden ist auch das Abstammungsrecht, das vom Vater ausgeht. So wurde Vermögen z.B. früher ausschließlich über die Vaterlinie weitergegeben, der Familienname durch den Nachnamen des Vaters festgelegt sowie die Braut bei einer Hochzeitszeremonie vom Brautvater an den Bräutigam übergeben. Die Frau nimmt in dieser Gesellschaftsform eine dem Mann untergeordnete Rolle ein.

These. Keine Sorge, ich nehme mir Seite für Seite vor, sie zu belegen. Gleichzeitig muss ich vorwarnen: Es wird komplex.

Entweder oder: Heilige vs. Hure

In der guten alten Zeit, in der die Mutter noch nicht als Hybridwesen scheinbar alles, was im 21. Jahrhundert von einer Frau erwartet wird, gleichzeitig verkörperte, gab es die klare Trennung zwischen Heiliger und Hure. Diese zwei Gegensätze boten Orientierung und Hierarchie. Sie sicherten über Tausende von Jahren hinweg das »friedliche« Zusammenleben von Männern und Frauen durch das Mutterideal und seine geächtete Gegenspielerin. Dazwischen gab es keinen Platz. Ganz klassisch entweder/oder.

»Die Mutter« war die Heilige. Sie zeigte auf, was als erstrebenswert galt, was gut und schön und eben die Norm war, an der sich alle weiblichen Wesen orientieren konnten. Sie war rein, sie war asexuell, sie war fremdbestimmt durch ihren Ehemann. Sie war die ideale Frau und stark von christlichen Werten geformt und geprägt.

»Die Hure« als Gegenspielerin der reinen Mutter und Heiligen galt als Wesen mit schlechtem Charakter, bösartig, zügellos, selbstbestimmt und vor allem sexuell aktiv. Diese Kombination schien Angst zu machen und musste am besten im Keim erstickt werden.

So wurde versucht, jedwedes Ausbrechen in diese Zügellosigkeit zu unterbinden: Kirchengelehrte stellten sich vor, dass »gute« Frauen rein zur Fortpflanzung den Geschlechtsverkehr (in der Ehe) über sich ergehen lassen würden/sollten. Spaß oder Lust sollten dabei möglichst vermieden werden. Alte Ratgeber aus dem 19. Jahrhundert für die »gute Ehefrau« geben ein eindrückliches Zeugnis von diesen »Sextipps«.

In Erzählungen der patriarchalen Religions- und Kulturgeschichte rund um Dämoninnen, Hexen, Vampirinnen, Amazonen und andere Schlampen wurden diese als Platzhalterinnen für »die Hure« wahlweise mit Tod, Wahnsinn oder Verbannung bestraft. Sie sollten ganz klar nicht Teil einer »guten und richtigen« christlich-jüdisch geprägten Gesellschaft sein und wurden daher – schön formuliert – ausgeschlossen.

Und in der Praxis musste eine Mutter ohne Ehering für ihr »Vergehen« bestraft werden. So dienten in den ersten »Geburtshäusern« die unehelichen Mütter beispielsweise als Versuchskaninchen für gynäkologische Untersuchungen und Operationen. Der Kaiserschnitt wurde an ihnen »erprobt«. Viele überlebten ihn nicht. Freiwillig hätte sich wohl keine Frau weg von den Hebammen hin in die Hände von in der Geburtshilfe nicht geübten Männern begeben. Aber uneheliche Mütter waren eben keine Heiligen und mussten büßen, indem sie für ihr Vergehen entweder Strafe zahlten und/oder nutzten, was ihnen als Geburtshilfe zur Verfügung stand.

Heutzutage scheinen wir uns oberflächlich gesehen vom Gegensatz Heilige und Hure verabschiedet zu haben. Zügellosigkeit ist längst salonfähig geworden. Mutterschaft schließt Sexyness nicht mehr aus. Doch wenn wir ehrlich sind und genau hinschauen, haben wir den Punkt noch nicht erreicht, an dem das Recht am eigenen Körper und das Recht auf sexuelle Selbstbestimmung für alle und in gleichem Maße gilt – egal wie viele nackte Popos über den Bildschirm flimmern. Nackte Haut ist kein Zeichen für Freiheit, sondern ein Symptom der freien Marktwirtschaft.

Auch die Politik interessiert sich noch immer sehr für »geordnete« Verhältnisse, sie begünstigt gerne die heterosexuelle Kernfamilie und belastet Alleinerziehende. Beim Thema Schwangerschaftsabbruch reichen sich Politik und Kirche gar die Hand, wie US-Präsident Donald Trumps Einsparungen zeigen bezüglich Organisationen, die auch in puncto Abtreibung beraten, oder die Proteste gegen das Abtreibungsverbot in Polen. Rechtskonservative und christlich fundamentale Zusammenschlüsse hierzulande setzen sich ebenfalls für die Rettung der heterosexuellen Kernfamilie inklusive Bund der Ehe ein. Gleichzeitig machen sie gegen eine Sexualpädagogik der Vielfalt und sogenannte »Genderideologie« mobil und stehen damit der sexuellen Selbstbestimmung von Frauen wie Männern im Wege.

Auch das Internet und die Medien sind zum Schauplatz der Auseinandersetzung Gut gegen Böse beziehungsweise Heilige vs. Hure geworden. Die Bedeutungen haben sich allerdings etwas verschoben. Die Heiligen sind jene, die mit dem Strom schwimmen. Im 21. Jahrhundert sind das eher die »bösen sexy Mädchen«, die MILFs, die nackten oder halb nackten Mädchen, die sich für die österreichische *Kronen Zeitung* oder die *Bild* ablichten lassen, diejenigen, die den Feminismus längst als überholt sowie übertrieben sehen und meinen, sie bräuchten keine Frauenrechte mehr, sie könnten sich gut selbst durchsetzen. Die Position der Huren hingegen haben immer noch die Widerspenstigen inne, diejenigen, die eben gegen den Strom schwimmen, die gegen Regeln verstoßen, die nach wie vor für Freiheiten kämpfen (unter anderem für Frauenrechte) oder die einfach »typische« Männersachen machen, dabei laut und sichtbar sind oder manchmal auch einfach nicht dem Schönheitsideal entsprechen. Weil sie zu fett sind, sich ihre Beine, Achseln und Schamhaare nicht rasieren und damit sowieso zu hässlich sind, um überhaupt das Wort ergreifen zu dürfen oder als »fickbar« durchzugehen. Gerade bei Letzterem sind wir schon mitten im klassischen digital-verbalen Auswurf, der den Huren des 21. Jahrhunderts täglich zuteilwird. Allein nicht irgendeinem optischen Ideal zu entsprechen, genügt oftmals schon für Hate Speech in Form von Vergewaltigungs- und Morddrohungen. Oder wenn Frauen Männerthemen besetzen. Sportjournalistinnen sind da ein beliebtes Ziel. Auch das sogenannte »Slut Shaming«[*] – wie

---

[*] Slut Shaming bedeutet in etwa, dass eine Person als »Hure« eingestuft und dadurch ausschließlich sie selbst verantwortlich gemacht wird, wenn sie Opfer von Gewalttaten wird. Dadurch passiert eine Täter-Opfer-Umkehr.

die Gerichtsverhandlungen und Berichterstattung rund um Reality-TV-Star Gina-Lisa Lohfink eindrücklich gezeigt haben – ist eine gängige Form des Nachtretens. Und manchmal reicht auch schon ein dezentes Lächerlich-Machen, wie es einige Medien zum Beispiel bei Bundeskanzlerin Angela Merkels immer wieder machen oder gemacht haben (Oh, Frau Merkel im Badeanzug, da müssen wir unbedingt etwas über ihre Figur schreiben.* Oh, Frau Merkel hat auch einen Busen, das ist uns einen Artikel wert**…).[2] So funktioniert jedenfalls Platzanweisung in einer hierarchisch strukturierten Gesellschaft. Auch das sichert ein »friedliches« Zusammenleben. Die einen haben das Sagen, die anderen halten den Mund beziehungsweise werden mundtot gemacht.

Heilige + Hure = Komplettlösung?

Die Heilige-vs.-Hure-Propaganda hat sich mittlerweile stark weiterentwickelt. Heute gilt nicht mehr: »Wenn du nicht A bist, bist du automatisch B.« Heute heißt es: »Sei beides« beziehungsweise »Sei alles! Sei Heilige/Mutter und Hure zugleich. Sei eine MILF!« Das passt perfekt in unsere selbstoptimierende Leistungsgesellschaft.

Beruf und Familie unter einen Hut bekommen war gestern. Schließlich wachsen Menschen an ihren Herausforderungen. Weil aller guten Dinge drei sind, macht nun erst der Fuckability-Faktor die Vereinbarkeitsdebatte komplett. Ganz so, als würden wir Job und Elternschaft längst mit Leichtigkeit schultern und suchten einfach nach einer neuen Challenge.

---

* Dafür verantwortlich zeichnen britische Medien wie *The Sun* (2006) und *The Times* im Jahr 2014. Deutsche Zeitungen wie die *Bild* und *Der Spiegel* empörten sich darüber.[1]
** Schlagzeilen lauteten z.B. »Ein Dekolleté macht Furore« *(Badische Zeitung)*, »Ein Dekolleté geht um die Welt« *(Hamburger Abendblatt)*, »Darf sich Deutschland damit Brüsten?« *(Berliner Kurier)*, weil Angela Merkel bei der Eröffnung der Osloer Oper 2008 ein Abendkleid getragen hatte.

Vielleicht ist es aber auch andersrum und die MILF bietet sogar DIE Lösung, weil frau nicht mehr hin- und hergerissen sein muss zwischen perfekten Mutterqualitäten und dem Wunsch nach heißen Abenteuern. Die MILF als Vorlage für die neue perfekte und emanzipierte Frau. Dass sie dabei kein Heimchen am Herd ist, versteht sich von selbst. Natürlich ist sie berufstätig, natürlich ist sie nicht abhängig von irgendwelchen Männern.

Fergie Duhamels Song *M.I.L.F. $* (sprich: Milf Money) aus dem Jahr 2016 scheint genau diesen Anspruch zu erheben. Die MILF lebt autark. Fergie fordert in ihrem Song nichts von Männern, sie nennt sich unabhängig. Sie schupft den Haushalt scheinbar ohne Murren und hat ihre Kinder im Griff, sie weiß um ihren Wert und braucht keine zusätzliche Aufmerksamkeit. Sie ist unabhängig. Dafür hat sie hart gearbeitet.* Abgesehen davon zeigt sie im Video gemeinsam mit anderen Promifrauen, die ebenfalls Mütter sind, wie so richtig heiße Mommys aussehen.** Bei der Veröffentlichung der Single meinte Fergie zu *Enterntainment Weekly*, dass sie die Abkürzung MILF zu »Mum I'd like to follow« umdeute, weil es ihr darum ginge, Frauen zu stärken, die eben alles schaffen – die eine Karriere haben, eine Familie, und die noch immer Zeit finden, sich um sich selbst zu sorgen und sexy zu fühlen.*** Ein emanzipatorisches Vorbild also. Leider mit wenig Bezug für die 08/15-Mutter, die sich mit dem Spagat zwischen all diesen Baustellen abmüht. Aber popkulturell sieht es immerhin so aus, als könnten wir die

---

* Auszüge aus dem Text: »I been working all week, now where the hell is my drink? Hair and nails is on fleek. All my girls on fleek. Cause we I-N-D-E-P-E-N-D-E-N-T. Do you know what that means? Can't see me B-R-O-K-E, I'm P-A-I-D.« Auf Deutsch: Ich habe die ganze Woche gearbeitet, wo zur Hölle ist jetzt mein Getränk? Haare, Nägel und alle meine Freundinnen – alles passt perfekt. Denn wir sind unabhängig. Weißt du, was das heißt? Du wirst mich nicht pleite sehen. Ich verdiene Geld.[3]

** Unter anderem Sängerin Ciara, Topmodels Chrissy Teigen und Alessandra Ambrosio sowie Kim Kardashian.

*** »Changing the acronym to Moms I'd Like To Follow is about empowering women who do it all. They have a career, a family, and still find the time to take care of themselves and feel sexy.«[4]

Haushaltskämpfe hinter uns lassen, als wäre die MILF ein Zauberwesen, ein Einhorn. Und wer dann mit einer echten MILF zusammenlebt, der braucht keine Kompromisse einzugehen. Da gibt es keine Streitigkeiten mehr, wer den Müll runterträgt. Das hat eine MILF ja gar nicht mehr nötig.

Überhaupt stehen Frauen heute über solchen Dingen. Zumindest wird das suggeriert. Da kann der österreichische Radiosender KroneHit 2017 locker mal zu einer Aktion namens »Tutti kompletti« aufrufen, bei der sich Töchter melden sollen, die ihrer Mutti und sich selbst zum Muttertag eine Brust-OP schenken wollen. Läuft natürlich alles unter »Soziales Experiment«. Der Sender ist ja nur neugierig und will die beiden begleiten. Um die Fuckability von Frauen geht es dabei bestimmt nicht. Um irgendwelche Pornofantasien, die da leise im Hintergrund mittuckern, von wegen Mutter und Tochter … ein Schelm, wer sich so etwas denkt. Der Name der Aktion erinnert auch nur zufällig an die Erotik-Spielshow *Tutti Frutti* oder an den Begriff »Titten« beziehungsweise in der derberen österreichischen Variante »Tuttln«.[*] Eine richtige MILF steht jedenfalls darüber. Die würde bei so einer Aktion mitmachen. Sie hat ja schließlich Selbstbewusstsein.

Sie passt perfekt ins Bild der individualisierten Gesellschaft, der vielfältigen Lebens- und Beziehungsformen, bei denen alles möglich und nichts fix ist. Sie ist Single oder so eigenständig in ihrer Beziehung, dass ihr Partner komplett ins Hintertreffen gerät. Vielleicht bindet sie ihn auch beim nächsten sexuellen Abenteuer mit dem Poolboy ein. Ein Dreier gehört doch heute schon zum guten Ton. Die *Cosmopolitan* findet jedenfalls, dass diese Erfahrung auf die Sex-To-do-Liste muss. Und so eine richtig selbstbewusste MILF, ja, die macht so was, wenn sie etwas auf sich hält.

---

[*] Die Idee ist nicht neu. Im Januar 2017 hatte bereits Radio Galaxy Ähnliches probiert mit dem Slogan »Radio Galaxy Traumbusen: Bayerns unmoralischstes Gewinnspiel«.[5]

Dieses Bild der MILF, das durch die Medien und Gehirne vieler Menschen schwirrt, bietet jedenfalls lose zwischenmenschliche Verbindungen ohne irgendwelche Verpflichtungen an. Trotzdem fügt es sich gleichzeitig ganz brav der traditionellen Frauenrolle, auch wenn das nie offiziell besprochen wird:

– Die MILF übernimmt die Fürsorge für ihre Kinder – denn wer würde mit einer Mutter vögeln wollen, die ihre Kinder verwahrlosen lässt?
– Sie macht sexuell alles mit.
– Den Haushalt hat sie ebenfalls fest im Griff – die Wohnungen in den Pornos sind immer picobello, und zur Not kann sie diese Tätigkeiten ja immer noch an Einwanderinnen delegieren, die vermutlich selbst Kinder haben, aber trotzdem keine MILFs sind.* Oder anders gefragt: Kann sich irgendwer vorstellen, eine MILF in einer versifften Messie-Wohnung anzutreffen?

Die Rolle der Männer, die ja eigentlich der MILF ihren Namen geben, kommt in diesem Gedankenexperiment praktisch gar nicht vor, so sehr steht die MILF im Vordergrund. Dabei sind gerade die Herren der Schöpfung ihr Hauptpublikum, das ganze Spektakel findet einzig und allein nur für sie statt. Eine lesbische MILF, also eine reale lesbische MILF – keine, die wie im Porno nur mit Frauen schläft, um ihren Partner anzuheizen oder ihre Sex-To-do-Liste abzuarbeiten – ist schwer denkbar. Überhaupt fehlt die andere Hälfte der Weltbevölkerung in diesem MILF-Universum. Wo bleiben die Schwestern, die Girl-Gang, die Busenfreundinnen? Die MILF wirkt irgendwie einsam, auch wenn sie in Beziehungen lebt. Selbst die Heerschar an MILFs in Fergie Duhamels *M.I.L.F. $*-Video oder beispielsweise die *Desperate Housewives* gehen trotz freundschaftlicher Verbindungen (zumindest für mich) nicht als neues

---

* Auf die MILF als »weiße« Konstruktion wird im Kapitel *Die MILF in der Pop- und Pornokultur* eingegangen.

flächendeckendes Modell von Frauensolidarität durch. Auch die »Mommy Wars« in den Elternblogs im Internet scheinen nicht durchweg vor Solidarität zu strotzen. Keine MILF-Gang in Sicht, die kollektiv zum Gangbang mit einem jungen Mann aufruft. Das würde ja die Machtverhältnisse auch komplett umkehren. Ein Haufen starker Frauen, die selbstbewusst, unabhängig und vor allem gemeinschaftlich ihren Weg gehen und sich dann auch noch einen Loverboy teilen? Ich bin mir sicher, dass es viele Menschen (insbesondere männlichen Geschlechts) gibt, für die diese Vorstellung geradezu beängstigend scheint.

Wohin geht die MILF-Mädchenreise?

Zugegeben, für ein Einleitungskapitel sind wir schon ziemlich weit fortgeschritten. Doch das Thema MILF bietet so viele lose Enden, an denen angeknüpft werden kann und die auch einfach mal auf den Tisch gehören. Deshalb werden wir jedes einzelne auf den nächsten Seiten wieder aufnehmen. Die *MILF-Mädchenrechnung* macht sich dabei auf die Spurensuche nach der Entstehungsgeschichte dieses sonderbaren Wesens:
- Wie wurde aus der Heiligen und der Hure ein und dieselbe Person, die dann auch noch die »neue« heilige eierlegende Wollmilchsau verkörpert?
- Und kann eine MILF nicht auch trotzdem selbstbestimmt und sexy sein, selbst wenn ökonomische Interessen hier die Fäden ziehen?
- Was ist eigentlich mit den echten Müttern und deren Sexleben? Hat denn dieses ganze Popkultur-Tohuwabohu irgendeinen Einfluss auf sie oder ist es ihnen ohnehin total egal?
  Wir werden es herausfinden. Und auch:
- ob Sexualität heute ohne Optimierung und Superlative auskommen kann

- ob es schlechten Sex im 21. Jahrhundert noch geben darf – jetzt, wo wir Frauen sexuell befreit unsere Klitoris und unseren Orgasmus entdeckt haben
- ob Mutterschaft auch mal unsexy sein und nicht gelingen darf
- ob Frauenkörper erst dann schwabbeln dürfen, wenn Dove die nächste Video-Kampagne rausbringt
- ob ich meine Achselhaare auch schon zeigen darf, bevor sie wieder flächendeckend modern werden

  Außerdem:
- Was macht Frauen heute noch »böse« und bestrafenswert?
- Was wird geahndet und was wird wohlwollend goutiert?
- Gibt es außerhalb von *Cosmopolitan*- und *Men's Health*-Sexualität eigentlich auch noch ernsthafte Beziehungen, an denen gearbeitet wird, oder hängt die Midlife-Crisis des männlichen Parts einzig und allein an der Fuckability der eigenen Partnerin? Und wo ist hier bitte der Ausgang?

Die MILF wird dabei unsere ständige Begleiterin sein, weil bei ihr alle roten Fäden zusammenlaufen. Am Ende können wir uns die Frage stellen: Wie machen wir weiter? Können wir uns die MILF aneignen und etwas Neues daraus kreieren?

Was schließlich unter dem Strich bei dieser MILF-Mädchenrechnung herauskommt, nach all dem Aufdröseln und Auseinanderdividieren, und wie wir gemeinsam mit diesen gesellschaftlichen Entwicklungen umgehen und trotzdem gut schlafen können, steht auf den letzten Seiten.

Vielfalt wäre schön. Wäre.

Die MILF-Mädchenrechnung muss leider auch Abstriche machen. Lebens- und Liebensweisen außerhalb des heterosexuellen Kosmos, der sich ausschließlich um Männer und Frauen dreht, werden außen vor gelassen. Denn genau wie die sexuell selbstbestimmte Frau, die jahrhundertelang einfach nicht existieren durfte, waren und sind auch heute noch homosexuell Liebende, trans*idente und intergeschlechtliche Menschen je nach Kulturkreis tabu oder nur in bestimmten Rahmenbedingungen »erlaubt«. Die MILF ist ganz klar der heterosexuellen Sphäre zuzurechnen. Mit dem Gedankenexperiment rund um die lesbische MILF ist das vermutlich ohnehin schon aufgefallen. Es wird auch deutlich werden, dass MILFs nicht in jedem Kulturkreis verbreitet und jeder Einkommensschicht zuzurechnen sind. Was immer wieder mal auftaucht, sind die eigentlich ausgeklammerten sexuellen Orientierungen und Geschlechtsidentitäten, wenn es um kulturell markiertes bestrafenswertes Verhalten geht. Klingt nicht sonderlich verlockend, I know.

Kultur- und Religionsgeschichte zeigen außerdem recht eindeutig, dass Menschen oft nur in Schwarz-Weiß-Kategorien denken. So verhält sich das auch mit dem Mann-Frau-Thema. Auch wenn es real wesentlich mehr Facetten von Geschlecht und Geschlechterrollen gibt. Wenn ich in diesem Buch von Männern oder Frauen spreche, dann meine ich dabei fast immer – falls nicht anders erläutert – die Klischees, Rollenbilder, Stereotype, die in der westlichen Gesellschaft dazu existieren. Die MILF ist genauso ein Ideal, eine Fantasie, eine Projektion wie die Heilige, die Hure oder auch die Mutter. Nie ist gemeint, dass alle Frauen, Männer und Mütter genauso sind wie im Buch beschrieben. Es geht immer um die Bilder davon, die in unserer Gesellschaft existieren beziehungsweise existiert haben.

Die MILF in der Pop- und Porno- kultur

Als ich Mutter wurde, entdeckte ich feministische Mütter-Blogs, lernte digital und analog, was ein »Mummy Tummy«* ist, was von mir als Mutter erwartet wird, und in wie viele Fettnäpfchen ich dabei treten kann. Ein Wort poppte dabei ebenfalls immer wieder auf: MILF. Es klang so, als wäre das der neueste Trend. Als müsste ich darauf jetzt auch noch achten. MILF hörte sich für mich nicht nach Wohlgefühl und Selfcare an, sondern nach Leistungsdruck. Auf meinem frisch gestarteten Blogformat (krachbumm – Lifestyle, Sex und Elternschaft), auf dem ich unterschwellig feministische Inhalte im Schafspelz in die Welt zu tragen versuchte, veröffentlichte ich deshalb bald einen Artikel mit dem Titel »Will ich eine MILF sein? – Ja, nein, vielleicht«, der zu einem der meistgelesenen wurde.

Porno-MILF und Pop-MILF

Beim Versuch einer Begriffsbestimmung kam ich mit der herkömmlichen Google-Suche nicht weit. Wer MILF sucht, wird Porno finden. Nahezu ausschließlich Porno. Wie bereits erwähnt, machte die Teenie-Komödie *American Pie* den Begriff salonfähig. Die Pornoindustrie nahm ihn Anfang 2000 auf und schuf daraus schließlich ein ganzes Genre. RealityKings kreierte 2002 eine Serie namens *MILF Hunter*. Mittlerweile tragen 5 bis 6 % aller Videos auf Pornhub das Stichwort »MILF«. Das Interesse an begehrenswerten Müttern scheint groß: Laut Pornhub-Statistik[6] war »MILF« im Jahr 2017 auf Platz 3 der meistgesuchten Begriffe; »Stepmom« gelangte auf Platz 4, »Mom« auf Platz 6. Wurden nur die männlichen Pornhub-Besucher gerechnet, landete »MILF« gar auf Platz 1 der Suchbegriffe, vor wiederum »Step mom« auf Platz

---

* Oder auch ABB (After Baby Body) genannt – eben der Bauch, den viele Mütter von einer Geburt zurückbehalten.

2. In Deutschland verteilten sich »Mom« (Platz 3) und »Stepmom« (Platz 4) auf den vorderen Rängen – Platz 1 und 2 werden den Suchbegriffen »German« und »Deutsch« besetzt. Die Kategorien »MILF« und »Mature« zählten sowohl im Vereinigten Königreich, in Kanada, Italien, Australien, Spanien, den Niederlanden, Polen, den USA, Indien, Japan, Frankreich, Deutschland, Schweden und Belgien zu den beliebtesten drei. Der am meisten gesuchte Pornostar 2016 war ebenfalls eine MILF: Lisa Ann. 2017 war sie immerhin noch auf Platz 3 zu finden. Überall wo man(n) hinsieht: MILF. Das Angebot an Pornovideos aus diesem Genre ist in den letzten fünf Jahren quasi explodiert. 2016 rief Pornhub am Muttertag gar den »Milf's day«[7] aus.

Zeitgleich mit dem Aufstieg des Genres in den letzten 15 Jahren wurden viele beliebte Pornodarstellerinnen wie Jenna Jameson »älter« und erreichten die Dreißiger-Marke. Mit der Möglichkeit, in die Rolle der MILF zu schlüpfen, mussten sie ihre Karriere nun nicht gleich altersbedingt an den Nagel hängen. Allerdings gab es während des Aufstiegs dieses Genres nicht genug Darstellerinnen im »reiferen« Alter. Heute werden dafür deshalb auch Anfang-20-Jährige gecastet und als Mittdreißigerin verkauft, obwohl mensch eigentlich meinen könnte, dass die »richtige« MILF doch noch ein kleines bisschen älter sei. Natürlich gibt es diese Darstellerinnen auch; Tanya Tate zum Beispiel. Sie wurde elf Mal mit dem Award »MILF of the Year« ausgezeichnet. Sie findet, dass der Reiz der MILF darin liege, dass sie selbstbewusst, heiß und wunderschön zugleich sei.[8]

Die deutsche Pornodarstellerin Dirty Tina hat Hunderte MILF-Pornos in Heimarbeit gedreht und analysiert den Erfolg dieser Fantasie darin, dass Männer heutzutage sich auch mal fallen lassen möchten und von einer reiferen Frau angeleitet werden wollen. Das umgekehrte Spiel »Älterer Mann mit junger Frau« sei schon langweilig, sagt sie. Außerdem habe das Ganze auch mit der Emanzipation der Frauen zu tun.[9]

In jedem Fall verschwindet die Alterskluft in der Pornobranche zunehmend. Darstellerinnen wechseln von Kategorien wie »Barely legal« mittlerweile nahtlos in »Mature«. Auf das Alter kommt es dabei nicht mehr an, mehr auf die Körperform: kurvig. Oder eben auf die gedanklichen Konstruktionen, die im Hinterkopf mitschwingen: Das Tabu, die eigene Mutter zu begehren, oder das Tabu, dass ältere Frauen ebenso sexuell aktiv sind – und das alles in Kombination mit dem Tabubruch der sexuell begehrenden Frau, die eben nicht mehr passiv ist und auf den ersten Schritt wartet. Jungfräulichkeit ist out, Erfahrung ist in. Trotzdem bedienen sie eine Männerfantasie, wie sie im Drehbuch steht.

Dieses Drehbuch übt scheinbar auch direkten Einfluss auf das Sexleben von Erwachsenen aus. Porno sei mittlerweile zu einer Leitkultur für das eigene Schlafzimmer geworden. Zu diesem Ergebnis kommt Deutschlands größte Sexstudie vom Sexualwissenschaftler Jakob Pastötter, der 2008 etwa 56.000 Menschen per Internet befragte. Die Studie ergab, dass viele Menschen im Privaten versuchen, Porno-Sex nachzueifern.[10]

Nicht nur im Schlafzimmer hat der Porno Einzug gehalten, auch in der Popkultur und Alltagssprache. Er findet nicht mehr hinter dem ominösen Vorhang in der Videothek statt, sondern mitten unter uns. Worte wie »Double Penetration«* (so nennt sich z.B. ein DJ-Duo aus meiner Stadt) kommen unaufgeregt über die Lippen oder werden ganz selbstverständlich auf Plakate gedruckt und im öffentlichen Raum ausgehängt. Im interaktiven Social-TV-Format joiz Germany finden** sich im Talkformat Überschriften wie »Teenie-Hure«, »Pornostars«, »Masturbieren wie Miley Cyrus«, »Busen als Protest« oder die Rubrik »Schmutzig & indiskret«, bei

---

* Sexpraktik, die vorwiegend in Pornos dargestellt wird. Bei dieser wird eine Frau gleichzeitig von zwei Männern vaginal und anal penetriert.

** Obwohl der Sender eingestellt wurde, stehen die einzelnen Folgen nach wie vor auf YouTube zur Verfügung: https://www.youtube.com/user/joizgermany/playlists?sort=dd&view =50&shelf_id=24

der Passanten und Passantinnen nach intimen Vorlieben gefragt werden. Ausgestrahlt wurden die Sendungen von 2013 bis 2016 übrigens im Vorabendprogramm um 19 Uhr.

So verwundert es eigentlich auch nicht, dass der Begriff MILF sich mittlerweile in der Alltagssprache etabliert hat. Zahlreiche weibliche Stars werden sofort nach der Geburt ihrer ersten Kinder als MILFs betitelt. Als Gerüchte um eine mögliche Liaison zwischen Justin Bieber (22) und Kourtney Kardashian (37) laut wurden, betitelte der *Promiflash* Bieber als »MILF-Hunter«[11]. Und die deutsche Autorin Henriette Hell erzählt in ihrer *Stern*-Kolumne, dass Frauen ab 30 generell MILFs genannt werden – mit Kind oder ohne, weil: »alt und heiß«.[12] Die Abkürzung MILF ist so populär, dass ihn auch andere Wirtschaftszweige abseits der Pornoindustrie für sich entdeckt haben. So gibt es MILF-Smoothies, -Fitnessprogramme, -Diäten, ja sogar T-Shirts für Schwangere mit dem Aufdruck »MILF in Training«. Die deutsche Sängerin Judith Holofernes* spielte mit dem Akronym in ihrem Song *M.I.L.F.* und bastelte »Mixtape I would like to …« daraus, und die Band Fall Out aus Westfalen kreierte eigens den Musikstil »MILF-Rock«[13] (vermutlich auch um ein bisschen Aufmerksamkeit zu bekommen).

MILF ist doch ein Kompliment, oder?

Im Netz kursiert ein Spruch, der da lautet: »A Milf is a sexy ass mom over 35. If you are 20 with a kid, you are just a bitch with a baby«.** Moment mal: »Sexy ass mom« vs. »Bitch«? Hätten wir da also doch die Gegenüberstellung MILF vs. Hure?

---

* Auch bekannt durch die Band »Wir sind Helden«.
** Übersetzung: Eine MILF ist eine Mutter über 35 mit einem geilen Arsch. Wenn du 20 bist und ein Kind hast, bist du einfach eine Schlampe mit einem Baby.

Es gab mal so einen Satz: »Alles Schlampen außer Mutti.« Mittlerweile wäre »Alles Schlampen, auch Mutti« treffender. Wer hier wen als Schlampe oder sexy bezeichnet, kommt ganz klar aus einer Richtung: heterosexuelle Männer. Sie entscheiden, wer fickbar ist und wer nicht. Sie sind diejenigen, die MILF-Pornos am laufenden Band produzieren, die die MILF des Jahres krönen und die bei Pornhub »Mature«, »Mom« und »Milf« eintippen. Sie sind die Zielgruppe. Natürlich nicht alle. Aber doch ein Großteil.

Die Gegenüberstellung »Sexy ass mom« vs. »Bitch« ist aber auch deshalb interessant, weil sie uns gleich noch etwas außer der Begriffserklärung mitliefert:

– Junge Mütter sind Schlampen. Ganz mit der sexuellen Selbstbestimmung klappt das also doch noch nicht. Knapp 18-Jährige dürfen als Pornofantasien herhalten, aber nur ja nicht schwanger werden. Vielleicht ist das zu realitätsnah.

– Mütter sind eigentlich nicht »von Natur aus« sexy, und wenn, muss es extra dazugesagt werden. Wir erinnern uns an die Prä-MILF-Ära, als Mütter noch asexuelle Wesen waren.

– Und eben: Alles Schlampen, außer Mutti. Um die Bezeichnung »Mutter« oder in dem Fall »Sexy ass mom« zu erhalten, muss eine Frau erst mal etwas »leisten«: Ein Kind bekommen und dann auch noch attraktiv sein. Der Titel »Bitch« hingegen wird sehr schnell für jegliches nicht angepasste Verhalten verteilt.

Als ich für den MILF-Artikel auf meinem Blog recherchierte, fragte ich auch in illustren Online-Runden von Müttern nach, was sie denn von dieser Bezeichnung hielten. In den Antworten las ich von Komplimenten, davon, dass es mit Humor zu nehmen sei, und von Pubertierenden, die ihnen diese Bezeichnung nachriefen. Ich las auch von Lebensgefährten, die sich einen »MILF Hunter«-Sticker aufs Auto klebten, und Frauen, die diesen Titel stolz vor sich hertrugen. Vermutlich waren sie heilfroh, dass sie sich in der Mutterschaft noch dieses bisschen »Frausein« erhalten durften, und trugen diesen Titel mit Stolz. Klingt doch auch irgendwie emanzipiert, oder? Andere fanden es eklig und abwertend.

Frischgebackene MILFs oder doch nur Mütter?

Wie stark wirtschaftliche Interessen an der MILF beteiligt sind, zeigt die Diskussion um post-schwangere Körper in Frauenzeitschriften und in der Klatschpresse. Bis zur Geburt meines eigenen Sohnes wusste ich beispielsweise nicht, wie eine Wöchnerin tatsächlich unmittelbar nach der Geburt oder wenige Tage danach aussieht. Ich hatte mir nicht nur keine Gedanken darüber gemacht, ich hatte auch noch nie Bilder dazu gesehen. Natürlich ist es irgendwie logisch, dass ein Körper, der sich 40 Wochen lang auf dieses Ereignis vorbereitet hat, nicht innerhalb weniger Stunden so aussehen kann, als wäre nichts geschehen. Aber überrascht war ich doch sehr über meinen Post-Baby-Bauch.

In der Öffentlichkeit furios diskutiert wurde Kate Middeltons Fotoshooting nach der Geburt ihres ersten Kindes George. Alle sprachen über den Mummy Tummy, der zu sehen war. Die einen verwundert, überrascht, entsetzt, die anderen jubelnd – endlich zeigt's mal eine. Gewohnt sind wir schließlich eher Bilder von Heidi Klum, wie sie wenige Wochen nach der Geburt ihres Kindes über den Laufsteg als Victoria's-Secret-Engel schwebt.

Da wundert es auch nicht, dass Beyoncé bei ihrer ersten Schwangerschaft immer wieder mit Leihmutterschaftsgerüchten konfrontiert wurde. Umso logischer, dass sie ihre Zwillingsschwangerschaft 2017 medial inszenierte, um nicht wieder ins Kreuzfeuer zu gelangen. Ihre alte Figur hatte Beyoncé relativ bald nach der Geburt wieder. Von weiblichen Stars wird dies schließlich erwartet. Von Lieschen Müller aber mittlerweile auch. So machte im November 2016 die Handelskette dm in Österreich mit einem speziellen Beauty-Programm für Schwangere von sich reden, damit diese möglichst ansehnlich den Kreißsaal betreten können. Schließlich ist ja Hebammen und anderem medizinischen Personal der Anblick von nicht-enthaarten Beinen und unmanikürten Füßen nicht zuzumuten. Der Shitstorm ließ nicht lange auf sich warten.

Aber auch für die Zeit nach der Schwangerschaft gibt es zahlreiche Tipps, wie eine Frau wieder zum heißen Feger werden kann. Die Bloggerin *aufzehenspitzen* hat eine geradezu absurde Sammlung von Schlagzeilen zusammengestellt, die dieses »Phänomen« beschreiben.

Da bringt der Bindegurt »den Bauch wieder in Form«, bei anderen sitzt auch nach drei Monaten »nach der Geburt der Speck auf den Hüften«, ein anderes Mal wird es scheinbar selbstkritisch »unverschämte Kritik« genannt, wenn eine Frau nicht wieder schnell genug erschlankt, dann wiederum ist es der Triumph, dass das Gewicht wieder »normal« sei.

In Deutschland gibt es ein Fitness-Programm mit dem klingenden Namen month11, das Frauen bei der Erlangung der Traumfigur gleich nach der Geburt unterstützen möchte. Der Personal-Trainer nennt sich passenderweise »Der M.I.L.F.-Macher«. Also der, der die Mütter wieder für die Allgemeinheit ansehnlich und fickbar macht. Da ist er nicht der Einzige.

Auch die US-Amerikanerin Maria Kang findet, dass sich Mütter gefälligst um ihr Aussehen kümmern sollten. 2013 löste sie mit ihrer Kampagne »What's your excuse?« einen Sturm der Entrüstung aus. Im Namen der Gesundheit forderte sie Mütter auf, sich an Kangs eigenem Fitness-gestählten Körper ein Beispiel zu nehmen. Immerhin habe sie drei Kinder geboren, wenig Schlaf, würde viel arbeiten, habe keine Kindermädchen und Köch*innen usw., dafür aber Disziplin. Nun ja, damit legt sie die Latte für Mütter hoch und stellt Attraktivität Faulheit und einem ungesunden Lebensstil gegenüber.

Gleichzeitig empfinden einige Frauen gerade dieses Sich-Rück-aneignen des Körpers nach einer Schwangerschaft und/oder Still-phase als ermächtigend. Das kann auf unterschiedlichste Weise geschehen. Dafür braucht es nicht immer ein Fitness-Programm, aber wenn das dem körperlichen Wohlgefühl hilft – warum nicht? Es ist nur die Frage, ob dieser Wunsch aus meinem tiefsten Inneren kommt oder inwiefern dabei die mediale Diskussion mitschwingt. Ganz können wir uns dem ja nicht entziehen; es sei denn, wir wohnen in einer einsamen Hütte mitten im Wald ohne jeglichen Sozialkontakt.

Persönlich fühlte ich mich das erste Mal nach der Geburt wie-der als »Frau«, als ich mir meine Fingernägel lackierte. Das war für mich so etwas wie: »Hey, ich weiß, meine Haare fallen aus, mein Shirt hat seltsame Flecken, aber siehst du meine knallbunten Nägel, wie sie die Kaffeetasse halten? Mama got style!« Ein High-light, ein »Just for me«-Moment. Also ein bisschen Styling fürs »Auch noch Mensch und nicht nur Nährmutter«-Sein.

Und gerade dieses Nicht-nur-Mutter-Sein ist es, was Fergie Duhamel uns mit *M.I.L.F. $* zeigen will: Ich bin immer noch die-selbe selbstständige und sexy Frau, aber nun eben mit Kind. Ich bin nicht unsichtbar und möchte nicht im Mommyversum ver-schwinden. Denn wer will schon zum alten Eisen gehören?

Die Soziologin Waltraud Posch forscht zu Schönheitsidealen in unserer Gesellschaft. Dabei ist ihr aufgefallen, dass in unserer Kultur, scheinbar immer nur die anderen »alt« seien.[14] Die Men-schen wollen zeigen, dass sie immer noch im Rennen sind und mithalten könnten.

Gleichzeitig ist das Thema Alter und Sexualität in unserer Medienlandschaft kaum präsent, und die Tatsache, dass auch Menschen über 50 noch ein Sexleben haben, ist stark tabuisiert. Insofern könnte der Hype um den Begriff MILF und auch das Sich-selbst-Zuschreiben, eine MILF zu sein, einen Aufschrei be-deuten, dass es noch nicht ganz vorbei ist mit der eigenen Sexualität und Jugend. Vielleicht wird auch gerade deshalb die Bezeichnung von vielen Frauen mit- und voller Stolz getragen.

Aber ehrlich, wie viel Sex darf eine Mutter haben?

So sehr die MILF uns in Pop- und Pornokultur oder auch in der Warenwelt begegnen mag, ganz so einfach ist die Verknüpfung eines ausschweifenden Sexlebens als Mutter doch nicht. Damit meine ich nun weniger die Gelegenheiten dazu (darauf gehe ich im Kapitel über die Real-Life-MILF näher ein), sondern die Bewertungen, die gesellschaftlich spürbar sind.

Die Kulturanthropologin Sarah Forbes, die sich beruflich viel mit dem Thema Sexualität beschäftigt hat (sie leitete ein Museum über Sex), ist ebenfalls Mutter geworden. In einem Artikel in der *Huffington Post* beschreibt sie den Zwiespalt zwischen ihrer eigenen Annahme, dass ihr jemand die Kompetenzen als Mutter absprechen würde, wenn sie sich zu sexuell zu aktiv zeige, und dem Gefühl, als »Frau« zu versagen, wenn sie nicht einen letzten Funken sexuelle Attraktivität in die neue Rolle herüberrette.[15] Da hätten wir auch die Idee wieder, dass eine MILF schon auch gut für ihre Kinder sorgen muss und die sexuelle Aktivität in Kombination mit Verwahrlosung gar nicht gut kommen würde.

Genau zu diesem Stigma hatte auch das Magazin *Vice* eine ungewöhnliche Idee und interviewte weibliche Pornostars, die tatsächlich Mütter sind, zum Thema Erziehungstipps. Diese gaben durchweg an, dass ihre elterlichen Fähigkeiten infrage gestellt würden. Die feministische Pornoproduzentin Erika Lust geht vermutlich auch deshalb immer wieder proaktiv mit ihrer Elternschaft um. Diese thematisiert sie sowohl in TED-Talks als auch in der Aufsatzsammlung *The Good Mother Myth. Redefining Motherhood to Fit Reality*.[16] Erika Lust produziert Pornos unter feministischen Gesichtspunkten und proklamiert unter anderem, mehr »guten« Porno in Umlauf bringen zu wollen, damit sich ihre Kinder nicht mit dem konfrontiert sehen, was derzeit den Mainstream bildet. Da sie sich auch viele Gedanken darüber macht, wie Eltern generell ihre Kinder auf diese überfordernden Entdeckungen im Netz vorbereiten können, launchte sie 2016 gemeinsam mit ihrem Partner die Webseite »The Porn Conversation«.[17] Hier finden Eltern kostenlos Anregungen für ebendiese Gespräche mit Kindern verschiedener Altersstufen zum Download.

Erika Lust bricht damit genau das vorher angesprochene Tabu: Wer viel Sex hat oder sich viel mit Pornos beschäftigt und dazu steht, könne doch nicht gut für die eigenen Kinder sorgen. Erinnern wir uns an den Satz mit der »Sexy ass mom« vs. »Bitch«: Der jungen sexuell aktiven Mutter wurde die elterliche Verantwortung schon mal abgesprochen. Sonst hätte sie ja besser verhütet, nicht? Für die männlichen Pendants gelten diese Zuschreibungen freilich nicht. Weder interessiert sich jemand für das Alter, in dem einer ein Kind gezeugt hat – meist gibt es eher Schulterklopfen für die erfolgreiche Fortpflanzung –, noch kommt es in den Sinn, dass auch männliche Pornostars Eltern sein könnten und diese Rolle gewissenhaft ausfüllen. Diese Vorstellung scheint sogar absolut abstrus.

Hotel Mama

Im popkulturellen Reigen der MILF tat sich 2016 aber noch etwas Spannendes. Im April 2016 veröffentlichte Jennifer Lopez den Song *Ain't Your Mama*, der in Deutschland, Italien und Frankreich Platinstatus erreichte, in Spanien dreifach Platin, in Polen Diamond und in Österreich und Dänemark Gold. In Mitteleuropa schaffte Lopez damit eine ihrer erfolgreichsten Chart-Platzierungen. In Deutschland, Ungarn und Spanien fand sich der Song in den Jahrescharts unter den ersten 20 Hits. In der Slowakei und in Tschechien erreichte er außerdem die Top Five. Im Vergleich dazu rangierte der Song in den Niederlanden, UK, USA, Australien und Russland nur unter ferner liefen.

Warum ist das interessant? Neben der eingängigen Melodie geht es in diesem Song ganz einfach um die Emanzipation vom Partner, um Gleichberechtigung, um das Paarsein und darum, sich nicht wie in einer Mutter-Sohn-Konstellation vorzukommen, weil frau den ganzen Haushalt für ihn erledigt. Dabei singt sie sich, was Beziehungen und Arbeitsverhältnis angeht, durch die Problematiken der letzten Jahrzehnte. Damit können sich die Mitteleuropäer*innen offensichtlich gut identifizieren; besonders in Ländern, in denen es gesellschaftlich wirkmächtige Zuschreibungen zur Rolle als Frau gibt, scheint dieser Song eine kleine Hymne zu sein, die locker-flockig daherkommt. Ganz anders als in *M.I.L.F. $* von Fergie geht es Lopez nicht um ihre eigene Inszenierung als noch immer sexy und noch immer im Rennen. Stattdessen ist genau der Titel *Ain't Your Mama* Programm. Die Adressaten sind die Männer, die sich in dem Video zum Song durch Bequemlichkeit auszeichnen und Haushaltstätigkeiten nicht gleichberechtigt mit ihrer Partnerin aufteilen.

Während es bei der MILF aber um die Mutterschaft für das eigene Kind geht, will Lopez ganz klar nicht die Mutter für ihren Partner sein. Trotzdem passt dieser Mutterschaftsaspekt ganz wunderbar zur erfahrenen, selbstständigen MILF: Die kulturell geprägte Erwartungshaltung von Männern, auch abseits des Schlafzimmers in den Genuss der Erfahrungswerte und der Selbstständigkeit von Frauen zu kommen (z.B. im Rahmen der Hausarbeit), um sich – frei nach MILF-Pornodarstellerin Dirty Tina – »fallenlassen zu können«.[18] Die MILF als perfekte Frau, die alles unter einem Dach vereint. Mutti wird's schon richten. Das hatten wir doch schon mal ganz am Anfang. Damit sind wir jedoch nun wirklich nicht mehr weit von den goldenen 50er-Jahren und einem traditionellen

Rollen-Backlash entfernt (der auch im Musikvideo von *Ain't Your Mama* als roter Faden erkennbar ist). Mutti ist halt doch die Beste – in jeder Hinsicht: Sie ist sexuell erfahren, sie weiß, was sie will, sie ist unabhängig und eine gute Hausfrau. Eigentlich darf es nicht verwundern, warum neben MILF auch die Inzestkonstellationen mit der Stiefmutter im Porno so beliebt sind. Hotel Mama und MILF in einem klingt für so manchen doch wahrlich perfekt. Nach dem Blow Job bügelt sie noch die Hemden. Oder so. – Vielleicht liegt gerade an der Überlagerung dieser Mutterbilder das beklemmende Gefühl zu diesem Begriff.

Sexy ja, MILF nein

Während die einen gar keine MILFS sein wollen, »können« es die anderen gar nicht erst. Nicht nur die Teenie-Mutter klingt verdächtig wenig nach MILF, auch die Hautfarbe, der kulturelle Background und die ökonomischen Verhältnisse spielen eine Rolle bei der Vergabe des MILF-Gütezeichens. Nicht immer, aber oft gehen diese Zuschreibungen auch Hand in Hand. Soll heißen: Der ökonomische Status ist oftmals auch an die Hautfarbe geknüpft. Aber wie gesagt, nicht immer. Offizielle Definitionen, was oder wer eine MILF ist, gibt es abseits von subjektiven Meinungen nicht wirklich.

Lassen wir einmal ein paar unglaublich attraktive Mütter an unserem geistigen Auge vorbeiziehen und stellen uns dabei vor, es handle sich dabei um eine klischeehafte wütende Afroamerikanerin in einer US-Talkshow, ein Hausmädchen mit mexikanischen Wurzeln, eine Muslima mit Kopftuch, die asiatische Frau des Nachbarn, der diese im Urlaub kennengelernt und mit nach Europa gebracht hat, oder die Muslima mit Kopftuch. Irgendwie passen diese Bilder nicht ganz in unseren Köpfen zusammen. Bei ihnen kommt uns »MILF« schwer über die Lippen. Ebenso bei der weißen Teenie-Mutter. Auch Alleinerziehende passen nicht so recht in dieses Bild.* Wer gut passt oder vielleicht den sozialen Status definiert hat, ist die Ur-MILF *Stifler's Mom* aus *American Pie*. Sie ist die Mutter eines College-Studenten. Und wer sich an Stiflers Zuhause erinnert, in dem die berüchtigte Party stattfand, dem*der kommt auch wieder der Billard-Tisch im Salon in den Sinn und dieses riesige Haus. Dass diese Filmfamilie durchaus auch Hausangestellte haben könnte, wäre nachzuvollziehen gewesen. Prekäre Lebensverhältnisse hatte diese MILF nicht. Sieht man sich die Promofotos der gefragtesten MILF-Darstellerinnen an, wirkt es ebenfalls so, als würden sich alle in einer Luxusvilla oder zumindest in einem sehr gut situierten Haushalt ablichten lassen.[19] Schmuddelig oder amateurhaft ist da nichts. Alles rundum tipptopp. Möglicherweise gibt dieser Umstand schon einmal einen Eckpfeiler für die MILF vor.

Der zweite Eckpfeiler könnte die Hautfarbe beziehungsweise die Herkunft sein. Schauen wir uns die Kategorien auf Pornoseiten durch, wird sortiert nach besonderen Ausprägungen von Körperteilen, Stellungen, Sexpraktiken, Sexspielzeugen und nach Herkunft oder Hautfarbe. Diese wird speziell dann erwähnt, wenn die handelnden Personen nicht weiß sind. So sind z.B. *Asian*, *Black/Ebony* und *Latina* eigene Kategorien, während unter *Teacher*, *Teen*, *Anal* und so weiter vor allem hellhäutige Darsteller*innen zu finden sind. Diese stellen die Norm da. Für die MILF ist das nicht anders: Im Normalfall ist sie weiß. Es gibt zwar mittlerweile Unterkategorien für MILF wie zum Beispiel auf der Webseite milfporn.tv. Diese Unterkategorien funktionieren allerdings eher wie Suchmaschinen oder Linksammlungen. Sie verweisen auf Videos, die mit dem passenden Schlagwort versehen sind – zum Beispiel *Black*. Klickt man dann auf ein Video, landet man auf einer ande-

---

* Beim Schreiben dieses Buches ging zwar gerade die Serie *SMILF* (Single Mother I'd Like to Fuck) auf Sky TV on air, aber eher mit einer komödiantischen Note. Auf jeden Fall brauchte die Serie den Buchstaben S an der MILF, weil die Alleinerziehende nicht unter die klassische Mutter zu fallen scheint.

ren Pornoseite und kann den Clip dort ansehen. Auch der Titel wird ersichtlich. MILF kommt darin oft gar nicht mehr vor. Die vermeintliche *Black MILF* ist dann streng genommen gar keine, sondern einfach eine ältere dunkelhäutige Pornodarstellerin.

Sieht man sich die »MILF of the Year«-Awards und die prominentesten MILFs[20] an, die bei großen Pornoproduzenten unter Vertrag stehen, findet sich keine einzige schwarze Darstellerin darunter. Einzig unter dem Label *Latina-MILF* wurden Ariella Ferrera, Isis Love und Juelz Ventura sowie die indische MILF Priya Anjali Rai in die Kategorie der Porno-Mütter aufgenommen. Auffällig dabei ist, dass die Latina-MILFs vom Hauttyp nicht wirklich von den typisch amerikanischen MILFs mit dunklem Haar zu unterscheiden sind. Man kann ihnen also nicht ohne Weiteres eine nicht-weiße Herkunft zuschreiben. Keine von ihnen hat bislang die Auszeichnung »MILF of the Year« gewonnen. Nicht-weiße MILFs scheint es also flächendeckend nicht wirklich zu geben.

In der Popkultur sind nicht-weiße MILFs ebenfalls nicht gerade häufig. Jennifer Lopez, Kim Kardashian und Beyoncé haben zwar mittlerweile diesen Status erreicht. Aber erstens sind sie US-Amerikanerinnen mit einer starken westlichen Prägung.* Zweitens sind sie reich. Trotzdem wird in den Medien selten über sie als MILFs geschrieben.

So entstanden beispielsweise seltsame Schlagzeilen rund um Jennifer Lopez und ihren vermeintlichen MILF-Status im Jahr 2015: Obwohl sie bereits seit mehr als zehn Jahren für ihren Sexappeal gefeiert wird, ihr Hinterteil dabei oft im Mittelpunkt des Interesses steht und sie 2008 Zwillinge zur Welt brachte, fiel das

---

* Jennifer Lopez wird zwar immer als Latina gehandelt aufgrund ihrer puerto-ricanischen Wurzeln. Sie wuchs allerdings in der Bronx auf und spricht kaum spanisch. Ihre Muttersprache ist Englisch. Als Beyoncé ihr sehr politisches Album Lemonade veröffentlichte, das ihre kulturellen Wurzeln thematisierte, reagierte die US-amerikanische Gesellschaft teils sehr verstört. Als wäre bislang nicht klar gewesen, dass Beyoncé eine Woman of Color ist. Dies parodierte die Sendung *Saturday Night Life* auch mit einem Video mit dem Titel *The day Beyoncé turned black*.[21]

MILF-Wort medial bislang selten. Heutzutage wird scheinbar jede Frau schon MILF getauft, sobald sich eine Schwangerschaft nur ankündigt. Bei »La Lopez« dauerte es bis 2015! Noch seltsamer ist es, dass ausgerechnet Rihanna diese Worte mit ihr in Zusammenhang brachte – also weder ein Mann noch eine weiße Person. In einem Interview mit *E! Online* über den Animationsfilm *Home*, an dem die Sängerinnen gemeinsam arbeiteten, sagte Rihanna damals: »Jennifer Lopez ist eine MILF.«[22] Nein, wirklich? Und genau dieser Satz war eine Schlagzeile wert. WARUM? Einen Monat später erschien der nächste skurrile Artikel. Jennifer Lopez unterzeichnete einen Vertrag für ein Comedy-Projekt namens *Mothers I'd like to* …. Wenig später schrieb die *Daily Mail*, dass Lopez nun ihren Status als MILF besiegelt habe, da sie ein knappes Minikleid für *American Idols* trug.[23] Was ist da los? Lopez muss eigentlich nichts besiegeln. Ihre Zwillinge sind zu diesem Zeitpunkt bereits sieben Jahre alt, und sie wurde weniger wegen ihrer Musik selbst als vor allem für ihren sexy Körper über Jahre hinweg zelebriert. Warum besiegelt sie nun plötzlich mit einem Minikleid ihren MILF-Status? Warum scheint dieser Begriff in Zusammenhang mit ihr so schwer über die Lippen oder Tasten zu kommen?

Auch für Beyoncé scheint dieses Label nach wie vor schwierig. Manchmal taucht die Bezeichnung zwar für sie auf, viel häufiger wird jedoch darüber geschrieben, welch besondere Bedeutung die Inszenierung ihrer Schwangerschaft für die afroamerikanische Community habe. Gerade die Körper von schwarzen Frauen, insbesondere Müttern, wurden im Laufe der Geschichte (und werden heute noch) sehr stark stigmatisiert.[24] Das Label MILF taucht daher gerade mal für einen Superstar wie Beyoncé auf. Die durchschnittliche Woman of Color kann davon allerdings nur träumen.

Der Grund dafür liegt in der Hautfarbe des Betrachters. Die kulturellen Stereotype für People of Color und Latinas sind andere als jene für weiße Frauen und Männer, vor allem aus weißer Sicht. Nicht-weiße Frauen wurden per se schon immer als exotisch, sexuell und wild dargestellt. Sie brauchten keine Grenze zwischen Heiliger und Hure zu überschreiten. Es gibt keine Ambivalenz zwischen Mutterschaft und sexueller Aktivität. Im Gegenteil, in rassistischen Argumentationsketten wird ihnen sogar gerne angelastet, dass sie sich stark vermehren würden. Auch den nicht-weißen Männern werden stärkere Triebe unterstellt. Sie werden an die Natur, an das Wilde, das Ungezähmte, an das Chaos herangerückt. Ihnen gegenüber steht die rationale, kontrollierte und vor allem zivilisierte weiße Gesellschaft. Das legitimiert auch eine rassistisch gedachte Überlegenheit einer Bevölkerungsgruppe gegenüber einer anderen. Gleichzeitig ist das eigentlich nur ein Gedankenexperiment voller Zuschreibungen, die in der Geschichte je nach Zeit und Ort die Zielgruppe änderten. Wir werden später noch deutlich sehen, dass das Naturhafte und Wilde in der europäischen Tradition vor allem den Frauen zugeschrieben wurde, das Rationale den Männern. Lebten die weißen Frauen jedoch in deutschen Kolonien auf dem afrikanischen Kontinent, übernahmen sie sofort die Rolle der rationalisierenden, kontrollierten und zivilisierten Weißen und standen dann der »Masse« an »wilden« Einheimischen gegenüber. Die postkoloniale deutsche Literatur zeigt das in der abschätzigen Wortwahl für die Beschreibung von Menschen auf.* Auch die Völkerschauen Anfang des 20. Jahrhunderts und ihre Bewerbung sind ein gutes, aber trauriges Beispiel dafür.**

Die bekannteste Leidtragende ist Saartje Baartman, die Anfang des 19. Jahrhunderts vom Schiffsarzt Alexander Dunlop von Südafrika nach England gebracht und in einem Käfig wie ein Tier

---

* »Der Saal war so groß, daß Alma nur einen schwarzen Frack unterschied, auf dem eine dunkelbraune Kugel saß. Sie näherten sich etwas und lachten belustigt auf. Der Anblick eines Negers, und besonders eines eleganten Negers, hat für einen Weißen immer etwas Lächerliches. Hier aber, inmitten dieser Blondheit, wirkte er geradezu wie eine Karikatur.«[25]
** Menschen aus den deutschen Kolonien wurden wie Tiere in Zoos ausgestellt. Tatsächlich fanden diese Veranstaltungen auch am Tierparkgelände statt. Beworben wurde unter anderem mit Phrasen wie »aussterbende Lippen-Negerinnen«, »50 wilde Kongoweiber« oder »die letzten Kannibalen der Südsee«.[26]

ausgestellt wurde. Von besonderem Interesse waren nämlich ihr »Fettsteiß« sowie ihre ausgeprägten inneren Schamlippen. Und das gingen sich die Menschen ganz genau aus der Nähe ansehen. Genitalien waren zu dieser Zeit öffentlich noch nie zu bestaunen gewesen, und gerade deren Form hielten die Engländer damals für abseits der Norm. Die Würde von Saartje Baartman wurde dabei nicht in Betracht gezogen. Stattdessen behauptete Baron George Couvier, seines Zeichens Chirurg von Napoleon sowie Pionier in anatomischen Untersuchungen, dass die Genitalien von Saartje Baartman ein Beweis für die Unterlegenheit von Schwarzen und ihre »bestialische Sexualität« seien. Bei zivilisierten, also weißen, Frauen hätten sich die Schamlippen im Laufe der Evolution zurückgebildet.

Später wurde Saartje Baartman an einen französischen Schausteller verkauft. Sie starb mit 26 Jahren an einer Krankheit und wurde unmittelbar nach ihrem Tod von George Couvier mittels Gipsabdruck verewigt. Ihre Körperteile wurden seziert und bis 1985 öffentlich im Musée de l'Homme in Paris ausgestellt. Nelson Mandela forderte nach dem Ende der Apartheid die sterblichen Überreste von Baartman von der französischen Regierung zurück. Erst 2002 wurden diese herausgegeben, und Baartman konnte endlich begraben werden. Sie ist das berühmteste, aber bei Weitem nicht einzige traurige Beispiel dafür, wie mit Women of Color zur Kolonialzeit und danach umgegangen wurde. Postkarten mit barbusigen Frauen wurden aus Deutsch-Südwestafrika ebenfalls typischerweise nach Hause versendet (derweil die weißen Frauen zu Hause freilich züchtig unterwegs waren). Während einer Völkerschau 1896 im Wiener Prater wurde für einige Zeit ein fiktives Dorf der Ashanti aufgebaut, für die ebenfalls galt, möglichst viel Haut zu zeigen, um »das Wilde« zu verdeutlichen.[27]

Natürlich ist das lange her. Aber auch 2007 berichtet ein Autor für das *Stern*-Magazin über Kuba, dass »das beliebteste Gesellschaftsspiel auf der Insel« Sex sei. Dazu wird natürlich eine dunkelhäutige Frau abgebildet. Daneben steht: »Schweiß perlt auf der Haut der dunkelhäutigen Prostituierten.[*] Männer schreiben den Frauen von halb europäischem, halb afrikanischem Blut Wunderkräfte zu. ›Die Mulattin kommt schon mit dem Teufel zwischen den Beinen auf die Welt‹, schwelgt der Dichter Alejo Carpentier.«

Holla, die Waldfee. Das Motiv der exotischen Wilden ist also noch kein Schnee von gestern. Es wird nach wie vor gerne verbreitet, weil es sich nach wie vor hält. Die MILF-Zuschreibung ist mit diesem Klischee nur schwer kompatibel. Sie scheint irgendwie braver zu sein als die sexualisierte »Wilde«. So setzt der Begriff »MILF« Beyoncé auch nicht wirklich ein Krönchen auf. Als *Queen Bey* wird sie längst gehandelt. Und so inszenierte sie auch ihre zweite Schwangerschaft mit den Zwillingen sowohl auf Instagram als auch mit einer Performance bei den Grammy Awards 2017 als heilige Maria.

Allein die 11 Millionen Likes auf Instagram, die ihr erstes Schwangerschaftsbild in Kürze erreichte, sprengte alle Rekorde. Jeder Schritt war von vorne bis hinten durchdacht. Sie nutzte ihren körperlichen Umstand, um *Black motherhood* positiv zu besetzen, indem sie sich mit der Mutter aller Mütter, der Heiligen Maria auf eine Stufe stellte. So viel Empowerment und Stärke passen nur schwer zur Fremdzuschreibung MILF, auch wenn diese manchmal vorgenommen wird. Vielleicht liegt es auch an ihrem Spitznamen *Queen Bey*, dass »MILF« daneben direkt wie ein sozialer Abstieg klingt und nicht recht passen will.

Der Begriff MILF funktioniert aber, wie schon erwähnt, genauso wenig für andere Women of Color richtig gut, weil folgende

---

[*] In der Karibik machen übrigens auch genug heterosexuelle Frauen im Sinne des Sextourismus Urlaub. Aber da wären wir dann wieder bei der Angst, dass die anderen den größeren Pimmel hätten. Also bleiben wir doch lieber bei den Klischees für »exotische« Frauen.

klassischen Stereotype für afroamerikanische Frauen die Medien (besonders in den USA) bestimmen:

- Es gibt die »Sapphire«, die Wütende aus US-amerikanischen Talksendungen, mit schwingendem Zeigefinger bestens bekannt, die zu Hause die Hosen anhat, Mann und Kind herumkommandiert und dadurch ihre Weiblichkeit aufgibt.
- Daneben existiert die »Black Mammy«, die asexuelle Haushälterin, wie sie in Filmen besonders gern dargestellt wird. Hattie McDaniel erhielt sogar einen Oscar für diese Rolle in *Vom Winde verweht*.
- Und dazu die »Jezebel«, die promiskuitive und unmoralische Verführerin. Sie wird porträtiert als eine, die egoistisch handelt und ihre Sexualität einsetzt, um andere zu manipulieren. Weiße Männer nutzten dieses Bild von Afroamerikanerinnen vor allem während der Sklaverei, um deren sexuelle Ausbeutung zu rechtfertigen.

Alle drei sind keine Klischees, die direkt aus der afroamerikanischen Community kommen, aber sie verhindern den Tabubruch, der zur Bezeichnung MILF führen würde. »Sapphire« und »Jezebel« sind schon sehr kraftvoll, beide müssten ein bisschen Macht abgeben, um als MILF durchzugehen. Die »Black Mammy« ist schlichtweg zu dick und unterwürfig in ihrem Stereotyp. Den Sprung zur MILF würde ihr niemand glauben.

Im direkten Vergleich mit der weißen Kulturgeschichte zeigt das aber auch, dass das weiße Frauenbild eines ist, das extrem stark von einer Abhängigkeit zum männlichen Partner geprägt ist. Eine »Sapphire« oder »Jezebel« ist schwer mit veränderter Hautfarbe vorstellbar.

Frauen wie Nicki Minaj oder Lil' Kim spielen mit dem Klischee der »Jezebel«, und sie wirken selbstermächtigt, progressiv und fast schon sexuell »aggressiv«. Umgibt sich eine weiße Künstlerin nur mit einem Hauch dieses Sexappeals, wird sie umgehend dafür »bestraft« – siehe Miley Cyrus*. Ganz nach dem Motto: Sie verkauft sich. Weiße weibliche Sexualität darf schließlich nur in »geordneten« Bahnen verlaufen. Und diese zeichnen Kirche, Politik und Wirtschaft gerne vor.

Eine Nicki Minaj hingegen scheint schon sexuell so überfordernd für ein weißes Publikum zu sein, dass sich dieses gar nicht trauen würde, ihr im Falle einer Schwangerschaft ein MILF-Label zuzuschreiben. Überhaupt hat die afroamerikanische Community einen kulturhistorisch ganz anderen Zugang zum Thema Sexualität. So wurde in der Tradition des Blues und Jazz der 1920er- und 1930er-Jahre für weiße Ohren ungewohnt direkt und viel über die weibliche Sexualität und weibliche Geschlechtsorgane in allerlei bunten Metaphern gesungen.** Während zur selben Zeit Freud von der Kastrationsangst und vom Penisneid sprach und die weibliche weiße Sexualität in Europa zunehmend medikalisiert wurde, feierten die afroamerikanischen Gemeinden mit Blues-Texten weibliches und männliches Begehren, das ganz ohne Über- und Unterordnung nach Erfüllung suchte. Besungen wurde dies sowohl von Männern als auch Frauen. Als in den 1950ern dann afroamerikanische Musik für ein weißes Publikum produziert wurde, änderte sich das allerdings.

Was will ich mit diesen Beispielen zeigen? Kulturgeschichte und Klischees sind nicht überall gleich, kulturelle Bewertungen unterliegen bestimmten Zeiten und Orten. Eine Figur wie die

---

*   Miley Cyrus erhielt besonders viel Kritik für ihren Auftritt bei den MTV Video Music Awards 2013. Bei diesem fiel sie sowohl negativ auf, weil sie den Tanzstil des Twerking für sich beanspruchte, der klassisch im Hip-Hop-Genre Woman of Color zugeschrieben wird. Unter Twerking wird eine bestimmte Form des Po-Wackelns verstanden, bei der sich eben nur der Hintern bewegt, während der Rest des Körpers stillhält. Nicki Minaj zelebriert diesen Tanzstil im Video zu dem Song *Anaconda* eindrücklich. – Neben diesen Fauxpax spielte Miley Cyrus außerdem mit ihrer Zunge, was ihr ebenfalls die Zuschreibung »sexuell aggressiv« einbrachte. Mehr dazu im Kapitel *Schlechtes Vorbild Nummer 3: Hexen*

** Wie z.B. über die Klitoris als Glocke, die erklingen muss; oder das Hot-Dog-Brötchen, in das ein Hot-Dog gehört. Mehr dazu lässt sich in *Vagina. Eine Geschichte der Weiblichkeit* von Naomi Wolf nachlesen.

MILF kann in einem westlichen weißen Umfeld entstehen, in dem Sexualität und Mutterschaft sich viele Jahrhunderte lang wie Gegensätze gegenüberstanden. In einem afroamerikanischen Umfeld kann weibliche Sexualität aber ganz anders bewertet werden. In diesem Buch jedenfalls geht es um den weißen Blick. Und der besagt, dass nicht alle beim Wetteifern um die heißeste MILF mitspielen dürfen. Latinas und Hispanics zum Beispiel auch nicht. Ihnen werden ähnliche Rollen und Zuschreibungen zuteil wie Women of Color.

In den US-Mainstream-Medien werden lateinamerikanische Frauen oft als übermäßig sinnlich, leidenschaftlich und kurvig dargestellt – sprich: sexy mit einer gehörigen Portion Temperament. Unterstützt wird das auch durch das Klischee der puerto-ricanischen »Mami« im Hip-Hop. Shakira und Jennifer Lopez taten in den letzten Jahrzehnten das Übrige, um dieses Ideal aufrechtzuerhalten. Die Rollen von Gabrielle Solis in *Desperate Housewifes* und Gloria Delgado-Pritchett in *Modern Family* sind ein Paradebeispiel dafür.

Alternativ tauchen Latinas in Hollywood vor allem als Dienstmägde auf. In der Serie *Devious Maids*, die im mexikanischen Original als Telenovela durchgängig einen Latino-Cast hatte, fanden sich im US-Remake nur mehr die Rollen der Dienstmädchen mit diesem kulturellen Background, weshalb es gehörig Kritik aus der Latino-Community hagelte. Auch die Porno-Produktionsserie *Dirty Latina Maids* unterstreicht dieses Klischee und die soziale Hierarchie schon mit ihrem Titel. Wer nun aber das klassische Hausmädchen verkörpert, ordnet sich automatisch auch hierarchisch unter. In der Kombination mit Sexappeal funktioniert dann der Aufstieg zur MILF noch weniger. Die »Heilige«, die überwunden werden muss, passt nicht ins Konzept, weil die »Hure« der Latina ohnehin schon auf den Leib geschrieben wird.

Die »richtige« MILF stattdessen vereinbart Heilige und Hure, wie eingangs erwähnt: Sie ist eine akzeptable Mutter, sie ist sexuell aktiv, und auch den Haushalt hat sie fest im Griff – unter anderem auch, weil sie ihn in der westlichen (weißen) Gesellschaft an weibliche Immigrantinnen delegieren kann. Letztere werden selbst dann, wenn sie mit diesen Jobs ihre Familien ernähren und absolut selbstständig und emanzipiert in ihrem Lebensumfeld sind, nie die soziale Hierarchie zur Arbeitgeberin*, der MILF, überwinden. Die MILF definiert sich also nicht nur über ihre Hautfarbe, sondern vor allem auch über ihre soziale Schicht. Dazu passt auch wieder der Vergleich mit der »Sexy ass mom« und der »Bitch with a baby«.

Alle anderen können Huren sein und bleiben, doch ihre Mutterschaft wird es aufgrund unserer rassistischen und postkolonialen Kulturgeschichte noch lange schwer haben, zum sexy Ideal erhoben zu werden.

---

* Wie festgezurrt diese Hierarchie in unseren Köpfen ist, zeigte 2017 eine Fotoserie von Chris Buck für *O, the Oprah Magazine* mit dem Titel *Let's Talk About Race*. Auf einer Fotografie wurde eine Reihe von Frauen bei der Pediküre abgebildet. Das Besondere und Irritierende: Die Fußpflegerinnen sind dabei alle hellhäutig und wirken wie typische »Mittelstandsfrauen«. Die Kundinnen sind asiatischer Abstammung. – Ein weiteres Foto zeigt eine offensichtlich wohlhabende Frau lateinamerikanischer Abstammung beim Telefonieren, die gar nicht bemerkt, wie ihr das blonde weiße Hausmädchen Tee einschenkt.

2.

Girls just wanna have a choice, sex & fun(damental rights)

Die Entstehungsgeschichte der MILF beginnt mit der bösen Frau aus der patriarchalen Kultur- und Religionsgeschichte. Patriarchal deshalb, weil ab einem bestimmten Zeitpunkt in der Geschichte die Männer das Sagen hatten. Das war nicht immer so, auch nicht unbedingt umgekehrt, aber zumindest in einer anderen Bewertung. In matriarchalen* Kulturen der vorantiken Zeit hatten Frauen aufgrund der Fähigkeit, Leben hervorzubringen, eine ganz besondere und wertgeschätzte Rolle in der Gesellschaft. Sexualität und weibliche Fruchtbarkeit galten vermutlich als heilig. Als Beleg dafür dienen die zahlreichen Fruchtbarkeitsfiguren mit der hervortretenden Vulva** in vielen Teilen der Welt. Alle bislang untersuchten frühen Kulturen besaßen außerdem eine Göttin der Liebe und des Geschlechtslebens, die auch für Sinnlichkeit und Erotik stand. Aphrodite zählt hier zu den bekanntesten. Auch die afro-brasilianische Oshun, die aztekische Xochiquetzal, die ägyptische Hathor und die indische Rati sind verführerisch, schön, erotisch und sinnlich. Ebenso steht die germanische Göttin Freya für alle freien Frauen und kann neben ihrer Ehe auf zahlreiche Begegnungen mit Liebhabern verweisen. Das in Kombination mit Mutterschaft klingt ja fast schon wieder ein bisschen nach MILF. Aber diese fruchtbaren und sinnlichen Wesen aus den matriarchalen Gesellschaften übertraten mit ihrem Verhalten keine Grenzen. Sie waren weder verrucht noch tabuisiert, sondern spiegelten einfach einen positiven und unaufgeregten Zugang zum Frausein wider. Mit den bösen Frauen änderte sich das schlagartig.

---

* Das Matriarchat ist eine Gesellschaftsform, in der alles über die Mutterlinie organisiert ist und Frauen eine besondere Stellung im sozialen Gefüge und der Religion einnehmen. Es wird davon ausgegangen, dass vor den monotheistischen Weltreligionen matriarchale Kulturen weit verbreitet waren. Einzelne Gesellschaftsformen dieser Art gibt es auch heute noch in China und Mexiko.

** Vulva ist die korrekte Bezeichnung für das gesamte äußere weibliche Geschlechtsorgan. Dazu zählen die inneren und äußeren Schamlippen, Klitoris, Klitorisvorhaut, Harnröhrenausgang sowie die Vagina.

Böse Frauen und brave Männer

In unserem westlich geprägten Kulturkreis gibt es bestimmte Zuschreibungen zu bösen und guten Männern und Frauen. Manche Wortkombinationen klingen schlüssiger als andere. Der »böse Mann« hört sich zwar nicht danach an, als wolle jemand mit ihm Zeit verbringen, aber er passt eher ins Klischee als der »brave Mann«. Eine böse Frau klingt nach Bösartigkeit, nach einer Furie. Bei der guten Frau verhält sich alles so, wie es sich gehört. Jeder dieser vier Varianten sind unterschiedliche Bilder zugeschrieben, die mehr oder weniger zur Erwartungshaltung an die Geschlechterrolle passen. Wenn diese Erwartungen nicht erfüllt werden, hat das negative Folgen. Genau darum geht es in diesem Kapitel. Schauen wir uns das im Einzelnen mal genauer an.

Oft scheint es so, als würden böse Frauen gar nicht existieren. Frauen sind ja schließlich die besseren Menschen (Achtung: Ironie!). Sie begehen immerhin keine Ehrenmorde, laufen nicht Amok, bombardieren keine Zivilisten. Treten sie dann trotzdem als Aufseherinnen in Konzentrationslagern in Erscheinung oder als Frauen, die ihre Babys kurz nach der Geburt töten, als IS-Selbstmordattentäterinnen oder als eiskalte Engel, sind ihre Taten so unfassbar grauenvoll, dass sie jegliche Menschlichkeit in der medialen Beschreibung verlieren. Sie werden zu Bestien, sind besessen, fehlgeleitet, werden entweiblicht. Böse Taten können von »richtigen« Frauen nicht begangen werden. Das ist gegen ihre Natur. Es sei denn, es handelt sich um Rache als Motiv. Rache ist emotional. Emotional sind auch Frauen.

Bei Männern ist das anders, die sind sachlich, die haben Kalkül – angeblich. Sie haben »Gründe«, wenn sie Gewalt begehen, sind nicht so hitzig wie die Frauen mit ihrem Temperament. Wenn dann, wären sie auch schon vor Gewalttaten von cholerischem Gemüt. Es wäre quasi vorhersehbar und nicht so unberechenbar wie bei Frauen. Aber das hat dann eben auch wieder mit der Natur zu tun oder mit den Hormonen. Testosteronschwangere Grundaggressivität vs. PMS oder so. Überdurchschnittliche Intelligenz wird den männlichen Gewalttätern zugeschrieben; Organisationskompetenz und die Fähigkeit zur Manipulation. In der österreichischen Tradition fallen darunter Briefbombenbauer Franz Fuchs sowie Josef Fritzl und Wolfgang Přiklopil, die in ihren Kellern Verliese für ihre Opfer errichtet hatten, oder auch Jack Unterweger, der für seine Morde an Prostituierten »berühmt« wurde. Zweifelhafter Ruhm wird ihnen zuteil. Ihre Taten werden verfilmt, ihr Vorgehen fasziniert.

Die bösen Frauen, die Bestien, werden medial zerfetzt. Dass eine Frau so etwas tut ... Kopfschütteln, Entsetzen, Kotzreflex. Sie ist nicht »richtig«, denn eine richtige Frau ist gut. Die übt keine Gewalt aus, denn sie schenkt Leben. Sie ist nährende Mutter, fürsorgliche Ehefrau, Schwester und Nachbarin, sie trägt all das Wissen über die richtige Pflege und Fürsorge von Menschen – egal ob Säugling oder bettlägerig – seit Anbeginn der Zeit mit sich herum. Die Empathie liegt ihr im Blut. Sie ist die personifizierte Mutter Erde, das gebende Prinzip. Sie nimmt nicht. Wahlweise wird sie als das schwache oder schöne Geschlecht bezeichnet. Umso grausamer für die Welt, wenn die brutale Mörderin wunderhübsch ist; wie ein Engel zum Beispiel, ein eiskalter. Nicht von dieser Welt. Weil »richtige« Frauen eben gut sind. Sie kümmern sich um den Nachwuchs und knöpfen ihre Bluse zu.

Tun sie das nicht und verlassen den ihr zugewiesenen Platz am Herd, werden sie als karrieregeil, als Rabenmutter oder als Schlampe bezeichnet. Handeln sie selbstbestimmt, wird ihnen das als Egotrip ausgelegt. Eine Chefin im Unternehmen? Diese verbissene Kuh hat sich doch sicher hochgeschlafen. Die hat doch überhaupt nichts Weibliches mehr an sich. Ein Mannsweib. Oder?

Sich gegen Kinder zu entscheiden oder gar abzutreiben gilt ebenso als egoistisch. Wie kann sie sich denn dem Dienst an der Gesellschaft entziehen? Überhaupt, das ist doch wider die Natur (schon wieder)! Dass Männern dieser Vorwurf nicht gemacht wird, wenn sie sich nicht vermehren, lassen wir einmal ganz außen vor.

Ist die Frau im Streit mit einem anderen weiblichen Wesen, entspricht das der Logik des zänkischen Weibes, weil emotional, weil eben das sensiblere Geschlecht. Ja, Frauen haben sich wohl einfach nicht unter Kontrolle, sie lassen sich eben nur von ihren Gefühlen leiten. Deshalb können sie im Umkehrschluss ja auch so gut mit anderen Menschen – also sich um sie kümmern (und das, obwohl sie so streitsüchtig sind – das ist Geschlechterlogik, Baby!). Und warum soll eine Frau dann auch extra dafür entlohnt werden, wenn sie dieses ganze Kümmern ohnehin »von Natur aus« kann und macht? Sie erspart sich ja sogar die Ausbildung dafür. Die kann das ja einfach so.

Hat sie keine Lust auf diese Rolle, sind Zuschreibungen wie Missgunst, Eifersucht und Neid nicht weit. Ein Mann macht so etwas nicht. Der steht darüber. Männer tragen Konflikte entweder sachlich aus, oder es gibt eins auf die Nuss. Und dann ist die Sache ja auch schon gegessen. Genau. Amokfahrten, Ehrenmorde, sogenannte »Familientragödien« – die haben ja eben ganz sachliche Hintergründe. Sie überraschen zumindest nicht im selben Ausmaß. Sind wir ja gewohnt.

Ein richtiger Mann tut Ähnliches wie die böse Frau. Er kann Nazi sein oder Hooligan und andere vor dem Sportstadion verkloppen. Er tötet für die Ehre, für Gott, für das Land, er schlägt zu, weil Männer das unter sich so regeln oder weil die Frau gemeckert hat. Dann wird von Familiendrama oder Tragödie gesprochen. Manchmal auch von häuslicher Gewalt. Eine häusliche Gewalt, die so unpersönlich wie ein Tsunami daherkommt, lässt Verwüstung hinter sich zurück, hat aber kein Gesicht. Sie gehört irgendwie einfach dazu. Auch das Geschlecht des Täters wird in den Kommentarspalten der Zeitungen selten hinterfragt – so als ob es sich wegen der Grausamkeit um keinen »richtigen« Mann handeln könne. Oder weil Männer in unserer Gesellschaft als aggressiv, aktiv, impulsiv und stark bezeichnet werden. Männer sind nie schwach, nie Opfer, sie haben keine Probleme – sie saufen einfach. Sie gehen nie zur Psychotherapie – sie bringen sich einfach um. Damit fallen sie niemandem zur Last mit ihrem Rumgeheule. Richtige Männer sind harte Knochen, Draufgänger, selbstbestimmt. Sie sagen (der Frau), wo es langgeht. Sie entsprechen voll und ganz dem Klischee.

Gute Männer hingegen sind so rar, dass deren Begünstigte (z.B. die Kindsmutter) dafür beglückwünscht wird: »Toll, dass dein Mann im Haushalt mithilft und die Windeln wechselt.« Und »die Glückliche« sollte natürlich dankbar sein, dass ihr Partner auch nur den kleinsten Teller in den Geschirrspüler räumt.

Gute oder auch »brave« Männer verzichten nicht nur auf Platzhirsch-Gegrunze, sie sprechen sogar über Gefühle. Sie tun Dinge, die wir sonst nur von Frauen (selbstverständlich) erwarten. Weil das so außerordentlich ist, werden sie dafür gelobt. Tun sie dieses Ungewöhnliche im beruflichen Kontext (z.B. arbeiten als Kindergartenpädagoge, Sozialarbeiter oder Pflegehelfer), werden sie rasant befördert und fahren mit dem viel zitierten gläsernen Lift einfach an den Kolleginnen vorbei in die Chefetage. Kann man ja nicht erwarten, dass ein Mann für so wenig Geld im sozialen Bereich arbeitet, der muss doch schließlich eine Familie ernähren … Sonst ist er wahrscheinlich ein Waschlappen, ein Softie, einer, der keine Eier in der Hose hat. Oder warum macht der sonst so Frauenkram? Wenn schon kochen, Haare schneiden, erziehen, dann bitte mit Meister- und Expertenstatus, um das Ideal des starken Geschlechts zu erhalten. Wenn schon nicht körperlich aggressiv, dann zumindest zielstrebig, durchsetzungsstark, karriereorientiert. Männer sollen ja immer noch Männer bleiben, oder? Diese Schwuchteln will doch keiner. Die sollen gefälligst unter sich bleiben und niemanden belästigen. Ah ja, da ist sie, die Homophobie. Und sie kommt sehr subtil daher.

Der Blogger »derzaunfink« beschreibt in einem Artikel, dass eine Pflegerin zögerte, seinem besten Freund bei einem Krankenhausaufenthalt ein rosafarbenes Handtuch auszuhändigen:

»›Oder wollen Sie lieber ein blaues?‹ Was ging in ihrem Kopf vor? Argwöhnte sie, der Kontakt eines mutmaßlich heterosexuellen Erwachsenen mit einem rosafarbenen Textil würde ihn augenblicklich schwul und unfruchtbar machen und so den Fortbestand der Menschheit oder zumindest des deutschen Volkes gefährden? Fürchtete sie, er könne es als Affront gegen seine Identität auffassen, die ›falsche‹ Farbe zugewiesen zu bekommen, sich aus Trotz womöglich nicht waschen? Wir können nur spekulieren. Wir wissen – das Foto belegt es –, dass mein Freund dem rosa Risiko standhielt, nicht aber, ob ein durchschnittlicher Heterosexueller an seiner Stelle nicht durchaus dankbar eine bedrohungsfreie Handtuchfarbe willkommen geheißen hätte.«[28]

Hier ist es ein rosa Handtuch, anderswo wird gleich mit »Schwuchtel«, »Mädchen«, »Muschi«, »Pussy«, »Cunt« usw. um sich geworfen, wenn Mann sich nicht wie ein »richtiger« Mann verhält. Daran lesen wir recht deutlich den Stellenwert von Frauen in unserer Gesellschaft ab, wenn Bezeichnungen für deren Genitalien als Beleidigungen verwendet werden können oder gar ein neutraler Begriff für eine bestimmte Altersgruppe von weiblichen Personen eine der schlimmsten Beleidigungen für Burschen im Teenager-Alter darstellt. Im Englischen gibt es gar den Begriff »pussy whipped« für einen heterosexuellen Partner, der quasi »unter der Fuchtel« seiner Partnerin steht. Im *Urban Dictionary* wird dazu erklärt, dass sich eine männliche Person jederzeit nach den Wünschen seiner Partnerin richte und diese Priorität über Freunde, Familie, Schule, Essen, Wasser und Luft habe. Nun ja, es ist schon ein bisschen überzeichnet formuliert, aber wird dieses Verhalten nicht eigentlich auch von vielen Frauen in Beziehungen erwartet? *hust* Würde jemand sagen, dass diese dann »unter der Fuchtel« ihres Partners stünde? Oder dass sie an der kurzen Leine gehalten würde?

Dass Begriffe für Weibliches als Beschimpfungen für Männer funktionieren können, zeigt ganz deutlich, dass die Klischees über Männer und Frauen einem Schwarz-Weiß-Muster folgen und ganz klar aufeinander bezogen sind. Abweichungen gibt es nicht. Entweder oder. Damit folgen wir nach wie vor der Tradition der europäischen Philosophie, in der die Gegensätze aktiv vs. passiv, rational vs. emotional, Geist vs. Körper, Struktur vs. Chaos, Kultur vs. Natur, Norm vs. Abweichung, Mann vs. Frau galten. Die rachsüchtige böse Frau und die naturhafte Mutter Erde finden sich darin ebenso wieder wie das Kalkül des überdurchschnittlich intelligenten Mörders oder der rationale Typ, der Konflikte sachlich klärt und seine Karriere zielstrebig verfolgt.

Gleichzeitig zeigt es, dass außerhalb dieses heterosexuellen Kosmos nichts existieren kann beziehungsweise darf. Übertreten Männer die Grenzen ihrer Geschlechterrolle und wechseln auf die andere Seite, gelten sie nicht nur als Waschlappen, sondern auch als verweiblicht. Diese Zuordnungen finden sich sogar in wissenschaftlichen Diskursen um 1900 bei der Definition von männlichen Homosexuellen. Das heißt, homosexuelle Männer wurden als emotional, passiv, näher an den Trieben der Natur, näher am Körperlichen und als Abweichung von der Norm (heterosexueller weißer Mann) eingeordnet.

Spannend ist auch, dass diese Verweiblichung nach der Tradition der europäischen Philosophie mit rassistischen Diskursen zusammentrifft und ganzen Bevölkerungsgruppen übergestülpt wird. So wurden ebenfalls in der wissenschaftlichen Literatur um 1900 Juden mit diesen Eigenschaften bezeichnet. In der postkolonialen Literatur tauchen dieselben Bilder auch für People of Color auf. Chaos, Emotionalität, Körperlichkeit im Sinne von sexuellen Trieben und Abweichungen von der Norm sind dabei das Leitmotiv, das auch heute noch absolut wirkmächtig ist. Wir finden diese Beschreibungen aktuell in den Berichterstattungen über die Flüchtlings-»Welle«, über die Gruppe der Roma oder die Männer der Silvesternacht in Köln. Die Zuschreibungen und Klischees bleiben immer dieselben, und sie verhindern auch, wie bereits an früherer Stelle geschrieben, dass bestimmte Gruppen von Frauen problemlos als »echte« MILFs durchgehen. Das Hausmädchen von den Philippinen oder aus Mexiko, die über Partnervermittlung gefundene Braut aus Russland, die türkische Nachbarin, die Roma-Frau in der Notschlafstelle oder die Klischee-Afroamerikanerin, die in einer Talkshow ihren Zeigefinger schwingt, während sie über irgendjemanden schimpft – sie alle sind mit einer Handvoll Kinder als MILFs schwer vorstellbar. Die weiße Mutter eines College-Studenten schon. Die »anderen« scheinen immer unberechenbar. Sie vermehren sich unkontrolliert und haben angeblich ihr sexuelles Begehren nicht im Griff. Ganz egal, ob es sich dabei um die »anderen« Nicht-Weißen, Nicht-Gutsituierten oder die »anderen« Nicht-Heterosexuellen handelt. Da muss man ja Angst haben, die Seife in der Dusche aufzuheben. Man weiß ja nie. Und dann diese ganze Homo-Lobby … ja, sicher.

Bleiben wir bei der gesellschaftlichen Realität, in der nicht ohne Grund die Suizidrate von homosexuellen Jugendlichen sieben Mal höher als bei heterosexuellen Jugendlichen ist. Die gesellschaftlichen Sanktionen sind nicht zu unterschätzen. Erst 2016 fand ein Attentat in Orlando auf einen Nachtclub statt, in dem bekanntlich viele homosexuelle und trans*idente Personen feierten. 49 Menschen wurden getötet, 53 schwer verletzt. Auch in Österreich gilt: Verpartnerung und Conchita Wurst hin oder her, bis 2003 stand homosexueller Geschlechtsverkehr zwischen Personen unter 18 Jahren in Österreich unter Strafe und wurde mit Inhaftierungen geahndet. Bis 1971 herrschte sogar ein Totalverbot. Wohlgemerkt ging es dabei nur um den Geschlechtsverkehr zwischen Männern. In der Schweiz wurde das Schutzalter im Jahr 1990 und in Deutschland 1994 angeglichen, sodass die Regelung nun für alle sexuellen Orientierungen gilt. Allerdings galt lesbischer Sex historisch nie als strafbar, sondern wurde *räus-

55

per* als »Körperpflege« eingeordnet. Ernst genommen wird er bis heute kaum. Stattdessen mutiert er medial zur Pornofantasie von heterosexuellen Männern. In Medienberichten zur CSD-Parade und zu Rechten von Homosexuellen werden vor allem Männer in bunten Fummeln abgebildet. Die Magnum-Werbung 2017 zeigt zwar ein lesbisches Pärchen beim Heiraten, doch beide im weißen Prinzessinnenkleidchen mit »Wallehaar«. »Richtige« Frauen eben.

In der Realität erleben jedoch auch lesbische Frauen Gewalt aufgrund ihrer sexuellen Orientierung. Eben genau weil sie sich dem männlichen Begehren entziehen, keine lebendige Porno-fantasie darstellen und damit selbstbestimmte Sexualität leben. Moment mal, sexuelle Selbstbestimmung? Das war doch eines dieser Merkmale von bösen Frauen. Spannenderweise löst die MILF keine Bedrohungsszenarien aus. Warum fällt sie unter »haben wollen« und nicht unter »böse«? Immerhin ist sie doch sexuell selbstbestimmt und kombiniert das auch noch mit Mutter-schaft. Das sollte doch eigentlich ein Tabubruch sein. Eigentlich. Sie ist wohl doch nicht so emanzipiert, wie es auf den ersten Blick scheint. Die Frage ist: Was haben die bösen Frauen, was MILF nicht hat?

Böse Frauen als schlechte Vorbilder

Die böse Frau der Kultur- und Religionsgeschichte macht zwei grundlegende Dinge falsch: Erstens verweigert sie sich der Mutter-schaft und/oder torpediert sie wahlweise mit ihren (magischen) Fähigkeiten, indem sie Kinder, Schwangere oder Wöchnerinnen tötet. Zweitens (zer-)stört sie bestehende Familien oder verhindert diese, indem sie potenzielle Familienväter verführt und ihnen die Lebenssäfte aussaugt. Sie ist der Albtraum der heterosexuellen Kernfamilie mit Vater, Mutter, Kind. Aber wer macht so etwas, wem fällt so etwas ein? Die »böse Frau« ist eine Figur in den

Gedanken einer Gesellschaft sowie in den Geschichten, Mythen und Märchen, die von Generation zu Generation weitergegeben werden. Dabei trägt sie unterschiedliche Namen. Mal ist sie ein Vamp, mal eine Femme fatale. Wir kennen sie aus Filmen wie *Basic Instinct*, *Eine verhängnisvolle Affäre* oder *Poison Ivy*.

Eigentlich kennen wir sie schon viel, viel länger in der Gestalt der Amazone, Hexe oder Dämonin. Neben ihrer nicht vorhandenen Mütterlichkeit sticht sie durch zügellose Sexualität und große Attraktivität hervor. Mit der Moral hat sie es nicht so, und ihr Verhalten scheint ganz unglaublich. So taucht die böse Frau immer wieder in Erzählungen auf, die außerhalb der Gesellschaft angesiedelt sind. Manchmal ist sie im Geisterreich zu Hause und/oder wird dem Teufel zugeordnet. Dann weist sie sogar animalische Merkmale und Eigenschaften auf. Sie wirkt bedrohlich, gefährlich, faszinierend, aber vor allem störend auf eine Welt, in der sich Frauen den Männern unterordnen sollen und Heterosexualität die verordnete Normalität darstellt. Aus diesem Grund gehen auch alle Geschichten, in denen sie vorkommt, ziemlich schlecht für sie aus. Die Bestrafung folgt postwendend, im fiktiven als auch im realen Lebensraum. Wir erinnern uns an ein Kinderlied: »Die Hexe muss verbrennen, die Kinder gehen nach Haus, nun ist das Märchen von Hans und Gretel aus.«[*]

Diese Geschichten rund um die böse Frau dienen als Warnung. Dabei zeigen sie, was als Tabubruch gilt und was nicht. Mrs. Robinsons Verhältnis mit dem viel jüngeren Mann in *Die Reifeprüfung* war 1967 definitiv eine öffentliche gesellschaftliche Grenzüberschreitung. 1999 berührte der Sex zwischen Stifler's Mom und dem jungen Schulabgänger in *American Pie* niemanden negativ, ganz im Gegenteil. Männer zu verführen scheint mittlerweile kein

---

[*] Kinderlied und Singspiel aus 1900, das auf dem Märchen *Hänsel und Gretel* der Gebrüder Grimm basiert.

großes Tabu mehr für Frauen zu sein. Was ist zwischen 1967 und 1999 passiert?

Die bösen Frauen sind in einen Jungbrunnen gefallen und in den 1990ern zu bösen Mädchen geworden. Diese Art von böse bedeutet nun aber etwas anderes: sexy oder sexuell aktiv in einem positiveren Sinne sein, aber noch immer mit dem alten Tabu liebäugelnd. Im 21. Jahrhundert wandelt sich das Bad Girl dann immer mehr zum Hot Babe und wird nach und nach erwachsener, reifer und erfahrener. Die Sexyness rollt den roten Teppich aus, auf dem heute ganz selbstverständlich die MILF stolziert.

Wirklich böse sind nun aber eigentlich nur mehr die, die nicht auf den ersten Blick sexuell attraktiv, interessiert oder verfügbar scheinen. Frauen- und Gleichstellungsbeauftragte zum Beispiel. Feministinnen, die in Talkshows auftreten, oder Frauen, die glauben, sie könnten sich in Männerdomänen breitmachen, wie zum Beispiel Sportjournalistinnen. Da wird schnell mal eine Vergewaltigungs- oder Morddrohung per Social Media oder per Brieflein geschickt.[*] Die britische Autorin Laurie Penny hat passend dazu einen Aufsatz *Die freie Meinung einer Frau ist der Minirock des Internets* genannt. Soll heißen: Wenn sich eine Frau schon äußert, wird ihr auch gleich die Schuld für die darauffolgenden verbalen Ausrutscher gegeben. »Soll sie halt still sein.« »Damit muss eine doch rechnen.« »That's life!« Doppelmoral? Ach ne. Besonders wenn Frauen aus dem Rahmen fallen – eventuell sogar noch sexuell –, wird ihnen, wenn schon nicht gleich gedroht, schnell auch einmal Wahnsinn und/oder Hexerei unterstellt. Aber wie kommen Menschen auf solche Schlussfolgerungen?

---

[*] Z.B. die deutsche Sportjournalistin Claudia Neumann, US-Sportjournalistinnen Jemele Hill und Julie DiCaro, die ehemalige österreichische Frauenministerin Gabriele Heinisch-Hosek, US-Politikerin Hillary Clinton, die ZDF-Moderatorin Dunja Hayali, sämtliche feministische Aktivistinnen wie Anne Wizorek und Anita Sarkeesian, die schweizerische Journalistin Anne-Sophie Keller, die österreichische Journalistin Ingrid Thurnher uvm.

Wie schon erwähnt, hatten Frauen in der Zeit der matriarchalen Gesellschaftsstrukturen einen ganz anderen Stellenwert hinsichtlich ihrer Sexualität. Überhaupt wurden sie wegen ihrer Fruchtbarkeit und Gebärfähigkeit in die Nähe der Natur gerückt. Ist auch irgendwie logisch. Da gibt es zum Beispiel diese Sheela-na-gig-Figuren, bei denen manche Göttinnen ziemlich offensiv ihre Vulva präsentieren und dabei grinsen. Diese Geste sollte Unheil abwehren, also mithilfe der Abbildungen natürlich. So wurden diese später auch an Kirchen und Klöstern angebracht. Die vulvenförmigen Grotten und Rahmen, in denen Marienstatuen teils heute noch zu finden sind, weisen ebenfalls auf die Verwendung dieser Abwehrmagie hin.

Das mit der Magie kommt dabei nicht von ungefähr. Lange dachten die Menschen, dass die Natur von Dämonen beherrscht würde. Dämonen sind dabei nicht zwangsweise böse. Aber auch die zahlreichen Naturgeister und Gottheiten der polytheistischen Religionen sind ein Beweis für diesen magischen Glauben. All diese Wesen sollten Einfluss auf die Umwelt und das Leben der Menschen haben. Der Vorgang der Schwangerschaft und Geburt schien dabei so unglaublich und freaky (kam mir persönlich bei der Geburt meines Sohnes ebenso vor), dass angenommen wurde, das Dämonenhafte würde für diese Vorgänge direkt auf die Frauen übergehen.

Nach getaner Arbeit würden schließlich die einwirkenden Dämonen von den Frauen aufgrund ihrer natürlichen Zauberkräfte wieder vertrieben werden. Auch die Schöpfungsmythen zur Entstehung der Welt legen diese magischen Interpretationen nahe. So gibt es beispielsweise die Überlieferung zur Urschlange Tiamat aus Mesopotamien. Sie wurde als Schöpferin des Universums und der Erde gesehen. Tiamat ist eine Drachin, die die Welt gebar und sie am Roten Meer aus ihrem Menstruationsblut formte. Das klingt sehr mystisch, aber genauso wurden Schwangerschaft und Geburt wahrgenommen.

Zunächst einmal gab es keine Vorstellung zu dem kleinen Menschen im Mutterleib, so wie er heute durch Ultraschalluntersuchungen uns Woche für Woche durch die Schwangerschaft begleitet. Das Ungeborene war weder im Diesseits noch im Jenseits. Es gab keine Grenze zwischen dem Fötus und der schwangeren Frau. Die Geburt galt als Übergangsprozess vom Unsichtbaren zum Sichtbaren. Das Körperinnere war besetzt mit Geheimnissen und regte zu wilden und fantastischen Ideen von einer fremden Welt an. Die Forscherin Barbara Duden ordnet dieses Ungeborene aus kulturgeschichtlicher Perspektive der Kategorie des Verborgenen zu[29], zu der auch Tote, Heilige und Engel gehören. Wurde ein heranwachsendes Kind durch eine Fehlgeburt doch vorzeitig sichtbar, sprachen die Menschen von einem Mondkind. Zumindest im 17. Jahrhundert taufte die Naturwissenschaft es so. Über die davor liegenden Tausenden Jahre können wir nur spekulieren. Das Mondkind, die Mola oder Mole war jedenfalls ein »unkindlicher« Zwilling des kommenden Kindes, der nicht zu seiner vorherbestimmten Gestalt gefunden hat. Menschen glaubten nämlich zu dieser Zeit – und davor wird es auch nicht viel anders gewesen sein – an natürliche, ästhetische Körperproportionen. Es fehlte ihnen ein lineares Entwicklungsdenken. Das heißt, sie stellten sich das Wesen im Bauch bereits im frühesten Entwicklungsstadium wie einen voll ausgebildeten kleinen Menschen vor. In anatomischen Werken dieser Zeit finden sich deshalb unzählige grafische Abbildungen, die genau das veranschaulichen. Auch Leonardo da Vinci leistete dazu seinen Beitrag. Unproportionale Embryos wurden dagegen als schauderhaft wahrgenommen. Der heutige Embryo war also bis vor wenigen Generationen dem Volksglauben nach noch eine Mola, eine verdorbene Frucht, die zu klein und unvollkommen war und deshalb nicht zum Menschenkinde reifen konnte.

Da all diese Vorgänge sehr schwer begreiflich waren, hielten sich im Volksglauben auch lange nach der Christianisierung Geschichten von sogenannten dämonischen Frauengestalten, die schlechte Einflüsse auf Schwangere und Wöchnerinnen beziehungsweise überhaupt auf die Thematik der Fruchtbarkeit hatten. Anders war nicht vorstellbar, wie es zu Fehlgeburten, dem Tod von Schwangeren, dem Tod bei Geburt oder auch dem plötzlichen Kindstod kommen konnte.

Wann sich die matriarchal geprägte Gesellschaftsform in eine patriarchale umgewandelt hat, lässt sich nicht genau an Jahreszahlen festmachen. Es gibt unterschiedliche Theorien dazu. In jedem Fall ist der Wandel an der Umdeutung und Neubewertung von Mythen ersichtlich. Die Autorin Luisa Francia, die sich mit vielen dieser alten Mythen beschäftigt, schreibt dazu: »Werte, die früher wichtig und gut waren, werden dämonisiert. Die mit Furcht und Verehrung überlieferte Ur-Schlangen-Mutter, die Frau und Göttin, aus der Leben und Tod kommt, muss bekämpft werden«.[30] Die Mutter Erde, die also Leben geben und nehmen kann, die für Fruchtbarkeit steht, wird dämonisiert.

Die Göttinnen der Liebe und des Geschlechtslebens, die in den Frühkulturen mehrere Jahrhunderte vor Christus verehrt wurden, gerieten ins Hintertreffen. Sämtliche Schöpfungsmythen wurden schrittweise von mächtigen Männern abgelöst. Anfangs in polytheistischen Religionen wie bei den alten Griechen, später in monotheistischen Religionen wie dem Christen- und dem Judentum[31].

Athena, die griechische Göttin der Weisheit, wurde beispielsweise »geboren«, indem jemand Zeus mit dem Schwert auf den Schädel schlug. Eine Kopfgeburt also. Adam und Eva schuf der liebe christliche Gott, und wie Jesus in den Bauch von Maria gelangte, ist noch immer schleierhaft. Die weibliche Sexualität und der weibliche Körper wurden mit dem Übergang von matriarchalen auf patriarchale Gesellschaftsformen bald nicht mehr gefeiert, sondern verteufelt.

Auch das Judentum entwickelte sich laut der Autorin Naomi Wolf an dieser Schnittstelle und damit »zu einer Zeit, als sich in den Göttinnenreligionen ein System heiliger Priesterinnen entwickelt hatte. An bestimmten Kalendertagen kopulierten diese Priesterinnen mit männlichen Gläubigen und schenkten auf diese Weise der Gemeinschaft die Ordnung und Güte des Göttlichen Weiblichen«.[32] Dazu gibt es auch viele Abbildungen, die genau diesen Geschlechtsverkehr zeigen. Während die Stämme Israels immer wieder in diese Verehrung zurückfielen, versuchten die Juden an Ort und Stelle, ihre Religion durchzusetzen, die diese heilige Prostitution gänzlich ablehnte. Denn auch das Judentum steht nicht für weibliche Selbstbestimmung. In den fünf Büchern Mose sprachen sie sich deshalb noch einmal besonders gegen die »Hurerei« und selbstbestimmte zügellose weibliche Sexualität aus. Matriarchat ade!

Doch die Zügellosigkeit verschwand nicht. Sie lässt sich im Volksglauben des Mittelmeerraums und des Vorderen Orients durch das Vorhandensein zahlreicher Dämoninnen nachweisen. Ihre Merkmale waren immer dieselben: Sie verweigerten die Mutterschaft und wurden dieser sogar gefährlich, weil sie den plötzlichen Kindstod brachten. Gleichzeitig wurden sie als überaus attraktiv dargestellt und lebten ihre Sexualität, indem sie noch unbedarfte Männer verführten und ihnen die Lebenssäfte entzogen. Damit ist vermutlich auch die Potenz gemeint.

Als Paradebeispiele für dämonische Frauen gelten Lamaštu, Lamia und Lilith. Lamaštu wird die mesopotamische Dämonin genannt, die Kindern und Schwangeren gefährlich wird. Mal wird ihr Körper nackt, mal tierhaft dargestellt. Auch Lamia erscheint in Tiergestalt oder als schöne junge Frau, die Männer verführt und kleine Kinder tötet. Beide saugen das Blut ihrer Opfer. Der Legende nach war Lamia eine Geliebte des Zeus, die aufgrund ihrer Eifersucht wahnsinnig wurde – immer diese emotionalen Frauen.

In der griechisch-römischen Religionsgeschichte wurde Lamia im 4. Jahrhundert mit der Dämonin Lilith gleichgesetzt. Lilith ist der eigentliche Star unter den Dämoninnen. Sie taucht in den vorchristlichen Religionen unter anderem auch als Lilitu auf, lebt gemeinsam mit einer Schlange, verführt Männer, bringt Wöchnerinnen und Schwangeren Unheil und tötet Kinder. Sie verkörpert das abgrundtief Böseste, das einem Frauenkörper innewohnen kann.

Nichtsdestotrotz hat sie scheinbar viele Nachahmerinnen: In der Studie der Wissenschaftlerin Dorothee Pielow *Lilith und ihre Schwestern. Zur Dämonie des Weiblichen*[33] sind gar 45 Lilith-artige Dämoninnen versammelt, die in irgendeiner Form Kindern gefährlich werden und teilweise auch als Verführerinnen von Männern auftreten. Dazu gehören zum Beispiel die orientalische Umm al-layl, die malaysische Langsuir, die armenische Elk, die Black Annis in englischen Volksmärchen, die portugiesischen Bruxea, die schottischen Baobhan und die albanische Kulschedra.[34]

Lilith, die böse Frau und Dämonin, findet sich also sowohl auf dem afrikanischen als auch dem europäischen Kontinent wieder. Besonders im irakischen und iranischen Raum, in Syrien, Ägypten und den Maghreb-Staaten war der Glaube an sie stark vertreten. Je nach Legende ereilte diese Dämoninnen immer ein schlimmes Ende. Mal wurden sie verbannt oder verbrannt, mal wahnsinnig oder in ein Ungeheuer verwandelt. Auch die »Stringes« aus der griechischen und die »Strigae« aus der römischen Mythologie sind ihr nachempfunden. Sie werden als gierige Vögel beschrieben, die nachts herumfliegen und Säuglinge suchen, sie entführen und töten. Luisa Francia sieht in diesen Beschreibungen vor allem ein Beispiel für die größte Angst der patriarchalen Herrschaft: die unabhängige Frau, die selbst die Geburtenregelung durchführt. Auch das ist heute noch ein riesiges Thema.

Die Bekanntheit Liliths liegt jedoch nicht zuletzt an ihrer Erwähnung im babylonischen Talmud als erste Frau Adams. Während Eva aus Adams Rippe geformt wurde, bastelte der Gott Lilith aus demselben Material wie Adam. Da sie sich (vielleicht auch deshalb) für gleichwertig hielt, kam es im Paradies zu ein paar Meinungsverschiedenheiten. Lilith weigerte sich, beim Sex unten zu liegen. Adam war wenig kompromissbereit, und so kehrte sie dem Garten Eden einfach den Rücken zu und ging ans Rote Meer. Dort traf sie auf andere Dämonen, mit denen sie offensichtlich mehr Spaß im Bett haben konnte, und zeugte gleich noch eine Reihe dämonischer Kinder. Adam soll sich anschließend bei Gott beschwert haben, und so wurden drei Engel ausgesendet, die sie zurückholen sollten. Lilith hatte aber keine Lust. Trotzdem kreuzten sich ihre Wege später noch, als Adam das Paradies verlies und sterblich wurde. Ab diesen Zeitpunkt kam Lilith nachts durchs offene Fenster und suchte Neugeborene heim, um sich an Adams Nachkommen zu rächen.

Aber das ist nicht ihre einzige Vorgehensweise. In der Mythologie macht sich die rothaarige Lilith vor allem an Junggesellen heran und saugt sie beim Geschlechtsverkehr quasi aus. Außerdem erregt sie allein schlafende Männer im Schlaf, die so zu feuchten Träumen kommen. Laut einer rabbinischen Überlieferung ist Lilith aus den sexuellen Fantasien Adams entstanden und gilt deshalb auch als die jüdische Dämonin der Onanie. Lilith, die Porno-Queen des Alten Testaments also, die auch noch alle potenziellen Familienväter versaut und/oder impotent macht. Sie personifiziert das verbotene Laster.

Pielow beschreibt sie in ihrer Studie als »weder demütig noch treu. Sie ist weder fügsam, liebend und schon gar nicht geliebt. Gibt es im Christentum ein ideales Marienbild, so ist in Liliths Gestalt alles Gegenteilige verkörpert. Sie ist das weibliche Pendant des Teufels, das auf sexuellem Gebiet vor keiner Schandtat zurückschreckt und alle erdenklichen Perversionen und Obsessionen bewirkt.«[*]

---

[*] Pielow, Dorothee (2001): *Lilith und ihre Schwestern. Zur Dämonie des Weiblichen*. Grupello, S. 177 f.

Kein Wunder, dass sie von der feministischen Theologie als Ikone entdeckt wurde und in Folge zur Galionsfigur der bösen (widerspenstigen) Frauen aufstieg. Aus der Bibel wurde sie restlos gestrichen. Eine Frau, die sich gegen Mutterschaft und für Sexualität positioniert: das abgrundtief Böse. Weg mit ihr.

Schlechtes Vorbild Nummer 2: Eva und ihre Töchter

Da eine gute Storyline aber eben doch auch Frauen braucht, kam die Bibel nicht um ein paar weibliche Figuren herum. Den Bechdel-Test besteht sie trotzdem nicht.[*] Abgesehen von diesem Manko werden die vermeintlich selbstständig handelnden Frauen unter dem Motto »Denn sie wissen nicht, was sie tun« zusammengefasst. Im Zweifelsfall ist es immer der böse (männliche) Teufel, der Schuld an allem trägt. In den ersten rabbinischen und frühchristlichen Texten ist es tatsächlich so, dass behauptet wird, die Frauen trügen die »Saat des Chaos in ihrem Körper«[35]. Umso logischer ist es, dass Frauen im reellen Leben und in der Bibel unter Kontrolle gehalten werden mussten.

So stinkt Eva als zweite Frau Adams ziemlich gegen ihre Vorgängerin ab. Sie wird uns zwar oft als personifizierte Sünderin verkauft, im Grunde war es jedoch nicht mal ihre eigene Idee, vom Baum der Erkenntnis zu naschen. Da im christlichen Glauben alles Böse und Schlechte dem allmächtigen Gott untergeordnet ist, wird selbst der Teufel als gefallener Engel gedeutet und zieht deshalb letztlich immer den Kürzeren. In Gestalt der Schlange stiftet

---

[*] Der Bechdel-Test kam 1985 in einem Comic von Alison Bechdel vor und ist mittlerweile so bekannt, dass er für die Beurteilung von Filmen herangezogen wird. Er besteht nur aus drei Fragen: Gibt es mindestens zwei Frauenrollen? Sprechen sie miteinander? Unterhalten sie sich über etwas anderes als einen Mann? – Erschreckend wenige populäre Filme bestehen diesen Test; *Herr der Ringe* und *Star Wars* schaffen es z.B. nicht.

er Eva zum Ungehorsam an. Eva, naiv und unselbstständig wie sie ist, macht einfach mit.

Eine mächtige Göttin oder Dämonin, wie sie in den polytheistischen Religionen noch zu finden war, verschwand nach und nach komplett aus dem monotheistischen Weltbild. An Sex brauchte ein weibliches Religionsvorbild gar nicht mehr zu denken – siehe unbefleckte Empfängnis. Wenn, dann tauchten verführerische Lockvögel in Texten über kirchliche Eremiten auf. Dahinter steckte allerdings immer der Teufel, der sich im Bedarfsfall einfach in eine scharfe Braut verwandelt, um den Geistlichen auf den Zahn zu fühlen. Darstellungen aus dem Leben des Heiligen Antonius sind ein gutes Beispiel dafür. Sie sollten als Warnung dienen und den Gottesdienern vermitteln, ja die Hosen anzulassen. Im Grunde genommen lautete das gesellschaftliche Ideal für Männer als auch Frauen zu dieser Zeit: Kein Sex für niemanden. Und schon gar nicht für Frauen.

Der Klerus bemühte sich viele Jahrhunderte darum, das Sexualverhalten zu regulieren. Wie im Judentum wurde relativ schnell erkannt, dass eine gewisse Macht der Frauen im Zusammenhang mit der Sexualität bestand. Also wurde mit allen Mitteln versucht, diese zu brechen. Heiligkeit wurde mit der Vermeidung von Frauen und Sexualität in Verbindung gebracht. So wurden die Frauen aus allen Teilen der Liturgie ausgeschlossen, und mit dem Tragen von weiblichen Kleidern (ja, genau diese Kleider, die Priester tragen) wurde versucht, sich die magische Macht der Frauen unter den Nagel zu reißen. Übrigens ist auch das Trinken des Blutes Christi (also des Messweins) so ein umgedeutetes Symbol. Während Frauen ja Leben schenken können und bluten, ohne dabei zu sterben, verleiben sich die Kirchenmänner den Leib Christi mit der Hostie und dem Messwein symbolisch ein. Da sind wir auch nicht so weit von Zeus' Kopfgeburt entfernt.

Wie auch immer, der Klerus versuchte mit allen Mitteln, die Überreste der matriarchalen Gesellschaften für sich umzudeuten beziehungsweise zu kontrollieren. Ab dem 7. Jahrhundert wurden beispielsweise Bußbücher für die Beichtväter herausgegeben, die ihnen einen Leitfaden für den sexuellen Katechismus gaben. Darin war das Geschlechtsleben bis ins Detail geregelt: Stellungen, also genau eine einzige Stellung, die erlaubt war; bestimmte Tage für Sex sowie die Personen, die dafür infrage kamen.

Im 12. Jahrhundert wurde schließlich das heilige Sakrament der Ehe eingeführt, das durch nichts Irdisches aufzuheben sei. Wenig später gab es zusätzliche Beschränkungen für Geschlechtsverkehr, der nicht der Fortpflanzung diente, und für männliche homosexuelle Kontakte. Gleichzeitig wurde die Vagina, sofern sie in literarischen Beschreibungen vorkam, verspottet oder als »nichts« bezeichnet. Generell waren die Mediziner des Mittelalters der Meinung, dass die weiblichen Geschlechtsorgane unvollkommener seien als die männlichen. Albert Magnus meinte, dass »die Frau von der Natur her kein Mensch ist, und daher eine Missgeburt«[36]. Die Vagina wurde zudem als ein nach innen gestülpter Penis verstanden. Es gibt eindrückliche Zeichnungen von Andreas Vesalius dazu, der Mitte des 16. Jahrhunderts ein Grundlagenwerk zur Anatomie veröffentlichte. Es darf uns also nicht wundern, wenn wir uns heute schwertun, geeignete Begriffe für »da unten« zu finden. Wir tragen schließlich eine lange Geschichte der weiblichen Scham und Abwertung mit uns herum.

Sexualität wurde im Mittelalter jedenfalls immer mehr zur Staatsangelegenheit. Auch die Haltung zur Prostitution änderte sich mit der Zeit. Im 16. Jahrhundert kam zuerst die Beschränkung, dann die Kriminalisierung. Zwischen 1530 und 1560 wurden die städtischen Bordelle geschlossen. Wer bei der Prostitution erwischt wurde, musste mit Verbannung, Prügelstrafe und anderen Züchtigungsformen rechnen. In Frankreich wurde die Vergewaltigung von Prostituierten sogar straffrei gestellt. Zeitgleich kam es zu einer Abwertung der Tätigkeiten, die Frauen bislang generell ausgeübt hatten, um zur Gelderwirtschaftung im gemeinsamen

Haushalt beizutragen. Sie wurden immer stärker in ihrer Berufstätigkeit eingeschränkt.

Die Wissenschaftlerin Silvia Federici schrieb dazu: »Diejenigen, die es wagten, außerhalb des Haushalts, im öffentlichen Raum und für den Markt zu arbeiten, wurden als sexuell aggressive Drachen oder sogar als ›Huren‹ oder ›Hexen‹ dargestellt.«[37]

Dem Mittelalter wird außerdem der Keuschheitsgürtel zugeschrieben, der die weibliche Sexualität einschränken sollte, sowie das Knebeleisen, das geschwätzige Frauen einschnürte. Weder sexuelle Selbstbestimmung noch irgendeine Form von Stimme wurde den Frauen zugesprochen.

Diese Abwertung hatte System. Im 16. und 17. Jahrhundert schloss man Frauen so ziemlich aus jedem Bereich des gesellschaftlichen Lebens aus. Kirche, Staat und Kunst gingen dabei Hand in Hand. Bestehende Rechte von Frauen wurden konstant abgebaut. Frauen durften zum Beispiel nicht mehr alleine wirtschaftlich tätig sein. In Frankreich durften sie keine Verträge mehr abschließen oder sich vor Gericht verteidigen. In Deutschland bekamen verwitwete Frauen einen Vormund zugeteilt.

Frauen wurden unmündig und damit abhängig gemacht. Auch im öffentlichen Raum verschwanden sie immer mehr. In England sagte man ihnen, sie sollten sich lieber drinnen aufhalten und schon gar nicht in der Nähe des Fensters. Weibliche Bekannte zu treffen war ebenfalls verpönt, ja sogar ihre Eltern sollten sie nach der Eheschließung ja nicht zu häufig sehen. So entwickelten sich in der Gesellschaft immer stärker die Bilder von der Unterschiedlichkeit von Männern und Frauen, die sich in verschiedenen rechtlichen Vorgaben widerspiegelten. Die Katholiken, Protestanten, Humanisten und Dramatiker machten gemeinsame Sache.

Laut Federici wurde »festgehalten, dass Frauen Männern unterlegen seien – sie seien übermäßig emotional und wollüstig, außerdem unfähig zur Selbstbeherrschung –, weshalb sie unter männliche Aufsicht zu stellen seien«.[38]

Ein Stück wie *Der Widerspenstigen Zähmung* von Shakespeare, das aus dieser Zeit stammt, zeigt ebenfalls, dass Frauen, die sich anders als vorgeschrieben verhielten, als »aufsässig«, »zänkisch« und »ungehorsam« wahrgenommen wurden. Zahlreiche Theaterstücke aus diesem Jahrhundert sind Beispiel für die flächendeckende Frauenfeindlichkeit. Frauen, die der »Zankhaftigkeit« beschuldigt wurden, ließ man sogar wie Hunde mit einem Maulkorb durch die Straßen laufen. Den Höhepunkt erreichte diese Feindseligkeit schließlich mit der Hexenverfolgung.

Die christliche Tradition der weiblichen Abhängigkeit hat sich jedenfalls bis ins 21. Jahrhundert herübergerettet. Nicht mehr ganz so brutal, aber wenn wir uns kirchliche Bräuche ansehen, sind wir schnell beim Verlobungsring, den eigentlich nur Frauen tragen, der Übergabe der Braut vom Vater an den Ehemann oder dem Thema Jungfräulichkeit, wenn es um das Tragen des Schleiers geht. Bräute mit Kindern tragen nämlich normalerweise keinen mehr. Da ist es ja wohl offensichtlich, dass die nicht mehr ganz »unbefleckt« sind. Überhaupt der Mythos und das Gehabe rund um die weibliche Jungfräulichkeit, die es zu »verschenken«, »verlieren« oder »aufzuheben« gilt, findet sich auch in zahlreichen Schimpfwörtern wieder, die promiskuitive, also mit vielen Männern schlafende Frauen beschreiben – allen voran die Hure. Denn sie hat sich offensichtlich nicht aufgehoben. Das männliche Pendant dazu suchen wir vergeblich. Männer, die sich hingegen »aufsparen«, werden eher bedauert und mit Filmtiteln wie *Jungfrau (40), männlich, sucht* (US 2005) bedacht. Ebenso die Beschimpfungen Hurensohn und der Hurenbock für das vermeintliche Gegenteil beziehen sich wieder auf die Frau, die mit ihrer sündenhaften Sexualität in Verbindung gebracht wird. Don Juan, Casanova, Frauenheld, Womanizer oder Stecher bekommen viele Schulterklopfer, aber keinen Hass. Frauen müssen hingegen aufpassen, dass sie nicht »übrig« bleiben. Sie sollen zwar keinen Sex mit vielen haben, aber wenn, dann mit Ergebnis. So werden sie ständig mit der Kinderfrage im gebärfähigen Alter genervt, um ja nicht als »alte Jungfer« zu enden, die keinen mehr abbekommen hat und schrullig mit Katze ihr Dasein fristet. In manchen Gegenden Österreichs gebietet es sogar das Brauchtum, genau diesen Übriggebliebenen einen »Pfingstmann« aus Stroh vor die Tür zu stellen. Das wiederum ist nur lustig, solang es sich nicht um eine Alleinerzieherin mit unehelichem Kind handelt. Denn dann taucht gerade in ländlichen Gegenden das Bild der »befleckten« Frau auf, die nicht mehr verbergen kann, dass sie keine Jungfrau mehr ist. Und das ganz ohne Trauschein. So spannt sich wieder der Bogen zur Hure.

Männer hingegen sind problemlos Junggesellen, vermehren sich bis ins hohe Alter mit verschiedenen Frauen, können als Playboy wie seinerzeit Hugh Hefner den ganzen Tag im Morgenmantel verbringen und sind immer noch »toll«. Ihr Beziehungsstatus ist vollkommen egal. Sie sind einfach nur Herr XY. Eine Unterteilung wie bei Frau oder Fräulein, Miss oder Mrs. gibt es nicht. Die Information über ihren Familienstand ist vollkommen überflüssig. Sie sind auch ohne Frau vollwertige Mitglieder der Gesellschaft. Frauen dagegen wurden und werden sprachlich in der Abhängigkeit von Männern markiert. Die Diskussion um Doppelnamen, Nach- und Familiennamen zeigt dies deutlich. T-Shirts mit Aufschriften wie »Mrs. Clooney« oder »Mrs. Pitt« haken hier ebenfalls problemlos ein; genauso wie »XY, ich will ein Kind von dir«-Rufe. Der Phallus ist eben an den Mann geknüpft. Darüber lässt sich auch der eigene Status als Frau aufwerten. So gibt es in Österreich immer wieder eine Frau Hofrätin, Frau Doktor und Frau Bürgermeister, die sich über den Titel ihres Mannes ansprechen lässt. Kein Scherz. Und wer seinen beziehungsweise ihren Beziehungsstatus nicht aussprechen möchte, kann immer noch beim nächsten Oktoberfest die Dirndlschürze dementsprechend binden: rechts vergeben, links ledig, hinten Witwe, vorne Jungfrau. Im Grunde geht es darum, wer als Freiwild zur

Verfügung steht beziehungsweise »fickbar« in einem ganz pragmatischen Sinne ist. Wie eine MILF ihre Schürze trägt, ist bislang noch nicht bekannt.

Soweit die monotheistische Tradition der Frau als Anhängsel, Beiwerk oder Trophäe – wie auch immer man es deuten möchte.

Schlechtes Vorbild Nummer 3: Hexen

Das Mittelalter brachte, wie schon kurz erwähnt, ein besonders drastisches Beispiel für den Umgang mit »bösen« Frauen: die Hexenverfolgung. Dabei waren die betroffenen Personen nicht per se schuldig oder böse, sondern übernahmen einfach die Sündenbockfunktion für einen Bevölkerungsrückgang und die erste Weltwirtschaftskrise – so die These von Silvia Federici.[39]

In der Zeit des Merkantilismus entwickelte sich ein starker Wunsch nach Bevölkerungszuwachs. Menschen wurden als wirtschaftliche Rohstoffe gesehen. Frankreich und England überlegten sich daher viele Maßnahmen, die zu einer höheren Geburtenrate führen sollten. Eheschließung wurde beispielsweise per Gesetz belohnt, Ehelosigkeit bestraft. Demografische Daten wurden erstmals aufgezeichnet. Der Staat überwachte immer stärker Sexualität, Familienleben und Zeugung. Das funktionierte am besten durch die Kontrolle von Frauenkörpern. So wurden zum Beispiel Frauen verfolgt, die Geburtenkontrolle im Sinne einer Verhütung betrieben. Damals wurden vor allem Kräuter verwendet, die eine Abtreibung oder Menstruation herleiten oder die Unfruchtbarkeit bewirken sollten. Auch Hebammen wurden in besonderer Art und Weise verdächtigt. Der *Hexenhammer* – der *Malleus Maleficarum*, quasi DAS Buch über Hexen – verlautbarte gar, dass Hexen ungetaufte Neugeborene dem Teufel übergeben, aus den Neugeborenen Salbe zubereiten oder sie verspeisen würden. Überhaupt lautete der Hauptvorwurf an die sogenannten Hexen, sie würden dem Teufel Kinderopfer bringen. Ganz ähnlich wie schon die Dämoninnen vor ihnen. Nur dass es diesmal Gesetze gab, die sich gezielt gegen reale Personen richteten, die sich in irgendeiner Weise der Reproduktion in den Weg stellten. Die Kindestötung wurde gar zu einem Kapitalverbrechen, das strenger bestraft wurde als viele Verbrechen, die von Männern begangen wurden. (Durch die Entziehung vieler Rechte waren die Frauen im Mittelalter ansonsten weniger stark bestraft worden, weil sie als zunehmend unmündig galten.)

Interessanterweise geschah dieser neue Umgang mit »reproduktiven Vergehen«, als Mitte des 16. Jahrhunderts die ersten Schiffe mit Sklaven aus Afrika nach Europa zurückkehrten. Sämtliche europäische Regierungen begannen plötzlich Verhütung, Abtreibung und Kindestötung massiv zu bestrafen. Es scheint fast so, als hätte man Angst vor einer »Übervölkerung« der versklavten Menschen gehabt. Eine Angst, die heute durch die Flüchtlingsbewegung nach Europa wieder in Erscheinung tritt und eine Familienpolitik bewirkt, in der vor allem der Ruf nach mehr Kindern von »Einheimischen« groß wird.

Jedenfalls wurden im 16. und 17. Jahrhundert schwangere Frauen geradezu bespitzelt. Starb ein Kind bei der Geburt, wurde die Mutter zum Tode verurteilt. Bemühte sich die Frau nicht genug bei der Geburt oder zeigte sie danach dem Kind gegenüber zu wenig Zuneigung, wurde sie dafür bestraft. Unverheirateten Schwangeren sollte eine Unterkunft vorenthalten werden, damit sie nicht geheim das Kind austragen und töten könnten. Überhaupt wurden im 16. und 17. Jahrhundert mehr Frauen wegen Kindstötung als wegen irgendeines anderen Verbrechens hingerichtet – abgesehen von der Hexerei.

Aber auch den Hexen wurde angelastet, an Kindstötungen beteiligt zu sein. Überhaupt wurde Hexen zugeschrieben, sie würden sich dem Reproduktionsvorgang und der Fruchtbarkeit in den Weg stellen. Egal ob Ernteausfälle oder Schlechtwetter, ob den Kühen oder den Wöchnerinnen der Milchfluss stockte oder es den Männern an Potenz fehlte – die Hexen waren schuld. Den Männern hätten sie gar Lebenssäfte wie Blut und Sperma entzogen und damit Beziehungen torpediert. Außerdem wurde ihnen nachgesagt, dass der Teufel sie angeleitet hätte, Kinder im Mutterleib zu töten. So störten Hexen nicht nur den natürlichen Kreislauf der Landwirtschaft, sondern auch den der menschlichen Reproduktion – und damit die Fortpflanzung auf allen Ebenen.

Die Historikerin Ingrid Ahrendt-Schulte fasst zusammen: »[Die Hexe] verkörperte die Umkehr weiblicher Rollennormen: Statt zu schützen und zu nähren, vergiftete und tötete sie. Sie war die Kinderfresserin, die selbst nicht gebären konnte.«[40]

Die Hexe war damit aber nicht nur Anti-Mutter, sondern auch Hure – »Teufelshure« nämlich. Diese Bezeichnung taucht immer wieder in Beschreibungen auf, macht ihre Abhängigkeit deutlich und brachte sexuelle Konnotationen mit ins Spiel. Frauen, die als wollüstig galten, wurden ebenfalls verfolgt. Es wurden gar Foltermethoden entwickelt, die sich gegen die weiblichen Geschlechtsorgane richteten. So entwickelte man die »Angstbirne«, die die Sexualität der Frauen »richten« sollte.[41] Bei Männern wurde sie in den Mund eingeführt, bei Frauen in die Vagina. Wie der Name schon sagt, handelte es sich um ein birnenförmiges Eisen mit Flügeln, die im Körper mithilfe von Schrauben gespreizt werden konnten. Frauen, die der Hexerei oder Abtreibung beschuldigt wurden, folterte man damit. Das war aber nicht die einzige Verbindung zwischen Sexualität und Hexerei. Auch das sogenannte »Hexenmal« oder »Teufelsmal« versuchte man auf den Genitalien zu finden. Der Teufel würde dieses Mal angeblich als Zeichen des Pakts in den Körper einbrennen, vermutlich in einer Körperöffnung.[42] 1593 wurde durch diese »Suche« auch die Klitoris bei einer mutmaßlichen Hexe gefunden und für das »Teufelsmal« gehalten.[43] Wie kein anderer Körperteil wurde die Klitoris aber noch mehrere Male aus dem Blick verloren und später wiederentdeckt.[44] In diesem Fall jedoch galt ihre Entdeckung als Todes-urteil.

Die Sexualisierung der Hexe fand im Mittelalter auch bildlich statt. So gab es viele Werke junger, schöner, nackter Frauen. Da-durch sollte immer wieder auf die Verführungsmacht des Bösen hingewiesen werden, die mit dem weiblichen Geschlecht auf meh-reren Ebenen gleichgesetzt wurde. Die Darstellung der nackten Eva von Hieronymus Bosch, die vom Teufel verführt wird, fällt ebenfalls darunter. Sie erinnert nicht nur zufällig an die Dämonin-nen.

Der *Hexenhammer* wusste natürlich noch genauer, was es mit dem Thema Verführung auf sich hat, und erklärte die »besondere Anfälligkeit« von Frauen für die Hexerei damit, dass diese von Natur aus boshaft seien. Dies stünde ja schon in der Bibel. So wird als Beweis ein Zitat aus dem Alten Testament geliefert: »Gering ist alle Bosheit gegen die Bosheit des Weibes.« Rechtsgelehrte und Geistliche beschlossen gegen Ende des 15. Jahrhunderts somit als logische Konsequenz, Hexen und Unholde nun offiziell als »böse Weiber« und »verkehrte böse Weibspersonen« zu bezeichnen.

Vom Heiligen Antonius gab es schon länger bildliche Dar-stellungen, auf denen der Teufel versuchte, ihn in Gestalt einer jungen Frau zu verführen. Ende des 15. Jahrhunderts verschmolz die verkleidete Teufelin dann mit den Vorstellungen über die junge schöne Hexe, und Antonius wurde vom Pestheiligen zum Heiligen »gegen die Pest der Hexen« umgedeutet.

Damit nicht genug. »Die fluchenden, streitsüchtigen ›kläffen-den‹ Weiber, die sich der gottgewollten Ordnung nicht fügen und Meisterin des Ehemanns sein wollten statt seine Gesellin [...], wurden in Predigten und Ehetraktaten als abschreckendes Bei-spiel dem Ideal der guten frommen Ehefrau gegenübergestellt. Die Frauen, die nach ›Weibermacht‹ strebten, wurden damit in die Nähe der Hexen gerückt. Beide repräsentierten die ›verkehrte Welt‹«, schrieb Ahrendt-Schulte.[45] Im Grunde konnten Frauen nur alles falsch machen zu dieser Zeit; außer sie ordneten sich bedingungslos unter.

Die »verkehrte Welt« der Hexe (beziehungsweise der Frau, die aufbegehrt) zeigte sich auch in der Bildsprache. Viele Darstellungen haben etwas Verkehrtes an sich: Beispielsweise läuft die Hexe rückwärts auf ihren Händen oder zeigt sich dem Betrachter nackt mit dem Rücken zugewandt. Damit sollte vor allem den Betrachterinnen klargemacht werden: so nicht. Immerhin waren die Konsequenzen ziemlich drastisch für das Stören der patriarchalen Ordnung durch »verkehrtes« Verhalten: Tod auf dem Scheiterhaufen. Es wird davon ausgegangen, dass etwa 40.000 bis 60.000 Menschen, darunter 75 bis 80 % Frauen, durch diesen Genozid in Europa ihr Leben ließen.

Wie Lilith und ihre Gefährtinnen stellte sich die Hexe auf vielfältige Weise gegen die Mutterschaft und stand für Selbstbestimmung über den Körper der Frau mit einer Brise von Sexualität. Ihr Bild ist nach wie vor wirkmächtig. Sie begegnet uns in Märchen wie *Hänsel und Gretel* als Kindsmörderin, aber hält sich auch im Sprachgebrauch als Beschimpfung für Frauen, die sich dem weiblichen Ideal besonders eindrücklich entziehen. In diesem Fall geht es dann nicht mehr um Mutterschaft oder Sexualität, sondern um Rollen- oder Regelverstöße. Im Privatgebrauch funktioniert das ebenso wie in der öffentlichen Diffamierung: Als Margaret Thatcher im April 2013 verstarb, feierten 200 Personen dies spontan in Londons Straßen und hielten dabei Plakate hoch, die Thatcher als Schlampe und Hexe bezeichneten. Der Song *Ding-Dong! The Witch Is Dead* aus dem Musical *The Wizard of Oz* veranlasste Thatcher-Gegner*innen massenhaft zum Download und infolge zur Eroberung der britischen Charts.[46]

Margaret Thatchers Politik nagte am Sozialstaat. Sie kümmerte sich also nicht wie eine richtige Frau um ihre Schützlinge, die Briten. Ist doch logisch, dass sie dann als Hexe beschimpft und ihr Tod gefeiert wird, oder? Solche Szenarien wirken nachhaltig. Viel nachhaltiger als eine Heiligsprechung der Mutter Teresa. Angst schlägt Vorbild. Ähnliches ist Hillary Clinton 2016 im Wahlkampf gegen Donald Trump passiert. Über die E-Mail-Affäre und ihre Bewertung lässt sich streiten, aber sind mediale Beschimpfungen als Hexe gerechtfertigt? Von Clinton existieren zahlreiche bearbeitete Bilder im Netz, die sie mit grünem Gesicht wie die Hexe aus dem *Zauberer von Oz* zeigen. Schon wieder der Zauberer von Oz.

Was wir daraus lernen: Es ist besser, Tabus nicht zu überschreiten, sowie leise und unsichtbar zu bleiben. Den Mund zu halten. Und das über zahlreiche Epochen und Generationen hinweg. Wenn Frauen sich erdreisten, das zu ignorieren, müssen sie damit rechnen, dass öffentlich auf ihren Tod gespuckt wird oder sie wie Hillary Clinton denunziert und wie Gina-Lisa Lohfink vorgeführt werden.

Was früher die Hexenverbrennung war, nennt sich heute *Slut Shaming*. Was früher Ausgrenzung war, entlädt sich heute im digitalen Shitstorm. Frauen, die heraustreten aus der Masse – besonders wenn es sich um menschenrechtliche Anliegen handelt –, werden mit einer sehr hohen Wahrscheinlichkeit alsbald mit Vergewaltigungs- und Morddrohungen auf ihren Platz verwiesen.

Wie zum Beispiel Anita Sarkeesian. Die Gamerin und Feministin hatte mit einer Crowdfunding-Kampagne 2012 zum Thema »Geschlechterstereotypen in Videospielen« auf sich aufmerksam gemacht und zog den Zorn eines großen Teils der Gamer-Community auf sich. Die Attacken gegen sie nahmen solche Ausmaße an, dass weltweit über die gegen sie gerichtete Hasskampagne berichtet wurde. 2014 musste sie gar einen Vortrag absagen, weil jemand mit einem Amoklauf drohte.

Auch die österreichische Ministerin Gabriele Heinisch-Hosek wurde 2014 mit einem Shitstorm der Sonderklasse bedacht, als sie per Facebook-Posting den Sänger Andreas Gabalier daran erinnerte, wie die Bundeshymne lautet, die 2011 textlich geändert wurde – von »Heimat bist du großer Söhne« zu »Heimat großer

Töchter und Söhne«. Bei einem Auftritt hatte er die veraltete Version gesungen. Die Staatsanwaltschaft ermittelte schließlich wegen Morddrohungen, die unter den Tausenden Kommentaren auf ihrer Facebook-Seite hinterlassen worden waren.

Von der Autorin Stefanie Sargnagel wurden gar ihre Adresse und der Hinweis, sie sei »willig«, 2017 in der größten österreichischen Tageszeitung veröffentlicht[47], weil einer ihrer satirischen Texte zu wörtlich genommen wurde. Der Text war auf einer Reise nach Marokko entstanden, die mit öffentlichen Geldern unterstützt worden war. Sargnagel war mit zwei anderen Autorinnen gereist und hatte recht provokant darüber geschrieben, dass Hasch geraucht wurde und jemand eine Babykatze getreten habe. Dies reichte für den *#babykatzengate* aus, und zahlreiche Menschen liefen Sturm und drohten mit Tod und Vergewaltigung. Stefanie Sargnagel vermutet in dem Aufruhr auch eine Reaktion auf den ORF-Beitrag zum Internationalen Frauentag über die feministische Burschenschaft Hysteria, an deren Spitze die Autorin steht.[48]

Auch die Sexualwissenschafterin Elisabeth Tuider wurde öffentlich für ihren Einsatz für eine Sexualpädagogik der Vielfalt beschimpft. Der umstrittene Autor Akif Pirinçci ließ ihr als Kritik für ebenjenes Engagement ausrichten, er wolle sie im »Knast verrotten«[49] sehen. Seine Beleidigungen werden mittlerweile vor Gericht verhandelt.

Es stellt sich die Frage der Verhältnismäßigkeit. Welche Tabus und Grenzen haben diese Frauen überschritten, um derart bestraft zu werden? Wie viele Morddrohungen erhält eigentlich Donald Trump für seine frauenfeindlichen Aussagen? Offensichtlich gibt es eine stille gesellschaftliche Übereinkunft darüber, wie wir mit Übertretungen von Geschlechterrollenbildern umgehen. Eine Frau, die politisch etwas zu sagen hat, scheint daher ohnehin schon durch ihre berufliche Position gegen alle Regeln der Weltordnung zu verstoßen. Ein Donald Trump erfüllt das Klischee des

Bad Boy oder *Infant terrible*. Aber Männer sind doch wie große Kinder, nicht? ;-)

Umbringen will ihn deshalb zumindest niemand ernsthaft. Vergewaltigen, damit er weiß, wie er sich zu benehmen hat, auch nicht. Wie oft wird über ihn gesagt: »He needs a good dicking« (er sollte mal wieder ordentlich durchgevögelt werden)? Die Vorstellung scheint geradezu abstrus. Über »zickige« Frauen wird dies im Volksmund jedoch oft gesagt. Anita Sarkeesian, Gabriele Heinisch-Hosek, Elisabeth Tuider, die Aktivistinnen rund um #aufschrei und #ausnahmslos sowie viele, viele mehr dürfen sich gewalttätige Aussagen wie diese oft genug anhören.

Der Ausbruch aus der erwarteten Geschlechterrolle scheint auch heute noch für Frauen ganz besondere Konsequenzen und Zuschreibungen zu haben. Die Doppelstandards lassen grüßen. Sie sind nicht immer brutal, wirken aber subtil. Sie richten zwar auf beiden Seiten Schaden an. Wer gesellschaftlich auf dem kürzeren Ast sitzt, wird sich jedoch eher überlegen, ob er diesen riskiert. Jessica Valenti[*], Buchautorin und Gründerin von Feministing.com, hat 2008 passend dazu eine Sammlung mit dem klingenden Titel *He's a Stud, She's a Slut. And 49 Other Double Standards Every Woman Should Know*[**] herausgebracht. Darin kritisiert sie beispielsweise, dass weibliche Stars vor allem über ihren Beziehungsstatus und ihre sexuellen Eskapaden bewertet werden. Paparazzi gieren nach Sex-Tapes, »Nipple Slips« und verrutschten Höschen. Solange Popsternchen noch minderjährig sind, mache die vermeintliche Jungfräulichkeit die Hälfte der Anziehung aus. Wenn sie erst mal älter sind, verheiratet oder Kinder haben, würden sie in der Öffentlichkeit als fette alte Schlampen zerrissen. Sowohl Britney Spears,

---

[*]   Valenti, die seit 2004 mit ihrem feministischen Engagement in der Öffentlichkeit steht, ist die ganze Bandbreite von Online-Drohungen ebenfalls gewohnt. Als im Juli 2016 Mord- und Vergewaltigungsdrohungen ausgesprochen wurden, die sich an ihre fünfjährige Tochter richteten, zog sie sich für einige Zeit aus den Social-Media-Kanälen zurück.

[**] »Stud« bedeutet so viel wie Hengst.

Christina Aguilera, Jessica Simpson oder Miley Cyrus können in der einen oder anderen Form ein Lied davon singen.

Miley Cyrus liefert zum Beispiel immer wieder wunderbare Beispiele für *Slut Shaming*. Bereits das Abschneiden ihres langen Haares markierte einen Wendepunkt, wie über sie in den Medien geschrieben wurde. Von der vermeintlichen Jungfrau wurde sie über Nacht zur Schlampe (ähnlich wie Rihanna) und sorgte für großen Aufruhr: Eine Frau, die sich für einen burschikosen Haarschnitt entscheidet und sich damit der typisch weiblich langen Haarpracht verweigert. Skandalös! Bei einem Blick zurück auf den sogenannten *Angel in the House* verwundert diese Entrüstung nicht weiter.

Im viktorianischen Zeitalter wurde vom *Angel in the House* erwartet, sich so zu kleiden und zu schmücken, dass es dem Mann gefiel. Die Kulturwissenschaftlerin Miriam Strube schreibt dazu: »Sexuelles Begehren wurde also als etwas angesehen, das die Frau auslöst, und nicht als etwas, das sie selbst empfindet«.[50] Ganz im Gegenteil zum Mittelalter, als die Frauen in der Zeit der Hexenverfolgung noch laut Silvia Federici »als wilde Wesen dargestellt [wurden], geistig minderwertig, unersättlich lüstern, rebellisch, aufsässig, zur Selbstbeherrschung unfähig«.[51] Im 18. Jahrhundert hatte sich das komplett umgekehrt, der gesellschaftliche Wandel hatte sich durchgesetzt. Die Frau als passives, asexuelles Wesen, das sich unterordnet und über mehr Moral als der Mann verfügt, ja sogar einen positiven Einfluss auf ihn ausüben kann. Das, was ihr zuvor als irrational angelastet wurde, wandelte man kurzerhand in den mütterlichen Instinkt um. Die Erfindung der Heiligen war vollzogen. Wenn schon Sexualität, dann maximal als kleiner Impuls. Den durfte zumindest der *Angel in the House* im 19. Jahrhundert geben. Sexuell reizend: ja, selber Lust dabei haben: nein. Das heißt also: sexy, aber nicht zu den eigenen Bedingungen. Und das gilt noch immer. Soll heißen: Die langen Haare sollen dranbleiben, die kurzen machen zu sehr den Anschein von Selbstbestimmung.

Als Miley Cyrus bei den MTV Video Music Awards 2013 in aufreizender Pose und mit herausgestreckter Zunge ihren Po an Sänger Robin Thicke rieb, erntete sie wieder harsche Kritik für ihr sexualisiertes Auftreten. Obwohl sie generell für die Zurschaustellung ihrer Reize gefeiert wurde, war die Kombination aus Zunge und Anbaggern offenbar einfach zu viel. Zur selben Zeit wurde das Model Emily Ratajkowski zum Star, als sie oben ohne in dem Musikvideo zu *Blurred Lines* von ebenjenem Robin Thicke mitspielte, an dem sich Miley gerieben hatte. Das Besondere an Emily Ratajkowski? Sie tat einfach, was im Drehbuch stand, und hüpfte in der unzensierten Videoversion von *Blurred Lines* im Unterhöschen um anzugtragende Männer herum und ließ dabei ihren Busen wippen. Vom *Esquire*-Magazin wurde sie deshalb zur »Woman of the Year« gewählt. Beide Performances drehten sich rund um Rob Thicke; beide boten reichlich Diskussionsstoff. Der Unterschied lag vor allem im Grad der Selbstbestimmung. Model Emily Ratajkowski wurde dafür belohnt, dass sie dem Drehbuch fürs Musikvideo stumm folgte. Miley Cyrus' »selbstbestimmter« Auftritt wurde als zu provokativ und über das Ziel hinausgeschossen bewertet; obwohl sie sich darin kaum von anderen aktuellen Künstlerinnen unterschied.

Neben der Sexualität werden medial selbstverständlich auch die Mutterqualitäten einzelner prominenter Frauen diskutiert. Die Forscherin Paula Cooey behauptet, es gäbe als Frau kein Entkommen vor der Zuschreibung mütterlicher Fähigkeiten und Verantwortlichkeiten. Formen von Bemutterung, die Pflege anderer Menschen oder die Übernahme von Verantwortung würden insbesondere bei Frauen unter dem Stichwort Mütterlichkeit als Essenz von Weiblichkeit verstanden.[52] Angela Merkel wird wahlweise zumindest noch als »Mutter der Nation« verstanden, Margaret Thatcher und Hillary Clinton hingegen waren zu unartig. Bei all der erwarteten Mütterlichkeit ist es eigentlich kein Wunder, dass eine Studie mit qualitativen Interviews von Müttern, die ihre

Elternschaft bereuen, unter dem Schlagwort *#regrettingmotherhood* für so viel Aufsehen gesorgt hat. Selbst die grundsätzliche Entscheidung gegen eine biologische Mutterschaft lässt also Spekulationen zu, ob es sich hier um eine gute oder schlechte Mutter/Frau handelt, da sie sich mit ihrem Verhalten ja gegen die Natur stellt. Und das geht ja schon mal gar nicht. Machen MILFs dann eigentlich alles richtig?

Aber nicht nur das. Die Musikerin Courtney Love machte viele »Fehler«. Zum einen galt sie als schlechte Mutter wegen ihres Heroinkonsums (die Drogenabhängigkeit ihres Ehemannes Kurt Cobain tat seiner Vaterschaft hingegen keinen Abbruch). Zum anderen legte sie gleichzeitig eine eigenständige und eigenwillige Performance als Künstlerin und Riot Grrrl* hin. Der plötzliche Tod ihres Partners, *der* Grunge-Ikone schlechthin, brachte ihr schließlich den Titel »Hexe« ein. Courtney Love überschritt einfach zu viele Grenzen auf einmal. Natürlich wurde ihr auch für den Selbstmord ihres Mannes die Schuld gegeben. Als hätte sie das Böse gepachtet, wurde sie in diversen Artikeln die »Reinkarnation der Dämonin Lilith« und das »Bad Girl of Rock« genannt, zur irren Hexe stilisiert, der Zauberkräfte angedichtet wurden, mit denen sie ihren Mann zu Lebzeiten manipuliert und ihm zugesetzt hätte. »Courtney Love is [...] a witch to be burned«, nennt Musikwissenschaftlerin Marion Leonhard eine der vielen Schlagzeilen.[53]

Ein ähnliches mediales Prozedere kennt Yoko Ono. Als bekennende Feministin und autonome Künstlerin gibt es schließlich genug Gründe, sie für die Trennung der Beatles verantwortlich zu machen. Immerhin hatte sie John Lennon ja so vereinnahmt. Auch sie wird als »Hexe« bezeichnet. 2007 nahm sie dies zum Anlass und benannte kurzerhand ein Album trotzig *Yes, I'm a Witch*.

---

* Die Riot Grrrls waren eine feministische Punk-Bewegung in den 1990ern. Mehr darüber folgt im Kapitel *Von Riot Grrrls zu Girlies*.

Courtney Love und Yoko Ono verstoßen gegen die Regel, sich klein, unauffällig und brav neben den berühmten Männern zu verhalten. Sie fordern selbst Raum für sich, der ihnen nicht zugestanden wird. Nach wie vor werden sie als Anhängsel ihrer verstorbenen Partner porträtiert. Da wären wir dann wieder beim Vergleich mit den abhängigen christlichen Frauenfiguren. Weibliches selbstbestimmtes Handeln (beziehungsweise Erfolg) scheint auch bei Künstlerinnen noch nicht vorstellbar. Irgendein Makel muss ihnen immer zugeschrieben werden. Und für eine MILF scheint Courtney Love wohl viel zu laut, exzentrisch und eigenwillig. Das ist auch wiederum ein Zeichen dafür, dass sich die MILF wohl ein bisschen unterordnen muss, um als solche gelten zu können.

Schlechtes Vorbild Nr. 4: Die Amazone

Der Mythos rund um die Amazonen ist ein wenig trügerisch; denn nichts Genaues weiß mensch nicht. Als böse hätten wir sie jetzt generell nicht auf dem Radar. Zumindest wenn wir sie mit Hexen vergleichen. Dennoch hauen die Amazonen ganz schön auf den Putz und lassen das Bild der gehorsamen braven Frau dabei bröckeln. Das Wichtigste dabei allerdings ist, dass alles schön im Rahmen bleibt. Aber der Reihe nach.

Um die Amazonen ranken sich vielerlei Geschichten. Teils beruhen sie auf Kunstgegenständen der Antike, teils auf literarischen Ergüssen, und recht viel lässt sich auch als Fan Fiction quer durch die Jahrhunderte bezeichnen. Es wird erzählt von amputierten Brüsten, Frauenherrschaft, Männern und Söhnen, die schlecht behandelt werden, von griechischen Ursprüngen und dann auch wieder mal vom brasilianischen Regenwald. Von wegen Amazonas und so. Die Quellen sind vielfältig. Amazonenhafte Bilder von »starken Frauen« tauchen in der griechischen und römischen

Antike, in der arabisch-orientalischen und der germano-skandinavischen Tradition, im europäischen Mittelalter und in der Neuzeit auf. Viele adelige Regentinnen* ließen sich als Amazonen porträtieren, wie zum Beispiel Anna von Österreich und Maria von Medici. In zahlreichen mittelalterlichen Weltkarten ist sogar das sagenumwobene Land der Amazonen verzeichnet: meistens am Rand der scheibenförmigen Welt.

Gegen Ende des 18. Jahrhunderts identifizierten die Veranstalter der Weltausstellung in Paris** ein Frauenheer des westafrikanischen Königreichs Dahomey gar als »Amazonen-Corps«.

In Homers *Ilias* werden die Amazonen jedenfalls als »männergleich« beschrieben, was sich vor allem auf ihr kriegerisches Wesen und Tun bezog. Damit gehörten sie schon mal nicht zum Rest der »normalen« Gesellschaft, sondern positionierten sich ähnlich wie die Dämoninnen und Hexen außerhalb des gewohnten Regelwerks. Deshalb macht es auch Sinn, dass sich die adeligen Regentinnen später als Amazonen darstellen ließen, gerade um ihre Männergleichheit zu demonstrieren.

Durch die Anwendung von Gewalt widersprachen die Amazonen auch all jenem, wofür Mutterschaft oder Mütterlichkeit steht. Das Amputieren einer Brust passt hier perfekt ins Bild. Ohne Brust kein Stillen. Die andere Brust ist aber noch da. In manchen Abbildungen sind auch beide zu sehen. Die Portion Erotik kommt so oder so nicht zu kurz. Damit hätten wir wieder das »Sex,

---

* Die Amazonenporträts von adeligen Frauen und Herrscherinnen im 17. und 18. Jahrhundert entstanden vermutlich, um einerseits die porträtierten Frauen zu glorifizieren und gleichzeitig ein Statement für die Legitimierung und Rechtfertigung der Alleinherrschaft der Regentinnen zu setzen, da die übliche Rolle der Königinnen sich auf die der Ehefrau und Mutter beschränkte und Frauen seit dem 14. Jahrhundert sogar von der Thronfolge ausgeschlossen waren. Mit der Darstellung als Amazonen erhielten die Herrscherinnen auch jene Eigenschaften, die ihnen als Frau grundsätzlich zu jener Zeit abgesprochen wurden.

** Die Weltausstellungen waren die Nachfolge der postkolonialen Völkerschauen, bei den Menschen aus den (ehemaligen) Kolonien auf unwürdige Weise (wie z.B. Sartje Baartman) ausgestellt wurden.

anti-motherhood & violence«-Paket vollständig, das Amazonen in böse Frauen und ins Gegenteil der sittsamen und häuslichen griechischen Ehefrau verwandelte.

Heute tauchen Amazonen vor allem in der heterosexuellen Männerfantasie des *Butt-Kicking Babes* auf; also einer Frau, die nicht nur ziemlich heiß aussieht, sondern auch anderen gehörig in den Arsch tritt, wie zum Beispiel die »Braut« aus *Kill Bill*, Lara Croft oder die Protagonistinnen in *Sucker Punch*. Gleichzeitig existiert die Amazone in den Köpfen von Frauen als starkes Vorbild. Weibliche Fans von Lara Croft und Co. gibt es zur Genüge. Aus heutiger Sicht klingen Amazonen ziemlich cool, weil sie ein Klischeebild überwinden und die Grenzen des für Frauen erlaubten Verhaltens sprengen.[*] Allerdings galt dieser Grenzübertritt zur Zeit der Antike keineswegs als erstrebenswert. Das Starke, Brutale und Kämpferische an den Amazonen sollte geradezu eine Abschreckung sein, in welch Furien sich Frauen verwandeln würden, ließe man ihnen nur freies Geleit. Ein Mythos mit erhobenem Zeigefinger also, der mahnt und zeigen will, wie die Weltordnung für die griechische Gesellschaft im 5. Jahrhundert wirklich aussehen sollte.

Es kommt, wie es kommen muss: Am Ende der Erzählungen über diese wilden und ungestümen Frauen werden sie bezwungen, gezähmt und unterworfen. Diese »Überzeugungsarbeit« gelingt nicht immer mit Gewalt, sondern auch »mithilfe« der »romantischen Liebe«. Inwiefern da gerade Vergewaltigung oder sexuelle Nötigung als Liebe interpretiert wird, sei dahingestellt. Immerhin wurde sexualisierte Gewalt in der Ehe ja auch erst 2004 in Deutschland und Österreich ein Offizialdelikt, das auf jeden Fall zu verfolgen ist, nicht nur auf Antrag des Opfers. Davor hatte es

---

[*] Auch in der Comicverfilmung *Wonder Woman* (USA 2017) kommen die Amazonen als ziemlich toughe Frauen rüber. Regisseurin Patty Jenkins erhielt sehr viel Lob für ihre Darstellung der Wonder Woman, die ohne *Butt-Kicking Babe*-Manier auskommt.

auch bis in die 1990er gedauert, bis Vergewaltigung in der Ehe überhaupt als strafrechtlich relevant angesehen wurde. Also mit der »romantischen Liebe« wäre ich ein bisschen vorsichtig.

Wie dem auch sei: Die Amazone muss sich letztendlich unterordnen und mimt fortan das brave Frauchen, nachdem sie »bekehrt« wurde. Ende der Geschichte. Auch in späteren literarischen Versionen verändert sich die Geschichte der bezähmbaren Amazonen nur selten, bloß dass die »Liebe« mehr nach Konsens aussieht.

Butt-Kicking Babes wie Catwoman, Xena und Lara Croft wirken auf uns heute relativ emanzipiert und gleichzeitig sexy. Bei all der Liebe und Bewunderung, die ihnen dadurch zuteilwird, darf nicht vergessen werden, dass diese Art der »scharfen Bräute« einen besonderen Reiz ausübt, weil sie den Ruhm des Helden steigert, der die Widerspenstige gezähmt hat. Die böse Frau wird zur Trophäe an der männlichen Seite, weil er es schafft, sie mit Liebe anstatt mit roher Gewalt zu gewinnen. Neben Auto und Karriere trägt sie zum Statusgewinn bei. Nicht nur geil und in gewisser Weise unterwürfig, sondern auch wild und bezähmbar. Aber eben nur von einem richtigen Mann.

Das Motiv der Ruhmsteigerung funktioniert seit der Antike. Bei Shakespeare finden wir es genauso wie bei den Bewertungsskalen der Pick-up-Artists* für Frauen. Die scharfe Braut ist eine glatte 10, vielleicht ein bisschen widerspenstig, aber du schaffst es trotzdem, sie dir eigen zu machen: BÄM, nailed it! Auch die MILF fügt sich ganz brav in diesen Reigen ein. Denn viel geiler als die gleichaltrige unterwürfige »Schlampe« ist der Kick, wenn das

---

* Sogenannte Pick-up-Artists wurden in den letzten Jahren relativ populär. In Seminaren geben sie Männern Tipps, wie man möglichst viele Frauen auf der Straße »aufreißen« und anschließend zum Sex bringen kann. Das Vorgehen wird als »Game« bezeichnet. Frauen werden anhand ihrer Attraktivität auf einer Skala von 1 bis 10 bewertet. Die Zahl 10 stellt die perfekte Frau dar, 7 bis 9 bezeichnen ein »Hot Babe«. 5 und 6 stehen für eher durchschnittliche Frauen. 1 bis 4 bezeichnen ein »Ugly Girl«.

Gegenüber viel erfahrener ist als man selbst. Wegen der Altersdifferenz und dem dadurch entstehenden Autoritätsverhältnis hätte sie es nicht »nötig«, mit einem ins Bett zu gehen. Trotzdem macht sie es. Zweifach-Jackpot für den Jungspund. Ein 70-Jähriger wird eine 40-jährige Mutter wohl kaum als MILF bezeichnen. Er ist ihr vom Alter und Geschlecht her ohnehin überlegen. Ein 20-Jähriger kann seinen Status* jedoch dadurch erhöhen, indem er eine 40-jährige MILF flachlegt. In unseren Köpfen gehen wir mal davon aus, dass der Mensch mit dem Penis der aktivere Part ist und die Macht hat. Er fickt sie, und sie *wird* gefickt. Damit kann er auch die Autorität aufgrund des Alters überwinden und stellt die Geschlechterhierarchie wieder her. Die reife, erfahrene selbstbestimmte – und dadurch ebenfalls amazonenhafte – MILF bettelt den jungen Typen, der genauso ihr Sohn sein könnte, an, es ihr zu besorgen. Und er fühlt sich gut dabei, weil er »seinen Mann« steht. Nach dem Sex wird er wohl nicht das kleinere Löffelchen sein und sich in ihre vermeintlich großen Brüste hineinkuscheln. Stattdessen werden ihm seine Kumpels auf die Schulter klopfen und ihm beipflichten, was für ein geiler Stecher er doch ist. Derweil hat sie den Platz eingenommen, der ihr gesellschaftlich zugewiesen wurde. Sie ordnet sich unter, gleichzeitig darf sie sich an ihrer Fuckability erfreuen. Diese Methode funktioniert wesentlich subtiler als bei den Dämoninnen und Hexen. Statt mit der Peitsche der Angst wird mit dem Zuckerbrot geworben. Am Ende winkt das Happy End der sich physisch und/oder romantisch Liebenden. Fuckability hooray! Die männliche Vorherrschaft ist halt doch für alle zum Besten. So auch der Gedanke der alten Griechen, deren Vormachtstellung eigentlich auf recht wackeligen

---

* Männlichkeit definiert sich in unserer Gesellschaft ganz stark durch sexuelle Interaktion. Ein »richtiger« Mann hat laut Klischee viele Frauen. Zuschreibungen wie Womanizer, Gigolo, Don Juan oder Casanova zeigen, wie positiv besetzt die Rolle des männlichen »Verführers« ist, dem für sein »Können« gerne auf die Schulter geklopft wird. Wer diese Fähigkeit nicht besitzt, wird angehalten, Flirt-Seminare oder Schulungen von Pick-up-Artists zu besuchen.

Beinen stand. Immerhin mussten ja die Frauen mit ihrer »natürlichen« Magie des Gebärens, die lange genug auf dem Podest gestanden hatten, wegargumentiert werden. Also schnell mal ein paar Episoden über männergleiche tollwütige Amazonen ins Volk gestreut. Die Stille Post hat jedenfalls funktioniert, wenn wir bedenken, dass das *Butt-Kicking Babe* heute nicht mehr als böse Frau oder abschreckendes Beispiel gilt, sondern sich einfach wie ein trojanisches Pferd als emanzipatorisches Vorbild in unseren Köpfen festgekrallt hat: Du machst zwar eigentlich Männerkram, der dir nicht zusteht, aber das ist okay, denn du siehst heiß dabei aus. Ich nehm dich trotzdem, bekomme dafür sogar Extrapunkte, und wir leben dann happily ever after, Schätzchen. Und solange das *Babe*, das auf den Putz hauen kann[54], beziehungstechnisch unter Kontrolle ist, kann sie ja auch nichts anstellen. Weltherrschaft anstreben oder so.

Und die MILF? Mit all dem Ballast der ehemals asexuellen Mutterrolle und dem Ringen um den After Baby Body darf beziehungsweise soll sie sich eigentlich von den jüngeren Lovern, die sie »trotzdem« noch so richtig durchnehmen wollen und als fuckable erklären, geschmeichelt fühlen. Auch in diesem Fall besteht keine Gefahr mehr, dass die Gute sich mehr für Frauenrechte als gegen *Anti-Aging* einsetzt. Den Titel MILF muss sich eine schließlich erst mal verdienen.

Schlechtes Vorbild Nr. 5: Femme fatale und Vamp

Zwischen Antike, Mittelalter und den *Butt-Kicking Babes* liegen nun doch einige Jährchen. In der Zwischenzeit haben sich weitere Frauenfiguren erdreistet, den ihnen zugewiesenen Platz zu verlassen. Mensch ahnt es bereits, auch sie wurden bestraft. Das Corpus delicti wie immer: selbstbestimmte Sexualität, Verweigerung der Mutterschaft. Die üblichen Motive also.

Die männlichen Fantasiegeschöpfe des leichten Grauens, aber mit einer Portion Geilheit, verkörpern Femme fatale, Vampirin und Vamp in der Literatur- und Filmgeschichte ab Ende des 19. Jahrhunderts. Ihre Namen sind bereits Vorboten für die Gefahr, die sie verheißen: Sie sind männerverschlingende, grenzüberschreitende Wesen, die ein Schlachtfeld der Verzweiflung zurücklassen. Dafür müssen sie natürlich, wie gewohnt, bestraft werden.

Nicht ganz zufällig erinnern die Vampirinnen, die im späten 19. Jahrhundert bis zum Zweiten Weltkrieg immer wieder in Literatur und bildender Kunst auftauchten, an Lilith und ihre dämonischen Schwestern. Die Vampirinnen waren das Gegenbild des viktorianischen *Angel in the House*. Während die bürgerliche Moral die Frauen ins Private zurückdrängte, kamen die Dämoninnen als Warnung in der Literatur zurück. Sie thematisierten das Verbotene und seine Konsequenzen spannenderweise zur Zeit der ersten Frauenbewegung. Also doch nicht alles Friede und Freude mit dem Bürgertum. Während sich der Widerstand der Frauen in der Bevölkerung breitmachte und für bessere Arbeitsbedingungen und das Wahlrecht gekämpft wurde, zeigen die Romane und Geschichten rund um Vampirinnen, dass bei Grenzüberschreitungen in jedem Fall mit Chaos und Tod zu rechnen ist. In diesem Sinne: Lehnt euch ja nicht auf! Weil das mit den Frauenrechten aber nicht so direkt gesagt werden sollte, wurden wieder einmal die üblichen No-Gos – wie schon bei den Dämoninnen – ins Gedächtnis gerufen: Die Vampirinnen verführen, saugen Lebenskräfte aus, töten Kinder. Letzteres zumindest bis Bram Stokers *Dracula*.

Ein berühmtes Beispiel für eine Vampirin ist *Carmilla* von Sheridan Le Fanu (1872), die auch die Grundlage für *Dracula* bildete. Carmilla hat es jedenfalls auf Männer, Frauen als auch auf Kinder abgesehen und wird als Verkörperung zügelloser Sexualität porträtiert. Dabei ist sie noch dazu lesbisch. Gerade die sexuelle Orientierung kann in Zeiten der Frauenrechtsbewegung als Abkehr von der gesellschaftlichen Ordnung gewertet werden. Also wiederum etwas, was absolut verhindert werden sollte. Auch heute noch werden Feministinnen gerne als Männerhasserinnen und Lesben beschimpft, die keinen Mann abbekommen würden. Denn »richtige« Sexualität sieht ja anders aus. Darum standen homosexuelle Handlungen zwischen Frauen ja auch nie unter Strafe, ganz im Gegensatz zu schwulem Sex. Umso spannender, dass zur Zeit der zweiten Welle der Frauenrechtsbewegung in den 1970ern lesbische Vampirfilme boomten. Seither wurde diese Figur filmisch weitergesponnen. Dabei ist vieles, was das Kinopublikum zu sehen bekommen hat, relativ platt geraten, orientiert sich am klassischen realitätsfernen Pornobild von Lesben, den *Sex & Crime*-Vorstellungen, wie sie für Horror- und Gruselfilme typisch sind, oder eben den üblichen frauenfeindlichen Vampirreferenzen aus der Literatur. Auch *Die Sehnsucht der Falter* (2004) und *Lesbian Vampire Killers* (2009) lassen sich hier einordnen. Die Sexualität der Vampirinnen wird fast ausschließlich mit einer Portion Grausamkeit oder Wahnsinn kombiniert.

Zu den wenigen alternativen Beispielen zählt die Figur der Pam aus der Vampirserie *True Blood*. Sie ist pansexuell, ihr Begehren richtet sich also auf alle – unabhängig vom Geschlecht; aber eben auch auf Frauen. Trotz aller grausamen Praktiken, die Vampire so betreiben können, ist ihr Charakter bemerkenswert liebenswert ausgelegt. Andere sympathische übernatürliche Charaktere aus Teenie-Sendungen, die offen lesbisch sind, nehmen dafür kein gutes Ende. Das ziemlich brutale lesbische Paar Nora und Mary Louise aus *Vampire Diaries* muss in der siebten Staffel sterben. Beim Nicht-Vampir-Pärchen Willow und Tara aus *Buffy, die Vampirjägerin* wird zumindest Tara getötet, und Willow läuft Amok. Ohne Drama geht es scheinbar auch heute noch nicht.

Neben den lesbischen Vampirinnen tummeln sich unter den bösen Frauen auch die Vamps als »popkulturelle Versionen«. In der Zwischenkriegszeit tauchten sie im sogenannten *Film noir* auf.

Sie agieren ebenso männerverschlingend, aber statt Tod geht es eher um die gesellschaftliche Zerstörung als Konsequenz.

Ab den 1990ern nahmen die Vampirinnen schließlich den *Butt-Kicking Babe*-Status ein, wie zum Beispiel in *Underworld* (2003). Warum das problematisch ist, haben wir bei den Amazonen schon besprochen. Lesbisch sind sie dann übrigens auch nicht mehr. Sonst klappt es ja nicht mit der amazonenhaften Unterordnung. Auch mit *Twilight* (2005) wendete sich das Blatt scheinbar wieder in die Gegenrichtung. In einer Zeit, in der Sexyness omnipräsent und in Verbindung mit Weiblichkeit durchaus positiv besetzt – ja sogar emanzipiert – wirkte, machten plötzlich wieder männliche Vampire die Regeln, und die weiblichen Figuren fügten sich dem viktorianischen Frauenbild. Weder die Wannabe-Vampirin Bella hat Feuer im Hintern noch der weibliche Rest der Cullen-Familie. Weder Rosalie, Esme noch Mary Alice haben sich zu Lebzeiten etwas zuschulden kommen lassen. Brave Frauchen, die auch als Vampirinnen besonders durch ihre Fürsorglichkeit und ihre Muttergefühle glänzen. Hat sich das Tabu nun umgewandelt? Was ist da los?

Ganz ähnlich lässt sich die Geschichte der *Femme fatale* erzählen. Als waschechte böse Frau ist sie in Film und Literatur zunächst als grausame Schöne zu finden, die immer wieder mit Sinnlichkeit, Erotik, Verführungskunst und ihrer destruktiven Art männliche Opfer ins Verderben führt. Sie vereint die gesellschaftliche Fantasie einer sexuell aktiven, anziehenden Frau und selbstbestimmten Handelns. Gleichzeitig ist sie damit für die gesellschaftliche Ordnung gefährlich. Dieses Motiv gibt es schon ewig: als Helena von Troja in der griechischen Mythologie, als Penthesilea, Salome, Venus im Pelz in der Literatur. In den 1930ern verkörperte Marlene Dietrich diesen »gefährlichen« Frauentyp, in den 1940ern tauchte er in *Frau ohne Gewissen*, *Gilda* und *Die Lady von Shanghai* wieder auf. Weibliche Sexualität hatte in diesen Filmen immer etwas Dämonisches. Die *Femme fatale* ist egozentrisch, spielt ihre Verführungskunst aus und lenkt jeden Mann, der ihren Weg kreuzt, nach ihrem Willen. Dabei ist sie wunderschön und ordentlich rausgeputzt.

In der Nachkriegszeit und während der zweiten Frauenbewegung pausierte die *Femme fatale* für ein paar Jährchen und tauchte dann in den 1980ern und frühen 1990ern wieder auf: *Body Heat, Body of Evidence, Eine verhängnisvolle Affäre, Basic Instinct* oder *Enthüllung* erzählen ebenfalls die Geschichte der selbstbewussten, dominanten, kaltblütigen und besonders attraktiven Frau. Die Ehefrau- und Mutterfiguren, die daneben auftauchen, sind friedlich und gutartig. Mit entfesselter Leidenschaft haben sie nicht viel am Hut. Immerhin machen sie alles richtig.

Die Sterne für die *Femme fatale* stehen jedoch schlecht: Entweder stirbt sie einen gewaltsamen Tod oder dreht durch und übt Gewalt an jemand anderem aus. Wie es sich für eine »richtige« Frau gehört, ist sie aber nicht von sich aus gewalttätig, sondern nur, weil irgendetwas mit ihr grundsätzlich schiefläuft – Stichwort verfehlte Weiblichkeit beziehungsweise Mütterlichkeit. Alex Forrester in *Eine verhängnisvolle Affäre* ist ein gutes Beispiel dafür. Sie verführt den armen hilflosen Mann, wird noch seinem Kind gefährlich, malträtiert sogar das Kaninchen der Tochter, mutiert zu einer hysterischen Furie und muss deshalb logischerweise sterben. Da hätten wir wieder das alte Motiv. Wenn eine sich gegen Mutterschaft und pro selbstbestimmte Sexualität positioniert, kann das einfach nicht gut gehen.

Die Rolle der Catherine Tramell in *Basic Instinct* Anfang der 1990er hatte sich dann schon etwas weiterentwickelt. Sie ist nicht die komplett Abgedrehte, die einen Mann an ihrer Seite braucht. Stattdessen ist sie selbst überaus erfolgreich, schläft mit wem auch immer sie will – eben auch Frauen – und übt eine besondere sexuelle Anziehung aus. Ob sie selbst tödlich ist oder nur der Umgang mit ihr, bleibt im Dunkeln. Auf jeden Fall scheint sie als Partnerin absolut reizvoll zu sein – Stichwort Amazone!

Auch in *Basic Instinct* wird die Widerspenstige möglicherweise zum Schluss doch gezähmt, und der Eispickel kommt nicht mehr zur Anwendung. Nachdem Polizist Nick bei der Zigarette danach vom Kinderkriegen spricht, küsst ihn Catherine trotz theatralisch gefährlicher Musik zum Abschluss leidenschaftlich auf diese Aussage hin. Sie lässt also vom Eispickel ab und lenkt die Story gerade noch so zu einem Happy End. Er geht als Held hervor, dem es gelungen ist, die *Femme fatale* zu zähmen. Insgeheim ist sie ja also doch am Familienleben interessiert.

Die zweite Frau im Drehbuch, die ebenfalls durch ihre Mordhandlungen über die Stränge geschlagen hat, wird hingegen mit dem Tod bestraft – die andere Konsequenz für nicht-rollenkonformes Verhalten. Polizist Nick hat die traditionelle Ordnung in jedem Fall wiederhergestellt. Einmal mit Gewalt und einmal mit Liebe. Trotzdem wirkt es so, als würde sich das Bild der *Femme fatale* langsam ein bisschen auflösen – genauso wie bei den Vampirinnen.

Im selben Jahr wie *Basic Instinct* (1992) wurde auch der Film *Poison Ivy* veröffentlicht und verwandelte damit die eigentlich immer erwachsene Figur der *Femme fatale* in eine jugendliche Verführerin, ein böses Mädchen. Anders als Cathrin Tramell muss Ivy sterben, nachdem sie ihre eigene Mutter getötet und einen erwachsenen Mann verführt hat. Gleichzeitig versucht sie, sich dessen Tochter in mütterlicher Weise anzunehmen, obwohl beide im selben Alter sind. Zum Ende hin küssen sich die jungen Frauen, und Ivy stürzt in den Tod. Aus dem Off tönt die Stimme der Tochter, die noch immer an Ivy hängt. Damit hätten wir wieder die Verknüpfung von vermeintlich lesbischer Liebe, fehlgeleiteter Weiblichkeit (das mit dem Muttersein klappt nicht), ein bisschen dämonisches Verführen und tödliche Konsequenzen. Die *Femme fatale* als böses Mädchen hinterlässt eine Spur der Verwüstung. *Poison Ivy II* (1996) knüpfte genau dort an. Wieder wird ein Vater verführt, ein Kind beinahe getötet und eine Ehe fast zerstört.

Nachdem *Ivy II* mit einer Vergewaltigung von ihrem eigentlichen Verführungsopfer bestraft wird, stirbt dieses letztlich, und sie kann glücklich mit ihrem jugendlichen Freund werden, mit dem sie sich zuvor untreuetechnisch nichts geschenkt hat. *Von der Femme fatale doch wieder zur Amazone.*

Spannend ist jedenfalls, dass jedes Mal dann, wenn sich männliche Wissenschaftler wieder einmal umfassend mit der weiblichen Sexualität auseinandersetzen – umfassend in einer negativen Form –, die *Femme fatale* am Horizont auftaucht. Ausgedacht wird sie dabei aber immer nur von Männern. Weiblichen Drehbuchautoren machen selbstbestimmte Frauen offensichtlich nicht so viel Angst.

In den 1990ern begannen sich die schlechten Vorbilder für Frauen schließlich langsam zu wandeln. Der Reiz, den sie nun ausübten, ist zumindest eine Spur stärker als die Gefahr oder die Konsequenzen, die drohen. Es wirkt wie ein Risikospielchen, wofür die Männer durchaus bereit sind, den Kopf hinzuhalten, weil die Angebetete durch die »Eroberung« ja dann doch noch einen Statusgewinn verspricht – so wie in *Basic Instinct*.

Im Grunde genommen ist das auch mit Bella aus *Twilight* nicht anders. Vampir Edward könnte jede haben. Doch er legt sich mit allen anderen Vampiren an, die seinen Tod bedeuten könnten. Dafür erhält er kein *Butt-Kicking Babe*, aber eine Jungfrau. Das ist doch auch schon was. Bella könnte natürlich genauso als langweilig und prüde in einer sexualisierten Welt gedeutet werden, in der weibliche Sexualität (wenn auch nicht zu selbstbestimmten Konditionen) überproportional diskutiert wird. Wenn aber die Hure zum Mainstream wird, ist möglicherweise die Heilige wieder interessant. Und so findet auch Vampir Edward mit einer jungfräulichen Partnerin quasi ein Einhorn in unserer mittlerweile versauten *Girls-Gone-Wild*-Kultur.[55] Wo bleibt da das Böse, die Grenzüberschreitung? Sowohl die eine als auch die andere Variante scheint mittlerweile »richtig« zu sein. Um die Fuckability geht es dabei aber immer. Entweder übt die religiös, teils moralisch motivierte Jungfräulichkeit der Frau einen besonderen Reiz aus, weil man der Erste sein kann. Oder es ist die Verheißung eines erotischen Abenteuers mit einer glatten 9 auf der Pick-up-Artist-Skala*. In beiden Fällen kann eine nur gewinnen – ganz egal ob sie sich für die Rolle als Heilige oder Hure entscheidet.

Und wer sich schließlich an der MILF orientiert, kann gar beides haben. Die Heilige und die Hure als Komplettlösung vereint. Damit scheint eigentlich alles gelöst. Friede, Freude, Eierkuchen? Leider nein. Der Haken an der Sache ist, dass es trotzdem wieder um »männliche« Standards geht. Denn wer nicht mindestens 7 Punkte auf der Sexyness-Skala erreicht, spielt nicht mit in der Fuckability-Liga – unabhängig davon, wie unberührt oder versaut eine sein mag. Das gilt übrigens auch für die MILF.

Wie aus bösen Frauen böse Mädchen wurden

Ute Erhardt prägte wie keine andere mit dem Titel ihres Kommunikationsratgebers in den 90er-Jahren das Bild des bösen Mädchens. *Gute Mädchen kommen in den Himmel, böse überall hin* hieß dieser. Damit wollte sie Frauen zum Nein-Sagen anregen. Diese Art von »Ungehorsam« klingt vergleichsweise harmlos und eigentlich gar nicht »böse«. Wenn wir allerdings die »Bestrafungen« bedenken, die Frauen quer durch die Kultur- und Religionsgeschichte erlebt haben, dann war das ziemlich revolutionär. Mit Sexyness hatte das damals aber noch relativ wenig zu tun. Trotzdem begann das Zeitalter der bösen (sexy) Mädchen gerade in diesem Moment.

Anfang der 90er verschwanden die bösen Frauen immer stärker von der popkulturellen Bildfläche. Sie unterzogen sich einer Ver-

---

* Die 10 gibt es in der Praxis nicht, weil diese perfekt wäre – laut Pick-up-Artists.

jüngungskur, wurden zunehmend sexy und nicht einmal dafür bestraft. Selbstbestimmte Sexualität regte scheinbar immer weniger auf. Der Siegeszug für die MILF wurde vorbereitet. Immer mehr Tabus der bösen Frauen schienen zu fallen.

So musste die erste *Poison Ivy* im Film zwar noch wie ihre Femme-fatale-Vorgängerinnen sterben, die aus dem zweiten Teil schon nicht mehr. Zahlreiche verwegene Frauen tauchten auf der Leinwand auf, ließen sich nichts mehr gefallen und kamen auch ganz gut ohne Sexualisierung aus: *Thelma & Louise* (1991), *Foxfire – Girls ohne Gnade* (1996), *Girls Town* (1996) und *Freeway* (1996) sind ein paar Beispiele dafür. Die Frauenfiguren darin waren weder Sidekicks, Verführerinnen, Mütter noch Wahnsinnige, sondern einfach solidarische Kämpferinnen, die die Gesellschaft rund um sich verändern wollten. Abgesehen von Thelma und Louise handelte es sich dabei außerdem um Mädchen; nicht um Frauen. Böse Mädchen, junge böse Frauen. Aber dieses »Böse« hatte etwas Keckes, etwas Emanzipiertes, aber auch schon etwas Erlaubtes. Die Früchte der zweiten Frauenbewegung?

Zur selben Zeit regierte *Girl Power* die Musikwelt. Ich bin 1983 geboren, und mein Zimmer war praktisch tapeziert mit Postern der Spice Girls. Nicht, dass deren Musik so aufregend gewesen wäre. Der Hype bezog sich mehr darauf, was sie im großen Stil und publikumswirksam repräsentierten: Sei stark, selbstbewusst, lass dir nichts vorschreiben. Die Debutsingle *Wannabe* war die ideale Hymne, um *Girl Power* für den Mainstream zu besiegeln. Ob das Männern auch gefallen würde, war für die Zielgruppe zweitrangig – die war jung, weiblich und unbedarft. Die Spice Girls sangen viel über Freundschaft und weniger über Sex. Der Rest der propagierten *Girl Power* bot einen Kleiderschrank voller Möglichkeiten. Die 90er-Jahre waren schließlich bunt, schrill und sexy; mit den 2000er-Jahren verglichen nahezu unschuldig sexy.

Im deutschen Sprachraum mischten Tic Tac Toe mit ihren Texten kräftig auf und gaben den bösen Teenie-Mädchen (und

damit auch mir) eine Stimme. Weit entfernt vom partnerschaftlichen Sex brüllte ich mit: »Und zieht sich jetzt dein Pillermann
nicht sofort einen Gummi an, sag ich dir klipp und klar, dann
bin ich nicht mehr da!«[56] *Girl Power* und AIDS-Prävention in
einem. Auch Lucilectric lieferte mit *Mädchen* eine Hymne der
90er-Jahre. Zwar war das Ganze in einer ordentlichen Portion
Sexismus verpackt, aber dennoch mit plötzlich salonfähigem
weiblichen Begehren gespickt. Die Tabus, die die Generationen
vor uns noch erlebt hatten, schienen sich popkulturell aufzulösen.
Im Grunde waren die Spice Girls, Tic Tac Toe und Lucilectric nur
kleine Leuchtsignale am großen Firmament der Musikindustrie.
Für die (deutschsprachigen) Mädchen, die in den 80ern geboren
wurden, knüpften sie aber an den wenigen weiblichen toughen
Vorbildern an, die ihnen medial bislang zur Verfügung gestanden hatten: Pippi Langstrumpf, Ronja Räubertochter, Prinzessin
Fantaghirò und neuerdings Mila Superstar und Sailor Moon. *Girl
Power* schien auf dem (Unterhaltungs-)Programm zu stehen und
mehrheitsfähig zu werden.

Von Riot Grrrls zu Girlies

Zufall war das nicht. Nahezu in Vergessenheit geraten beziehungsweise heute nur einer kleinen feministischen Filterblase bekannt,
sind die Riot Grrrls*, die Urmütter dieser aufkeimenden *Girl
Power*. Ein revolutionärer Haufen von jungen Frauen rief Anfang
der 90er-Jahre rund um Olympia in den USA eine feministische
Punk-Bewegung aus:

---

* Riot = Aufruhr; Grrrls mit drei »r« steht für eine knurrende Aussprache des Wortes »Girl«,
das auch oft in einem verniedlichenden, verharmlosenden, abwertenden Kontext verwendet wird – wie z.B. »fight/run like a girl« = »wie ein Mädchen kämpfen/laufen«.

Um diese Zeit sahen zahlreiche Frauenbands ihre Zeit gekommen, als eine Grunge- und Punk-Welle mit ihrer Do-it-yourself-Ethik die Musiklandschaft völlig veränderte. Den Startschuss dafür gab die *Girls Nite* auf der *International Pop Underground Convention* in Olympia 1991 und das Musikfestival *WIG WAM BAM* in New York. Irgendwo zwischen Moshpit, Bühne und Workshops entstand ein endlos erweiterbares Manifest mit dem Titel *Revolution Girl Style Now*, das den Kern der Riot Grrrl-Bewegung bildete. Die Riot Grrrls sind oder waren ein loses Netzwerk von Punkbands, die die Grenzen zwischen Künstlerinnen und Fans verschwimmen ließen. Im Rahmen ihrer Konzerte wurden Workshops zu Sexismus, Missbrauch und Vergewaltigung veranstaltet. Sie waren politisch motiviert, agierten durch den künstlerischen Hintergrund aber vollkommen anders als die »typischen« 70er-Jahre-Feministinnen, die eher journalistisch oder auf akademischer Ebene handelten. Das Motto der Riot Grrrls lautete: DIY auf allen Ebenen. Sie organisierten ihre Auftritte selbst, gründeten eigene Labels und machten sich unabhängig von Mainstream-Kommunikationsformen. Sie kritisierten den Kapitalismus und die gesellschaftliche Hierarchie zwischen Männern und Frauen und machten ihren Bogen drumherum. Stattdessen fanden sie eigene Wege, ihre Informationen an die Frau zu bringen (mit selbstgemachten Zeitschriften aka *Zines*), und stärkten die Netzwerke unter Frauen beziehungsweise Mädchen. Das erste Zine der Band Bikini Kill hieß übrigens *Girl Power*. (Kommt uns doch irgendwie bekannt vor …)

Bis Anfang der 1990er hatte sich die Frauenbewegung hauptsächlich mit den Lebenswirklichkeiten von erwachsenen Frauen beschäftigt. Umso stärker ließen die Riot Grrrls nun die »Mädchenkultur« hochleben und wehrten sich gleichzeitig gegen Zuschreibungen wie »niedlich« oder »mädchenhaft«. Deshalb verwandelten sie das Wort »Girl« auch in ein knurrendes »Grrrl«. Sie nahmen die »mädchentypische« Geheimniskrämerei zum Anlass und verbreiteten ihre Anliegen über ebenjene selbst gemachten Zines, betonten die Wichtigkeit von Mädchenfreundschaften und beschäftigten sich mit einschneidenden Momenten des Erwachsenwerdens, wie zum Beispiel den ersten gleichgeschlechtlichen sexuellen Erfahrungen und der ersten Menstruation. Auch Aktionen wie das Yarn Bombing – das »Einstricken« von Bäumen und Straßenlaternen auf öffentlichen Plätzen – zählen zu dieser Tradition, sich abgewertete typisch weibliche Tätigkeiten wieder positiv anzueignen. Das Ziel hinter allen politischen, sozialen und musikalischen Aktivitäten der Riot Grrrls war und ist in jedem Fall: mehr Selbstbestimmung und Autonomie. Girls just wanna have a choice, sex & fundamental rights. Ich sag's ja.

Die Riot Grrrls der 90er waren zwar Punk und vor allem durch ihr musikalisches Schaffen sichtbar, aber vor allem waren sie eine soziale Bewegung mit politischen Strategien im Hintergrund. Sie wollten Tabus ansprechen, das klassische Schönheitsideal verweigern, sich typisch männlich besetzte Musik und ursprünglich negative Begriffe aneignen (wie es schon ihre Kolleginnen aus der Rap-Szene getan hatten).

Die Riot Grrrls hatten keine Angst vorm Stigma der Hure. Bei Konzerten schrieben sie sich Wörter wie »slut*« sogar in großen Buchstaben auf den Bauch. Nackt oder zumindest halb nackt sangen sie über Vergewaltigung und Sexismus. Der sogenannte »Kinderhuren-Look« mit Babydoll-Kleidchen, den Courtney Love mit zerfetzten Strumpfhosen und verschmierter Schminke unter anderem mitprägte, war ebenfalls Teil des Grrrl-Styles. Die modisch vertretbare Kombination aus Blumenkleidchen und DocMartens verdanken wir ihren Auftritten. Sie verbanden Mädchenkultur mit Symbolen für Stärke. Die Riot Grrrls ließen sich nichts zuschreiben, sie wollten keine Opfer sein, aber sichtbar machen, was sie und andere erfahren hatten. Sie klatschten Tabus brutal ins Gesicht des

---

* Dt.: Schlampe

Publikums und trieben ihre eigenen Scherze damit. Wenn Kathleen Hannah* von Bikini Kill »Suck my left one!«** brüllte, riss sie sich das Shirt von ihrer linken Brust. Neben jeder Menge Haut zeigten sich die Grrrls aber auch mit Lockenperücken, Glitzerkleidchen und Federboa, klebten sich Schnurrbärte auf, schmierten sich mit Lippenstift als Alternative zu »slut« auch Worte wie »chick«, »dyke«, »inzest victim«, »bitch«, »virgin« oder »whore«*** auf den Bauch. Ihren Bands gaben sie vulgäre Namen wie Hole, Nymphs, Burning Bush, Thrush, Snatch, Dickless, Babes in Toyland, Cunts with Attitude, Queen Meanie Puss, Weenie Roast.****

Aus der vermeintlichen Schlampe wurde so eine Frau, die sich wehrt, die sich nichts mehr sagen lässt, die sich selbst zum Objekt macht, bevor es andere tun. Die Rahmenbedingungen dafür setzten die Riot Grrrls selbst. Als die Medien doch versuchten, sie zu Sexobjekten zu machen, entschied sich die Szene für ein selbst verordnetes Medien-Blackout.

Das Problem mit den Journalisten war folgendes: Die politischen Anliegen und Botschaften der Riot Grrrls wurden komplett außen vor gelassen. Stattdessen schrieben die Journalisten hauptsächlich über die Attraktivität und die Outfits der Musikerinnen. Da blieb von den mehrdeutigen Botschaften der Bühnenperformance, dem Aufschrei und dem Sarkasmus nicht mehr viel übrig. Selbst wenn »slut« auf dem Bauch der Musikerinnen stand, war ganz egal, dass sich die Songtexte um Doppelstandards drehten. Zurück blieb nur das Urteil: »Hö hö, geile Schlampe.« Das knurrende Grrrl verwandelte sich auf diese Weise medial schon nach kurzer Zeit

---

* Kathleen Hannah wird oft als Ikone der Riot Grrrls zitiert.
** »Lutsch an meiner linken (Brust)« in Anlehnung zum Spruch »Suck my dick« (Lutsch meinen Schwanz).
*** Dt.: Küken (wird im Englischen wie« Schnecke« oder »Mieze« für eine Frau benutzt), Lesbe, Inzestopfer, Schlampe, Jungfrau, Hure.
**** Dt.: Loch, Nymphen, Brennender Busch (für Schambehaarung), (Scheiden-)Pilz, Möse, Schwanzlos, Babes im Spielzeugland, Fotzen mit Haltung, Königin gemeine Muschi, Kleines Würstchen.

in ein glitzerndes Girlie, das Journalisten als »wild und feminin zugleich« beschrieben und zu einem ausgehöhlten, harmlosen modischen Trend stilisierten. Feministisch politische Inhalte wurden ausgeklammert, Intellekt abgesprochen – der mediale Blick richtete sich stattdessen auf »Netzstrumpfhose und BH« und provokative Sprüche auf dem Leib als Bestätigung für die journalistische Interpretation. Als Reaktion riefen die Riot Grrrls also einen Presseboykott aus, da sie diesen sexistischen Umgangston und die Auslassung ihrer Inhalte satthatten. Niemanden aus der Presse schien ihre Botschaft zu interessieren. Es ging immer nur ums Aussehen. (Wenn wir an die Diskussionen rund um Angela Merkels Haarschnitte, Figur und Outfits denken, scheint sich da nicht sonderlich viel geändert zu haben.)

Und so verweigerten die Riot Grrrls jegliche Interviews und es wurde still um die Bewegung. So wissen heute auch wenige außerhalb der USA von deren Existenz. Literatur gibt es über sie dennoch reichlich. Enkelkinder der Bewegung sind beispielsweise *Ladyfeste*, die nach denselben Prinzipien des DIY funktionieren, sowie *Slutwalks*. Beide sind global zu finden.

Was dann noch an der Oberfläche blieb, vermengte sich gemeinsam mit dem Aufstieg der Spice Girls zu einem konsumgeleiteten Girlie-Hype. Die Popindustrie kochte sich mit den provokativen Inhalten ihr eigenes Süppchen. *Girl Power* wurde publikumswirksam vermarktet.

Die Entwicklung im deutschen Sprachraum war ähnlich. Bands mit Namen wie Die Braut haut ins Auge, Die fabulösen Thekenschlampen und Schön blond wurden nach US-amerikanischem Vorbild gegründet, Themen wie Verhütung textlich verarbeitet (siehe Beispiel Tic Tac Toe), und feministische Zines (*görls* und *planet pussy*) tauchten am Horizont auf.

Die deutschen Medien machten es wiederum den US-amerikanischen mit der Verwässerung der frauenpolitischen Bewegung nach. Zwar berichteten sie etwas zeitversetzt über die Riot Grrrls, sparten eine gehörige Portion Häme und Abwertung aber nicht aus. So schrieb *Der Spiegel* 1992:

»Theorien haben sie nicht, nicht einmal einen Traum von der Zukunft, Ideen, eine Utopie. Nur das Gefühl, ›dass [sic!] hier irgendwas ziemlich falsch läuft‹, wie das die Gruppe ›Bratmobile‹ formuliert. Und ein paar Bücher, die ihnen wichtig sind, obwohl sie den Inhalt meistens bloß aus Talk-Shows und bunten Magazinen kennen.«[57]

An Artikeln wie diesen lässt sich ganz gut nachvollziehen, dass sich die Riot Grrrl-Bands ziemlich verarscht vorkamen. Auch die Berichterstattung über die vermeintlichen Girlies war um keinen Deut besser. Wohlgemerkt handelte es sich hierbei um eine reine Erfindung der Pop-Industrie; »inspiriert« von den Riot Grrrls. Trotzdem wurde über sie geschrieben, als existiere ein neuer Typus von jungen Frauen, der nun die Lande flächendeckend bevölkern würde. Sabine Tietjen sammelte für ihren Aufsatz *Girlies – eine lachende Revolte*[58] Zitate über die sogenannten »Bad Girls«, »Babes«, »Schlampen und »Power-Girls« aus 150 deutschen Zeitschriftenartikeln von 1994. Das Ergebnis ist erschreckend:

Girlie-Sein sei ein Lifestyle. »Das Denken überlassen sie sowieso gern den Männern«. Hauptsache, alles mache Spaß. Und Mädchen sein mache nun mal großen Spaß. Weil sie auch so »entwaffnend selbstbewusst« seien und ebenfalls »in der Liebe supergut drauf«. Nur wenn die Jungs sich machohaft verhielten, »treten sie [ihnen] mit ihren dicken Kampfstiefeln vors Schienbein«. Ansonsten seien sie aber sehr »romantisch und sensibel« und träumten ohnehin vom Märchenprinzen. Der dazu passende Girlie-Look sei sexy und frech. Knalleng und superkurz nennt sie als modische Eckpfeiler. Kinderhaarspangen und Lollis seien die Accessoires. Spaghetti-Träger, Hot Pants, Netzstrümpfe, Kampfstiefel, klobige Pumps und himmelhohe Absätze hätten in keinem Girlie-Schrank fehlen dürfen.

So richtig böse schienen diese Girlies also nicht zu sein; maximal ein bisschen frech und relativ angepasst. Grundsätzlich ist es auch egal. Denn DIE Girlies gab es schlichtweg nicht. Aber wir kennen das ja: Wenn es in der Zeitung steht, muss es wohl wahr sein. Ein bisschen böse fühlte sich das Girlie-tum damals vermutlich trotzdem an, weil den jungen Gören eben scheinbar die Welt offenstand (mehr als den Generationen davor). Und böse Mädchen – so Ute Erhardt – kamen schließlich überall hin. Die Spice Girls, Tic Tac Toe und Lucilectric verbreiteten musikalisch den Glauben, dass Gleichberechtigung nun kein Ding mehr sei. Immerhin hatte die Frauenbewegung der 70er-Jahre mittlerweile einige neue rechtliche Freiheiten gebracht. Frauen durften selbst ein Konto eröffnen, mussten nicht mehr den Ehemann um Erlaubnis bitten, um arbeiten gehen zu dürfen, die Fristenlösung war gesetzlich verankert. Na, bitte – eh alles kein Thema mehr.

Es waren also die perfekte Zeit und Möglichkeit, den Girl-Hype medial auch noch zu instrumentalisieren, um auf die Frauenrechtlerinnen verbal einzuschlagen, die genau für diese Freiheiten gekämpft hatten und für den Hype um die jüngere Generation wegbereitend waren. Zickenkrieg, wohoo! Zwar passierte das nicht real, aber zumindest in den Schlagzeilen – ganz ähnlich wie die Mär von der BH-Verbrennung, die so nie stattgefunden hatte.*

So schrieb *Der Spiegel* 1994 von »viel Sex, viel Spaß und kein verbissener Männerhass«[59]. Die Girlies fänden den Feminismus überholt und hätten nun endlich die Chance, »die lange verteufelten Waffen der Frau« einzusetzen. Als »Postfeministinnen in der Popkultur« würden sie auf den Erfolgen des Feminismus

---

* Ein weit verbreiteter Mythos besagt, dass die Feministinnen irgendwann in den 68ern ihre BHs demonstrativ verbrannt hätten. Fakt ist aber, dass am 7.9.1968 bei einer Misswahl in Atlantic City 400 Feministinnen den Wettbewerb störten, ein Schaf zur Schönheitskönigin kürten und alle möglichen Symbole weiblicher Unterdrückung in einen großen Abfalleimer warfen, der allerdings nicht angezündet wurde. Neben BHs fanden sich darin auch Make-up, Stöckelschuhe, Wischmops uvm. Der Rest stammt von kreativen Journalisten.

aufbauen und gingen selbstbestimmt in die Welt hinaus, um als das »kesse, sexy Girl« der »verhärmten, verbitterten und männerhassenden Emanze« gegenüberzutreten. Der ungezwungene und lustbetonte Umgang mit der Geschlechterdifferenz und die körperbetonte Kleidung wurde als neue »Emanzipation«, als »Girl Power« verkauft; als »Babes«, die etwas Pep in die »verstaubte« Frauenbewegung bringen. Aja. Kluge Taktik.

Statt Tod und Verdammung (wie bei den Hexen, Dämoninnen und Co.) hießen die neuen Waffen im Umgang mit aufmüpfigen Frauen nun also Diffamierung und Vereinnahmung. Was an politischem Engagement bei den Riot Grrrls vorhanden war und ist, wurde der Lächerlichkeit preisgegeben. Was dem männlichen Auge gefiel, wurde auf ein Podest gehoben und mit »Brav, brav«-Aussprüchen sanft am Kopf getätschelt. Die Girlies verloren dadurch komplett den Anschluss an ihren Riot-Grrrlschen Ursprung. Stattdessen knüpften sie an die üblichen bestehenden weiblichen Rollenbilder an. Amazonen 2.0 – einfach nur mit bauchfreien Tops und Lollis im Mund.

Etwas Positives hatte diese mediale und popkulturelle Ausschlachtung trotzdem. Ausnahmsweise wurde einmal nicht mit der »Ihr seid ja alles Lesben«-Keule geschwungen und selbstbewussten Frauen automatisch Hässlichkeit und Verklemmtheit untergejubelt. Stattdessen durften die Girlies problemlos hetero bleiben, obwohl sie ja doch als emanzipiert galten. Das war neu. Schon den Suffragetten, die für das Frauenwahlrecht Anfang des 20. Jahrhunderts gekämpft hatten, wurde ihre Heterosexualität aberkannt. Aber – Überraschung – viele bekennende Feministinnen, ja sogar die Leserinnen der *EMMA*, sind heterosexuell.[*] Also nix mit Männerhass per se. Wir könnten diese ganzen Zuschreibun-

---

[*] *EMMA* ist die Zeitschrift der deutschen Feministin Alice Schwarzer, die aus der Tradition der zweiten Frauenbewegung stammt. Für die Ausgabe März/April 2013 machte sie eine Umfrage unter ihren Leserinnen, 73% gaben an, heterosexuell zu sein.

gen rund um sexuelle Orientierung auch mal getrost außen vor lassen.

Das zweite große Pro im medialen Gemetzel ist die daraus resultierende Aufmerksamkeit für das Thema Selbstbestimmung und Selbstwertstärkung. Selbst Riot-Grrrl-Urgestein Kathleen Hanna ist der Meinung, dass Slogans sehr kraftvoll sein können, selbst wenn sie verwässert werden. »Girl Power« war eigentlich der Titel des ersten Fanzines ihrer Band Bikini Kill von 1991 gewesen. Wenige Jahre später machte dieser Ausspruch die Spice Girls weltberühmt. Einerseits lasse sich das durchaus zynisch sehen, andererseits könnten heute zumindest T-Shirts mit dieser Aufschrift vielerorts gekauft werden. Wer sich so ein T-Shirt anzieht, wolle damit auch etwas sagen, meint Hanna.[60] Heute sind die Spice Girls nur mehr ein kleiner Stern am Pophimmel der Vergangenheit. Aber ein »Girl Power«-Aufdruck auf dem T-Shirt hat vermutlich eine weit tiefere Bedeutung für die Trägerin. Und darum geht's.

Die »Girl Power« der Spice Girls damals war sicherlich mehr dem Marketing geschuldet, um möglichst viele Merchandise-Artikel zu verkaufen, anstatt flächendeckend die Selbstermächtigung einer Generation von jungen Frauen anzustreben. Trotzdem, auch für mich als Teenie bedeuteten diese Worte so viel mehr als der mittelmäßige Pop, den sie verbreiteten. Scary Spice* war meine Offenbarung – selbst wenn ihre Botschaft nicht viel mehr war als ein wildes Brüllen auf nahezu jedem Poster. Für mich bedeutete es: Ich durfte auch wütend sein, und laut, und schrill. Nicht nur lieb, sexy und angepasst. Immerhin nannte ich Jahre später meinen Blog »Krachbumm«. Die Riot Grrrls haben also durchaus überlebt. Und ich bin mir sicher: nicht nur in meinem Herzen.

---

* Jedes der Spice Girls hatte seinen Spitznamen. Der von Mel B (Melanie Brown) lautete Scary Spice. Sie schnitt auf Fotos als Einzige sehr oft Grimassen.

Von Girlies zu Hot Chicks

Bei der »Girl Power« der 90er-Jahre blieb es nicht. Ende jenes Jahrzehnts verwandelte sie sich in ein schnurrendes Kätzchen, das sich brav ans Bein der TV-Quote schmiegte. So lag zum Beispiel auf dem Studio-Teppich der Viva-Zwei-Sendung *Kamikaze* neben Moderator Niels Ruf eine stumme Frau, als »Kamikätzchen« bezeichnet. Als *Kamikaze* 2001 eingestellt wurde, flimmerte via Sun TV und später über ProSieben die Sendung *Blondes Gift** mit Barbara Schöneberger auf den Bildschirmen. Die Sendung war recht unkonventionell gestaltet, und durch Schöneberger als Moderatorin stand auch quasi eine starke Frau im Mittelpunkt. Bloß hinter ihr und den Talkgästen lag eine leicht bekleidete Frau in einer Art Aquarium. Ob das ein ironisches Zwinkern in Richtung Niels Ruf sein sollte, ein postfeministisches Statement** oder ein Garant für die Quote, damit eine Sendung einer dezidiert schlauen, aber nicht leicht bekleideten Moderatorin konsumiert wird? Keine Ahnung. Auffällig war es jedenfalls. Die Interpretation liegt wohl im Auge des Betrachters.

Die »Girl Power« veränderte sich Ende der 90er Jahre zunehmend in eine *Sexy Power*. *Girlie-Style* konnte noch konsumiert werden, um dazuzugehören. In den Sexyness-Faktor musste schon aktiv investiert werden. Einerseits passierte dies auf persönlicher Ebene, andererseits ließ Sexyness nach all dem Jubel um die neuen Rechte der Frauen die Kassen klingeln und die Einschaltquoten erhöhen. Aus den selbstbestimmten Gören wurden *Butt-Kicking Babes*.

---

* Die Sendung wurde 2001 bis 2005 auf verschiedenen Sendern ausgestrahlt.
** Teils wird unter Postfeminismus eine Ära nach der zweiten Frauenbewegung verstanden, in der feministische Bestrebungen quasi überholt seien und über Klischees mittlerweile gelacht werden könne, weil sie ohnehin schon überholt seien. Andere Definitionen von Postfeminismus beziehen sich allerdings auf die dritte Welle der Frauenbewegung, in der vor allem das Dekonstruieren, also Auflösen, von biologischem und sozialem Geschlecht im Vordergrund steht.

Lara Croft, Buffy, *3 Engel für Charlie* – Männerfantasien à la Amazonen; Erotik mit ein bisschen Gewalt gepaart. T-Shirts mit Aufschriften wie *Porn Queen*, *Bitch* oder *Böses Mädchen* wanderten über die Ladentische. Die Vormachtstellung der Männer schien in diesen Jahren wenig bedroht zu sein. Das kulturelle Interesse an Frauen, die aufgrund ihrer geistigen Fähigkeiten als beängstigend empfundenen wurden, verlief im Sand. Femmes fatales und Vamps machten sich rar in Literatur und Film. Keine gefinkelten, perfiden Verführerinnen mehr, die strategisch ihre Schlingen immer enger zogen. Stattdessen ploppten Sexkätzchen, Sexbomben und Busenwunder wie Popcorn auf. Das Körperliche rückte in den Vordergrund. Ganz nach dem Motto: Jetzt, wo die Frauen schon so viel erreicht haben, können wir doch auch ein bisschen Busen schauen. Pamela Anderson und der rote Badeanzug: Here we come! Und nicht nur die Werbeindustrie versuchte Kapital aus (halb) nackter Haut von Frauen zu schlagen, sondern auch die Frauen selbst.

Der Feldzug des IT-Girls begann langsam, aber stetig. Verona Feldbusch[*] geisterte durch die Medien als kurzzeitige Ehefrau von Dieter Bohlen und generierte besonderes Interesse durch die Fernseherotik-Show *Peep!* Ihre nicht ganz astreine Grammatik machte sie zum Markenzeichen (»Da werden Sie geholfen«) und stand Patin für einige erfolgreiche Werbeslogans. Das Image vom naiven, gut aussehenden Dummchen streifte sie zunehmend ab. Mit der Zeit wurde durchaus deutlich, dass ihr sehr wohl um ihre Wirkung bewusst war und eine Geschäftsfrau in ihr steckte. Nicht viel anders hielt es Sonya Kraus, die von der *Glücksrad*-Assistentin zur Moderatorin ihrer eigenen Sendung *talk talk talk* wurde. Neben den lustigen Clips, die gezeigt wurden, galten besonders Kraus' laszive Anspielungen als Markenzeichen für die Sendung. Sie verhalfen ihr zu einem großen Bekanntheitsgrad, den sie auch

---

[*] Mittlerweile Verona Pooth

als Autorin und Schauspielerin nutzen konnte. Dass dieses Erfolgsmodell funktioniert, zeigen heute nicht nur Paris Hilton und Kim Kardashian, sondern in Deutschland auch Daniela Katzenberger, Micaela Schäfer und Gina-Lisa Lohfink. Ihr Körper und ihre vermeintliche sexuelle Verfügbarkeit, ihr Spiel mit der Erotik, sind ihr Kapital.

Leider tut sich die Öffentlichkeit sehr schwer damit – wie am Beispiel von Gina-Lisa Lohfink 2015 zu sehen –, auch die Menschen hinter der medialen Rolle wahrzunehmen. Denn böse Mädchen sollen böse bleiben. Ansonsten drohen unschöne Konsequenzen. Denn auch für böse Mädchen gelten Regeln. Sowohl deutsche als auch US-amerikanische TV-Sender nutzten das Spiel mit den sexuellen Reizen und den Vorstellungen davon, wie (auch die böse) Frau »wirklich« zu sein hat, und produzierten in den letzten zehn Jahren Reality-Shows mit Titeln wie *Böse Mädchen* (RTL, 2007 – 2011) und *Bad Girls Club* (Oxygen, 2006 – 2017), in denen rebellische Frauen diszipliniert werden sollten. Dass diese dabei mit ihren Reizen nicht geizen, liegt auf der Hand. Welche Art von »böse« hier gesehen werden will und wie viel dann auch nach der Disziplinierung davon noch übrig bleiben soll, steht ebenso von vornherein fest.

Bis die bösen Mädchen allerdings Reality-Format erreichten, gab es in der Popkultur Ende der 90er- und Anfang der 2000er-Jahre noch ein paar Meilensteine auf dem Weg dorthin:
- Das Format *Girls Gone Wild*, bei dem vornehmlich junge Frauen auf Spring Breaks ihre Brüste entblößen, wurde 1997 ins Leben gerufen. Bis 2011 wurden über 300 Filme für dieses Format produziert.
- Britney Spears und Christina Aguilera, die anfänglich noch halbwegs unschuldig wirkten und zwar sexuelle Anspielungen machten, aber auf der braveren Seite blieben, läuteten mit *I'm a Slave 4 U* (Britney Spears, 2001) und *Dirrty* (Christina Aguilera, 2002) ein neues Zeitalter des Erlaubten ein.

– Bei den *MTV Video Music Awards* 2003 küssten beide Madonna
auf der Bühne und lösten damit einen Skandal aus. Spannenderweise galt dies vor allem für den Kuss von Britney und Madonna.
Heute würde uns das nicht mehr als ein müdes Lächeln kosten.
– Mitte der 2000er-Jahre, als die bösen Mädchen langsam auf
dem Zenit ihrer Sexyness ankamen, stürmte schließlich die
Girl-Band Pussycat Dolls die Charts mit dem Hit *Don't Cha*.
Die ursprüngliche Tanzgruppe, die vornehmlich leicht bekleidet
auftrat, wurde um ein paar Sängerinnen erweitert und traf mit
Textzeilen wie »Don't cha wish your girlfriend was hot like me«[61]
genau den Zeitgeist.

Sexyness wurde im 21. Jahrhundert zum Trumpf und zur Selbst-
verständlichkeit von Weiblichkeit. Stars sind stolz, wenn sie
»trotz« ihres Alters noch für den *Playboy* angefragt werden. Auch
für Sportler und Sportlerinnen ist die Inszenierung von Sexyness
zunehmend ein Bestandteil ihrer Professionalität. Die Frauen-Na-
tionalmannschaft des deutschen Fußballs ist dann interessant,
wenn sie für den *Playboy* ihr Trikot fallen lässt. Sonst könnte sie
einer ja mit »Mannsweibern« verwechseln und keinen Grund
haben, sich das Spiel auf dem Feld oder im TV anzusehen. Sport-
liche Leistungen sind scheinbar sekundär. Das lässt sich auch an
der medialen Berichterstattung sowie der Kleiderordnung beim
Tennis oder Beachvolleyball nachvollziehen. Es geht ja schließlich
auch um die Fuckability der Sportlerinnen, die zelebriert werden
soll; und um den männlichen Zuschauer, der offenbar motiviert
werden muss.

Das mit dem Zelebrieren von weiblicher nackter Haut und
männlichem Begehren konnte auch *Playboy*-Gründer Hugh Hefner recht gut. So feierte er sich mit seinen Freundinnen mehrere
Jahre hinweg in seiner eigenen MTV-Sendung.* Das Symbol des

---

* *The Girls Next Door* (2005 – 2011)

Playboy-Häschens wurde in diesem Zeitraum so populär, dass es zunehmend Federmäppchen, Haarspangen und Tagebücher für kleine Mädchen zierte und Gegenaktionen wie »Bin the bunny«* auslöste.[62] Das »Hot Chick« hatte damit auch das Kinderzimmer erreicht.

Mittlerweile sind scheinbar nicht einmal mehr historische Dokumentationen ohne eine Portion Sex denkbar: 2013 strahlte das ZDF die sechsteilige TV-Reihe *Frauen, die Geschichte machten* aus. Der wichtigste Part dabei schien aber nicht der politische Einfluss der Protagonistinnen zu sein, sondern deren Aktivitäten im Schlafzimmer. Die russische Zarin Katharina die Große wurde vorgestellt mit »34 Machtjahre, 21 Liebhaber«. Bei Kleopatra ging es vornehmlich um ihren »großen Sexappeal« und ihre Rolle als »Hure vom Nil« beziehungsweise »Traumfrau der Antike«. Jeanne d'Arc setzte anscheinend modische Akzente. Die Folge über die französische Nationalheldin wurde mit »Der neueste Trend: Kettenhemd« betitelt. Soll eine da lieber lachen oder weinen? Insgeheim versuche ich mir ähnliche Titel für Folgen über Cäsar, Rasputin, Napoleon und deren Sexleben und Kleidungsstil zu überlegen. Das würde vermutlich nicht auf Sendung gehen. Wenn doch, könnten wir von Gleichberechtigung sprechen.

Vom Hot Chick zu selbstbestimmt sexy. Oder?

Wir sind nun also bei einem Selbstverständnis von erwachsenen Frauen als böse Mädchen angekommen. Dabei geht es nicht nur um Attraktivität, sondern auch um sexuelle Verfügbarkeit, um ein Versprechen fürs Schlafzimmer, das immer latent mitschwingt. Für den Konsumenten heißt die Währung, in der er den Wert seines Lustobjekts beschreibt: Fuckability-Faktor. Doch so genau

---

* »Wirf den Hasen in die Tonne«

denken die meisten darüber eigentlich gar nicht nach. Viel zu beschäftigt sind wir heute mit dem Knipsen unserer Schokoladenseiten.

Seit der Verknüpfung von digitaler Fotografie und Social Media überschwemmen wir die Welt nahezu mit visuellen Darstellungen unseres Lebens und übertreffen uns dabei täglich selbst in der Spektakularität unserer Aufnahmen und Filter. Keine Mahlzeit, kein Luftballon, keine leere Straße und kein Moment können so bedeutungslos sein, dass sie nicht das Zeug dazu hätten, eine wunderbare Botschaft hinaus in die Welt zu senden. Die kleinen kostbaren Dinge im Leben wollen wir schätzen lernen und statten sie deshalb mit Polaroid-Atmosphäre aus. Ein netter Sinnspruch in einer Hipsterschrift verleiht ihnen den letzten Schliff. So einfach kann es sein. Und so schön. So schön wie unsere automatisierten »Portraitverbesserungen« am Smartphone, die uns gleich noch während der Aufnahme die Haut glätten und die Augen vergrößern. Wenn zehnjährige Mädchen schon durch YouTube-Channels Make-up-Fertigkeiten draufhaben wie früher nur gelernte Maskenbildner*innen, können wir unser reales, unbearbeitetes Gesicht dem Publikum vorm digitalen Schaukasten kaum zumuten. Dabei verlieren wir den Blick für unsere Realität im Spiegel, während wir ein Selfie nach dem anderen mit integriertem Filter schießen. Der perfekte Winkel, die perfekte Pose – für den perfekten Augenaufschlag, Busen und Hintern. Wir sind Meister*innen der Selbstinszenierung geworden, kuratieren unsere Social-Media-Profile wie Kunstausstellungen. Unsere Bilder sind ein Ideal von uns selbst. Und obwohl wir das Wort »Privatsphäre« scheinbar aushöhlen und unablässig alles miteinander teilen, teilen wir doch eines nicht: unsere echten Gefühle, unsere Sehnsüchte und vor allem den Aufwand, den wir für diese unendliche Sonderausstellung betreiben.

Frauen wird nachgesagt, dass sie besonders anfällig für derlei Aufmerksamkeitshascherei seien. In Vorträgen und Workshops mit Eltern rund um Internet und Jugendliche höre ich oft die Klage, dass die Jungs so unkompliziert seien*, während die Mädchen so schwer abzuhalten wären, Fotos von sich 24/7 online zu posten. Dabei stelle ich den Eltern meist folgende Frage: Was ist der erste Satz, das erste Kompliment, das euch einfällt, wenn ihr einem kleinen Mädchen begegnet? »So ein hübsches Kleid« – oder Ähnliches ist die Antwort, die in den meisten Köpfen herumschwirrt. Ja, warum eigentlich sollten junge Frauen mit der Pubertät dann plötzlich schlagartig aufhören, für etwas Aufmerksamkeit generieren zu wollen, für das andere sie jahrelang gelobt haben – für ihr Aussehen? Wir beschreiben den Wert von Frauen unablässig über ihre äußere Erscheinung – das schönere Geschlecht eben. Gut, auch ich bin gerne attraktiv, fühle mich gerne schön, sehe mir gerne schöne Menschen an. Aber das allein sollte nicht bestimmend sein für den Selbstwert. Laut Susie Orbach[63] denken Frauen heute alle 15 Minuten darüber nach, dass sie sich in ihrem Körper nicht wohlfühlen. In einem visuellen Zeitalter wie diesem, wo jeder noch so untalentierte und unfotogene Mensch über die technischen Mittel verfügt, seine Welt perfekt auszuleuchten und in den schimmerndsten Farben zu malen, erscheint es schon ein Frevel, sich diesen Möglichkeiten zu entziehen. Eine deutsche Befragung an 504 Mädchen zwischen 14 und 15 Jahren ergab, dass bereits jede zweite davon nie ungeschminkt das Haus verlassen würde.[64]

Jugendliche wollen in den seltensten Fällen Außenseiter sein. Sie wollen genau dasselbe wie die meisten von uns: geliebt werden, dazugehören. Gesehen werden ist ein Teil davon. Ein schnelles Herzchen auf Instagram oder ein Like auf Facebook sind gleichbedeutend mit: Ich sehe dich, ich nehme dich wahr. Menschen sind von Geburt an soziale Wesen. Emotionaler Missbrauch, Verwahrlosung, das Ignorieren und Übersehen vom Bedürfnis nach Nähe

---

* Wenn Jungs dasselbe tun, wird es generell als Selbstsicherheit interpretiert.

und Geborgenheit eines kleinen Kindes gehören zu den schlimmsten Arten von Gewalt und schreiben sich wie lebenslange Wunden in die Körper und Köpfe. Um seiner*ihrer selbst willen geliebt zu werden, ist eines der tiefsten Bedürfnisse. Gestehen wir uns das nicht ein oder zu, bleiben wir damit beschäftigt, Dinge zu tun, um Aufmerksamkeit zu erhalten. Damit erscheint zumindest die Illusion von der Liebe der anderen greifbar. Unseren Instagram-Kanal für diese Zwecke mit tollen Fotos zu bestücken, ist das Geringste, was wir dafür tun können. Denn in unserem durchgetakteten Alltag bleiben kaum noch Zeitfenster, um uns wirklich von Angesicht zu Angesicht der Liebe der anderen zu vergewissern.

Vor 30 Jahren wurden noch stärker Statussymbole wie Autos, Jobs, Eigenheim genutzt, um Aufmerksamkeit für uns zu erhalten oder den gewünschten Partner oder die Partnerin zu finden. Das ist zwar auch heute noch von Bedeutung, notwendig ist es aber nicht. Da wir ständig unsere Smartphones mit uns tragen, können wir auch gut selbst der Welt zeigen, wie wir unseren Körper nutzen, um liebenswert, attraktiv und interessant zu sein. Wir selbst sind also zu unserer einfachsten Ressource für Status und Aufmerksamkeit geworden.*

Der Fuckability-Faktor spielt dabei eine große Rolle. Sex is everywhere. Also möchten wir auch sexuell attraktiv sein – zu jeder Zeit; online und offline. Das hat sich auch durch die zweite Frauenbewegung nicht groß verändert. Im Gegenteil: Wenn wir uns die schrittweise Entwicklung von bösen Frauen hin zu bösen Mädchen ansehen, müssen wir feststellen, dass wir Frauen – trotz zunehmender Rechte vor dem Gesetz – gesellschaftlich korrumpiert wurden. Die sexuelle Freizügigkeit, die Sexyness, das Herzeigendürfen – wurde uns als große Freiheit verkauft. Diese Freiheit haben Frauenrechtlerinnen gar nicht in dieser Form gefordert. Diese Freiheit klingt außerdem so verlockend, weil mit ihr

---

* Mehr dazu im Kapitel *Der Fuckability-Faktor*.

auf Teufel komm raus geworben wird. Daran wird verdient, und das nicht zu knapp. Der Markt wird mit Beauty-Produkten überschwemmt, deren einziges Ziel es ist, endlich all unsere Mängel zu beheben und uns schön und attraktiv zu machen. Wir sind zu Konsumentinnen des Sex-Appeals geworden. Ständig darum bemüht, jegliches Körperhaar zu entfernen, um nicht von der Bettkante gestoßen zu werden, planen wir auch sexuelle Interaktionen akribisch vor und quälen uns im Hochsommer in viel zu heiße Leggins, weil die Stoppeln auf unseren Beinen noch nicht lang genug fürs nächste Waxing sind. Sieht so Freiheit aus? Ist das »My body, my choice«? Ist das ein Luxusproblem? Sind wir gar selber schuld, wenn wir es uns so schwer machen?

Dabei wollen die Leidtragenden doch auch nur gehört, gesehen und geliebt werden. Diese Motivation ist nicht zu unterschätzen. Wenn der Selbstwert ohnehin schon an vielen Stellen angeknabbert ist, versuchen doch einige Menschen, äußerlich nicht zu zerbröseln und sich stattdessen eine Schutzmaske zuzulegen. Diese hat vielleicht tolle Haare, ein echt stylishes Outfit und/oder wunderbar glatte Beine. Wer hört nicht gerne Komplimente und fühlt sich begehrenswert? Und so lässt sich der Slogan »My body, my choice« auch inhaltlich umdrehen. In der ursprünglichen Form dieses Aufrufs ging es um sexuelle Selbstbestimmung, um das Recht auf Schwangerschaftsabbruch. Ohne diesen Hintergrund lässt sich der Spruch der bösen Mädchen aber auch lesen als: Das ist mein Körper, und ich gestalte ihn, wie ich will. Und wenn ich sexy sein will, dann sexy as sexy can be. Oder drastischer formuliert: fickbar von 15 bis 75. Dann gibt's auch Aufmerksamkeit für die eigenen Anliegen. Sex sells.

Wie viel davon dann wirklich mit Freiheit beziehungsweise Wahlfreiheit zu tun hat, sei dahingestellt. Immerhin hilft ein gut inszenierter Körper dabei, sich Gehör zu verschaffen. Also könnte »My body, my choice« dann nicht auch eine trotzige Antwort an alle sein, die sich aufregen über Gel-Nägel, aufgeklebte Wimpern oder eine provokativ zur Schau gestellte Sexualität? Ein Beispiel dafür wäre der YouTube-Star Katja Krasavice, deren Clips bei Jugendlichen sehr bekannt und beliebt sind. Sie hat sich den Busen vergrößern und die Nase operieren lassen, um richtig »heiß« auszusehen. Sie findet sich auch ungeschminkt hässlich und spricht vor der Kamera darüber. Ein »My body, my choice« würde ihr sicherlich ebenfalls über die Lippen kommen – genauso wie die Eigendefinition als *Hot Babe* und sexy selbstbestimmt. Gleichzeitig fällt sie auch oft mit der Tür ins Haus, macht unpassende Witze und prahlt mit ihrem Sexleben. Eigentlich ist sie die perfekte *Ladette* (also die weibliche Version des »Lad«[*]).

Die *Ladette* treibt das böse Mädchen-Dasein quasi auf die Spitze. Sie ist ebenso ein Symbol wie das Girlie oder die Femme fatale. Wie ihr männliches Gegenstück konsumiert sie Sex als Sport, sorglos, hedonistisch und Status verbürgend, prügelt sich in ihrer Freizeit, besäuft sich und bedient sich sämtlicher Klischees, die gewöhnlich für Männer reserviert sind, ohne ihre Weiblichkeit jedoch dabei zur Gänze aufzugeben. Denn ein bisschen sexy, sprich fuckable, soll eine dabei schon bleiben. Vor allem fühlt es sich nach Freiheit an, dasselbe zu tun wie die großen Jungs auch. Dieselben Dummheiten. Drogen, Komasaufen, Sex. Das schmeckt wie Gleichberechtigung, und dennoch hat sich der männliche Blick wie ein trojanisches Pferd in das persönliche Gefühl von Schönheit und Attraktivität heimlich eingeschlichen. Von klein an. Aber so subtil und klammheimlich, dass er sich nicht fremd anfühlt, sondern wie ein eigener Wunsch – eben nach Liebe, Aufmerksamkeit und Begehrtwerden –, der das Instagram-Profil ganz von selbst mit einer bewussten Auswahl von Bildern füllt.

Die Ladette scheint übrigens so weit verbreitet zu sein, dass auch ihr Fernsehsendungen gewidmet wurden. Von 2005 bis 2010

---

[*] Die »Lad culture« ist eine britische Jugendkultur, die in den 90ern aufkam. Sie geht einher mit lautem, prahlerischem Gehabe, meist unter Alkoholeinfluss.

wurde in Großbritannien die Reality-Serie *Ladette to Lady* ausgestrahlt; 2009 wurde sie um *Aussie Ladette to Lady** erweitert. Dabei sollten die weiblichen Rüpel auf einer sogenannten »Finishing school« lernen, wie sich eine richtige Lady in gehobener Gesellschaft benimmt. Doch so richtig erstrebenswert scheint dieses Verhalten nicht. Lady klingt mehr nach Korsett und wenig Handlungsspielraum; altmodisch und untergeordnet. Das Ladette-Sein sieht zumindest aus der Ferne wie die Spitze des Eisbergs der vermeintlichen Gleichberechtigung aus. Ernsthaft bestraft werden die bösen Mädchen fürs Bösesein ja heute nicht mehr. Böse bedeutet sexy, verrucht und aufregend – aber immer schön in gelenkten Bahnen. Bloß dass diese heute wesentlich breiter und kurviger als im Mittelalter sind. Sie wirken gar so breit, dass eine den Stacheldrahtzaun am Rande gar nicht so leicht mit freiem Auge erspähen kann. Aber wer nicht mitmacht, ist schnell verklemmt, prüde, eine Spaßbremse, einfach nicht locker genug. Die Autorinnen Natasha Walters (*Living Dolls*, 2010) und Ariel Levy (*Female Chauvinist Pigs Women and the Rise of Raunch Culture*, 2006) liefern zahlreiche Beispiele für die Begeisterung junger Frauen für Formate wie *Girls Gone Wild*, bei denen Filmcrews Party-Locations abklappern und junge Frauen mit einem Gratis-T-Shirt oder ein bisschen Geld animieren, ihre Brüste zu zeigen, sexuelle Handlungen auszuführen oder an Wet-T-Shirt-Contests teilzunehmen. Natasha Walter begegnete bei der Recherche auf einem Streifzug durch das Londoner Clubleben ein Wettbewerb namens »Babes on the Bed«, bei dem Frauen begeistert mitmachten. Das Männermagazin *Nuts* hatte hierfür mit dem Gewinn eines Modelvertrags gelockt, wenn die Teilnehmerinnen des Bewerbes verführerisch genug auf einem Bett neben dem DJ-Pult in einer Disco vor grölender Menge posierten. Fuckability rules.

---

* Dasselbe Sendungsformat, nur mit Australierinnen, die nach Großbritannien geschickt werden.

Im Grunde erfüllt die Ladette alle Auflagen für das böse Mädchen des 21. Jahrhunderts. Sie ist der coole, unkomplizierte Fuck Buddy, der weder Verantwortung einfordert, noch mit der oft zugeschriebenen Zickigkeit nervt. Der »wahre« Hetero-Männertraum. Die Popkultur liefert mit *Ich muss gar nichts* (2006) von Großstadtgeflüster, Keishas *Tick Tock* (2010) und *I love It* (2012) von Icona Pop den passenden Soundtrack dazu. Seit 2014 mischen auch die Hip-Hop-»Fotzen« von SXTN kräftig mit, die vom Kiffen und Trinken singen und klarstellen: »Ich ficke deine Mutter ohne Schwanz.«[65] Die Fotos von sich selbst beim Kotzen nach zu viel Alkohol veröffentlichen und Statements rauslassen wie »Wir sind asozial und geil, ihr seid nur asozial«[66]. Ihre Konzerte sind schnell ausverkauft, ihre Fans Frauen und junge Mädchen. Girls just wanna have choice, sex & fun(damental rights). Noch immer. Und das kann auch heißen, sich genauso danebenbenehmen zu dürfen wie die großen Jungs. Vielleicht urinieren Frauen dann auch irgendwann einmal an Hauswände. Es wird sicher eine Schlagzeile wert sein.

Die »Fuckability-Emanzipation« geht an keinem weiblichen Bevölkerungssegment vorbei. Auch kinderlose Frauen um die 40 Jahre, die sich angeblich an junge Männer ranwerfen – die sogenannten Cougars –, ja sogar Mütter werden nicht mehr verschont, wie der Hype um MILFs* zeigt. Weil Mütter nun eben auch geil sind. Auch das wirkt fast ein bisschen rüpelhaft, wenn wir uns an die früher »asexuellen« Mütter mit dem Status von Heiligen erinnern. »Von 15 bis 75 müssen wir fickbar bleiben, sonst haben wir versagt«, sagt Carolin Kebekus. Sex ist zur Arbeit geworden, in die wir ständig investieren. Da macht ein Fitness-Programm vom

---

* Cougar wird umgangssprachlich die sexuell attraktive und aktive Frau mittleren Alters genannt, die ein Auge auf wesentlich jüngere Männer wirft. Auch sie ist als Porno-Kategorie zu finden und seit der Beziehung zwischen Ashton Kutcher und Demi Moore als Begriff in der Popkultur verankert. Mittlerweile gibt es z.B. eine Serie namens *Cougar Town* mit Courtney Cox, ein Musical mit dem Namen *Cougar*, und überhaupt hat die *Newsweek* 2009 als Jahr des Cougars ausgerufen.

»MILF-Maker« gleich noch mehr Sinn oder jene Werbeidee der österreichischen Drogeriemarktkette dm, die werdenden Müttern noch schnell ein paar Beauty-Behandlungen empfehlen wollte mit den Worten: »Schaffe ich es noch, Beine und Intimbereich zu rasieren? Wann setze ich am besten meinen letzten Fußpflege-Termin vor der Geburt an? Wie gut werde ich auf dem ersten Foto nach der Geburt aussehen? Oder wird auch mein Bild eine geschlauchte Zombie-Mama mit Schweiß auf der Stirn, müden Augen und roten Flecken im Gesicht zeigen?« Der Shitstorm ließ nicht lange auf sich warten. Gott sei Dank. Die Selbstoptimierung bis in den Kreißsaal und darüber hinaus finden also doch nicht alle so toll. Schau an.

Wenn wir sie allerdings auf die Spitze treiben, landen wir bald bei der Verschmelzung mit Puppen beziehungsweise Fabelwesen. Moment – auf diesen Zug sind wir längst aufgesprungen. Mittlerweile wären viele gern ein Regenbogen pupsendes Einhorn, um der Welt zu entfliehen. Auf YouTube finden wir wunderbare Tutorials, um uns in glitzernde bonbonfarbene Einhornfrauen zu verwandeln. Auch mich spricht das irgendwie an.

Nicht nur das. So gibt es inzwischen internationale Wettbewerbe für Meerjungfrauen. Wer eine echte Miss Mermaid werden möchte, besucht am besten vorher eine »Mermaiding«-Schule. Schwimmbäder in Berlin bieten gar Workshops an, in denen Menschen lernen können, wie sie sich am besten mit beiden Beinen in einer Flosse fortbewegen. Ein sexy Foto mit tollem Make-up ist im Preis natürlich inbegriffen. Wer wollte nicht immer schon Arielle sein? Sogar ich bin stolze Besitzerin eines Muschel-BHs. Doch die Altersspanne für eine Meerjungfrau habe ich längst überschritten. Für die Wahl zur Miss Mermaid Germany sollte eine schon unter 32 sein. Älter wäre dann vermutlich schon die Kategorie mit Meerhexe Ursula. Dann lieber nicht.

3

Der Fuckability-Faktor

Wir haben uns die Geschichte der bösen Frauen und Mädchen nun ein wenig genauer angesehen. Was früher verboten war, scheint heute ein Muss: sexy und begehrenswert sein – zu jeder Tageszeit, in jedem Alter, für jeden und jede. Wie mit diesem Thema gesellschaftlich umgegangen wird, zeigt der australische Dokumentarfilm *Embrace – Du bist schön* (2017) von Taryn Brumfitt ganz gut. Er spricht diejenigen an, die mit ihrem Körper schon gehadert und ihn zeitweise gehasst haben. Dass das einige sein müssen, zeigen die Millionen Likes, die Brumfitt für ein Vorher-Nachher-Foto über Nacht bekommen hat, das sie einmal bei einem Bodybuilding-Contest (vorher) und einmal mit ein paar Kilos mehr (nachher) zeigt. Nachher war sie glücklicher. Denn als sie im Bikini auf der Bühne des Bodybuilding-Contests stand, dachte sie nur daran, dass all der Aufwand, den sie für diesen Körper betrieben hatte, es nicht wert gewesen sei. Aufgrund des enormen positiven Feedbacks beschloss sie, mittels Crowdfunding einen Film darüber zu drehen, wie Frauen über ihren Körper denken und welche Botschaften wir unseren Töchtern mitgeben. Schauspielerin Nora Tschirner fungierte als Executive Producer. Als diese den Trailer auf Facebook postete, erreichte er innerhalb von zwei Tagen mehr als zwei Millionen Menschen und wurde 19.000 Mal geteilt.

Während die einen den Film berührend fanden, gab es auch durchaus andere kritische Stimmen; vor allem in den Kommentaren auf Social-Media-Plattformen. Zum einen äußern sich jene, die bei diesem Thema überhaupt kein Problem sehen, eher mit Sätzen wie »Stellt euch nicht so an!«. Was immer schon so war, soll quasi immer so bleiben. Eine andere Gruppe von Menschen spricht von Banalität, Dummheit und von »selber schuld«. Ihrer Meinung nach seien unglaublich viele Frauen generell mit Blödheit geschlagen sein und machten einen künstlichen Wirbel um ihren Körper. Die Industriezweige, die genau von dieser Unsicherheit profitieren und sie schüren, gäbe es eben nur aufgrund dieser

Dummheit. Diese Schlussfolgerung ist doch ein bisschen einfach. Sie übersieht, dass wir nicht im luftleeren geschichtslosen Raum leben. Die letzten paar Hundert Jahre sind nicht spurlos an uns vorübergegangen, auch die Entwicklungen der letzten zehn Jahre haben uns einen unverwechselbaren Stempel aufgedrückt. Zeit und Ort prägen, wie wir Dinge wahrnehmen, erleben und einordnen können.

Auf *Zeit Online* ist ein Artikel von Kirsten Fuchs zu finden, die 1977 in der DDR geboren und mit der FKK-Kultur sozialisiert wurde. Sie schreibt: »Nie hatte ich die Erwartung an mich, ich müsste mit bearbeiteten Fotos konkurrieren oder sogar mit Trickfilmfiguren. Erst heute mit Schwangerschaftsstreifen und meinem Schriftsteller-Rumsitz-Speck weiß ich, was für ein Geschenk mir meine Kindheit nebenbei mitgegeben hat: Ich durfte als Kind realistische Nackte sehen. Und bis heute haben Menschen für mich einfach ihren Körper, ohne dass ich insgeheim denke: ›Na ja, aber hier und da könnte es doch anders aussehen.‹«[67]

Das liest sich wunderschön, ja fast schon utopisch, wenn wir einen Blick darauf werfen, welchen Beigeschmack der technische Fortschritt für unser Körpergefühl hinterlassen hat.

Ein Aufsatz in der *New York Times* von Kristen Ghodsee mit dem Titel *Why Women Had Better Sex Under Socialism*[68] bezieht sich ebenfalls auf die DDR. Sie verweist auf eine soziologische Studie, die sich mit dem sexuellen Erleben der Menschen in West- und Ostdeutschland auseinandergesetzt hatte. Diese fand heraus, dass ostdeutsche Frauen wesentlich mehr Orgasmen und mehr Spaß am Sex hatten. Der Grund dafür lag in den gesellschaftlichen Rahmenbedingungen: sichere Jobs, sicheres Einkommen, sichere Kinderbetreuung – ergo wenig Vereinbarkeitsstress. Das wirkte sich auch auf das Sexleben aus. Wer Kinder hat, kennt das Dilemma. Der Sex der Eltern scheint in so weiter Ferne, dass er im Netz gar als »Elternsex« bezeichnet wird. Als handle es sich um etwas Außergewöhnliches (dazu mehr in einem späteren Kapitel).

An diesem Beispiel jedenfalls lässt sich zeigen, dass auch politische Strukturen Einfluss und Auswirkungen auf das körperliche Empfinden ihrer Bevölkerung haben.

Warum sollten uns unsere Lebensumstände dann nicht generell beeinflussen? Ich sage: Das tun sie. Der Fuckability-Faktor ist ein Produkt dessen. Und er lässt sich nur schwer messen. Gemessen und erfragt werden stattdessen andere Daten. Der Kinsey-Report und seine Nachfolger[69] beschäftigen sich seit den 1940er-Jahren mit unserem Sexleben und unseren bevorzugten Praktiken. Auch die Datingplattform OKCupid veröffentlicht gerne auf ihrem Blog die sexuellen Vorlieben der Nutzer und Nutzerinnen. Pornhub ist ebenfalls ganz vorn dabei, wenn es um die Auswertung der Suchbegriffe und Klicks auf den hauseigenen Pornoseiten geht. Aber was sagen uns all diese Statistiken? Inwiefern ist es hilfreich zu wissen, dass »Lesbian« zu den meistgesuchten Begriffen bei Pornos zählt und die OKCupid-Community zunehmend kinky[*] wird? Hilft uns das weiter mit dem Fuckability-Faktor oder beantwortet es gar die Frage, wie aus dem Gegensatz Heilige vs. Hure das »böse Mädchen« zum Vorbild für unglaubliche viele Frauen wurde?

Die Statistiken und Analysen selbst helfen uns nicht weiter. Wenn wir allerdings einen Schritt zurück machen und uns diese Auswertungswut ein wenig von der Ferne ansehen, dann lassen sich schon ein paar Schlüsse ziehen, wie aus den bösen Frauen böse Mädchen wurden; wie aus einem »Go to hell« ein »Hell, yeah!« wurde.

---

[*] »Kinky« wird zunehmend im Mainstream als Begriff verwendet, um Sexpraktiken zu beschreiben, die viele als unüblich oder seltsam bezeichnen würden. Teils wird der Begriff auch als Synonym für BDSM verwendet. Im Grunde schließt er noch viel mehr ein, wie z.B. etwaige Fetische.

Wir vermessen

Manche Menschen sammeln gerne Bierdeckel, andere Servietten, Nippes oder Ramsch. Wiederum andere sammeln Statussymbole oder Punkte für den Supermarkteinkauf. Als Gesellschaft sind wir es gewohnt, alles Mögliche anzuhäufen, um schließlich irgendetwas damit zu tun. Entweder bekommen wir einen Rabatt, oder wir sammeln, um uns mit anderen zu vergleichen. Seit das Internet nicht mehr aus unserem Leben wegzudenken ist, sammeln wir auch fleißig Daten. Gerne schieben wir diesen Umstand Datenkraken wie Google, Facebook und auch Pornhub zu. Aber eigentlich sind wir auch selbst unglaublich engagiert und neugierig, unsere Fortschritte zu dokumentieren und uns mit anderen zu matchen. Mittlerweile gibt es zahlreiche Bücher rund um das Thema »Quantified self« – die Vermessung des Selbst. Kaum einen Bereich unseres Alltags lassen wir dabei aus.

Wir zählen unsere Schritte, tracken unsere Lauf- und Radstrecken, wir messen unser Körperfett, unseren Blutdruck – wir überwachen unseren Körper und dokumentieren unsere Besuche im Fitnessstudio auf Facebook und Instagram. Wir loggen uns von verschiedensten Teilen der Welt in unsere Social-Media-Accounts ein und teilen im Falle eines Terroranschlags oder Erdbebens umgehend der Welt mit, dass es uns gut geht und wir in Sicherheit sind. Wir geben unsere intimsten Vorlieben bei OKCupid preis, um jemanden zu finden, der oder die auf Ähnliches steht. Wir klicken auf Daumen, Herzchen und Smileys und füttern so die Datenkraken des Internets, die entsprechend unseres Surfverhaltens passende Suchergebnisse oder Werbeeinschaltungen vorschlagen. Die AGBs sämtlicher Apps lesen wir schon lange nicht mehr durch. Unser Protest gegen den Überwachungsstaat ist teils nur mehr ein müdes Gähnen. Den größten Teil der Daten über uns produzieren wir längst mit Sorgfalt ganz von allein fürs Netz. Die Zahl der Follower und Abonnent*innen auf Instagram, Snapchat,

YouTube und Twitter sind unsere neue Währung geworden. Das alles machen wir ganz freiwillig. Warum? Weil wir uns entweder Aufmerksamkeit wünschen, besser sein wollen als andere, uns der Neid von anderen anspornt, weil wir neugierig sind, uns bislang nicht klar war, dass alle Daten irgendwo gespeichert und verarbeitet werden, oder weil es uns schlichtweg egal ist.

Nicht nur im Fernsehen sind Vorher-Nachher-Shows beliebt, wir interessieren uns auch für unseren persönlichen Fortschritt. Beim Sport lässt sich dieser am besten beobachten. Für viele ist auch Sex eine Form von Sport. Das dachte sich auch Pornhub und veröffentlichte 2016 eine App mit dem Namen »BangFit[70]«. Die soll uns nicht nur zum Sex animieren, sondern liefert auch noch ein Fitness-Workout inklusive Kalorienauswertung dazu – plus den Vergleich mit anderen Nutzern und Nutzerinnen via Facebook. So funktioniert's: Die App läuft am Smartphone, das offenbar per Gürtel am Körper getragen wird, um die Bewegungen der Personen, die gerade Sex haben, zu messen und in Kalorienverbrauch umzurechnen. Je nach Technik und Ausdauer können Punkte gesammelt werden. Und schon ist die Sammelleidenschaft entfacht und animiert zum Weitermachen. Ich stelle mir lauter kleine Eichhörnchen in den Gehirnen der Menschen vor, die wie getrieben eine Nuss nach der anderen sammeln und in ihrem Nest horten. Warum auch immer, solche Punktesysteme motivieren einfach; genauso wie der Sternchenaufkleber im Hausübungsheft. Zwei Sternchen für Missionarsstellung, fünf für Doggy-Style.

Wie viele diese App wirklich nutzen, ist bislang nicht bekannt. Aber Pornhub ist mit dieser Idee nicht allein. Schon 2015 wurde ein Sexspielzeug mit dem unverfänglichen Namen »Lovely«[71] promotet, das beispielsweise auf einen Penis gesteckt werden kann,
a) um Erektionen zu verlängern,
b) um durch Vibration die Klitoris zu stimulieren und
c) gleichzeitig alle Bewegungen mit aufzuzeichnen, um wiederum
d) Tipps für neue Positionen oder Techniken zu geben.

Natürlich ist das alles mit einer App kombiniert. Technik also, die sich direkt in unser Sexleben einmischt, indem sie uns Feedback zu unserer sexuellen Performance gibt. Zeitschriften wie *Men's Health*[72] und *Freundin*[73] scheinen vom Sinn und Nutzen des Produkts nicht abgeneigt. Schließlich wirke die Auswertung ja anregend auf Gespräche im Schlafzimmer und verhelfe so zu einem besseren Sexleben – am besten so wie im Porno, der mittlerweile auch unter Erwachsenen zu einer Art Leitkultur geworden ist.*

Nicht nur unserem Sexleben soll mit der Vermessung des Selbst auf die Sprünge geholfen werden. Es gibt auch Apps, die den Menstruationszyklus dokumentieren, Schwangerschaften und unseren Schlaf begleiten oder schlichtweg helfen, unsere Emotionen auszuwerten. »MetaFi«[74] macht zum Beispiel genau das: Gefühle, Körperempfindungen und Ereignisse werden eingetragen und ausgewertet. Das soll zum Beispiel Menschen, die ihre Gefühle schwer zuordnen können, dabei unterstützen, sich selbst besser zu verstehen. Damit eine*r dann nicht den Überblick über all diese Daten verliert, hilft die App »Exist« weiter. Sie kombiniert all unsere Selbstvermessungen miteinander, um uns glücklicher zu machen. »With our built-in mood tracking, you can keep a record of how you feel each day. Combine this with our analytics, and you can find out what makes a good day, how often you're having bad days, and what you write about for each«, heißt es auf deren Homepage.**

In einer Gesellschaft, in der alles machbar scheint, die größtenteils nicht von Hunger und Obdachlosigkeit, Krieg und Terror betroffen ist, wird öffentlich viel über Glück und Selbstverwirk-

---

* Sexualforscher Jakob Pastötter führte 2008 eine groß angelegte Studie in Deutschland via Internetbefragung durch, bei der 56.000 Erwachsene befragt wurden. Ein großer Einfluss durch die Pornoindustrie konnte dabei auf die Praktiken der Erwachsenen festgestellt werden.

** Freie Übersetzung: Mit dieser App kann ebenfalls die eigene Stimmung mitdokumentiert werden. Diese Aufzeichnungen werden schließlich mit den anderen Daten kombiniert, um auszuwerten, was gute und schlechte Tage ausmacht.[75]

lichung diskutiert. Wir haben den Luxus, uns darüber Gedanken machen zu können, wie ein glückliches Leben für uns aussieht, wie wir dies erreichen; wie wir aus dem Hamsterrad aussteigen, im Job die Erfüllung finden oder auf ewig sexy und begehrenswert bleiben – für uns selbst und auch für andere. Für Alleinerziehende mit Hartz IV oder Mindestsicherung* gehen die Gedanken vermutlich eher in Richtung: »Wie kann ich mit diesem bisschen Geld meine Kinder bis zum Monatsende ernähren?« Menschen auf der Flucht machen sich vermutlich eher Gedanken darüber, ob sie ihre Familienmitglieder je wiedersehen werden und ob sie die nächste Woche noch erleben. Die meisten von uns sind ohne die Erfahrung von Krieg aufgewachsen. Dafür können wir dankbar sein. Heutzutage werden wir zwar zunehmend mit beunruhigenden Nachrichten, einzelnen Terroranschlägen und flüchtenden Menschen konfrontiert, doch es bleibt noch genug Aufmerksamkeit für unsere Vermessungs-Apps und das Sehnen nach dem Haus am Strand, der großen unendlichen Liebe, der glücklichen Familie am Frühstückstisch wie aus der Cornflakes-Werbung, dem sinnstiftenden Job, dem erfüllenden Sexleben und nach einem allzeit begehrenswerten attraktiven Körper. Ja, wieso auch nicht nach den Sternen greifen?

Wir inszenieren

Während wir uns vermessen und uns sehnen, beobachten wir gerne jene, die scheinbar schon haben, was wir wollen. Oder wir tun so, als wären wir längst mit dabei im Club der coolen Kids. Auch Fuckability lässt sich so recht einfach herstellen. Danke, digitale Fotografie!

---

* Eine Form der finanziellen Unterstützung in Österreich.

Damit lässt sich unser Leben nicht nur in Zahlen vergleichbar machen, sondern auch in Bildern. Jeder Moment kann tausendfach wiederholt und perfekt inszeniert werden. Was der Filter beim oder nach dem Knipsen nicht schafft, erledigt Photoshop. Auch das Selfie haben wir mittels Selfie-Stick optimiert: Keine komisch langen Nasen und langen Gesichter mehr, bis der richtige Winkel gefunden ist, mit dem wir uns von der Schokoladenseite präsentieren können. Die Social-Media-Plattform Instagram bietet den idealen Rahmen für unsere Online-Fotoausstellungen. Wir treten einfach den ästhetischen Vergleich miteinander an und übertrumpfen uns mit ansprechenden Inszenierungen unserer Erscheinung oder unseres Alltags. Der Bedarf an öden, unspektakulären Fotos ist überschaubar. Stattdessen regiert das Gesetz der Inspiration. Auch hier wird der Wert wiederum durch Likes und Herzchen bestimmt. Sogenannte *Social Influencer** geben – für viele nicht erkennbar – den Ton in der Bildsprache an. Was eigentlich ein Werbebild für einen Bikini oder Smoothie ist, wird zur Vorlage eines besseren Lebens. Vielleicht sind darum analoge Kameras, Polaroids und die Photobooth am Hochzeitsfest so spannend, weil wir dadurch den seltenen Moment erleben, die Kontrolle über das eigene Bild abzugeben (auch wenn wir mittlerweile ganz gut wissen, in welcher Pose der Bauch kleiner, der Busen größer und das Gesicht hübscher aussieht).

Während sich vor einigen Jahren die nicht so Internet-affinen Eltern noch darüber aufregten, was denn die Jugendlichen alles

---

* Personen, die auf Instagram besonders erfolgreich sind, werden meist von Modelabels oder Kosmetikfirmen gesponsert. Sie bewerben auf Instagram diese Produkte, lassen es aber so aussehen, als wären diese ein Teil ihres Alltagslebens. Weil die Posen und Bildinhalte mittlerweile von vielen jungen Menschen nachgeahmt werden, gibt es so etwas wie eine gemeinschaftliche Bildsprache auf Instagram, die für alle User und Userinnen gilt. US-Model Alexis Ren beherrschte dieses Spiel eine Zeit lang ziemlich gut. Mittlerweile ist ihr Instagram-Account extrem auf Hot Babe getrimmt. Und die US-amerikanische Familien- und Fashionbloggerin Naomi Davis (lovetaza.com) ist ebenfalls ein Beispiel für eine hervorragende Inszenierung des Familienlebens zu Werbezwecken auf Instagram.

ins Netz stellen, scheinen heute alle *Part of the game* zu sein. Was gepostet wird, ist schließlich eine Aussage über uns selbst. Ganz oft geht es dabei um so menschlich niedere und einfache Bedürfnisse wie jene, für attraktiv gehalten zu werden. Dadurch fühlen wir uns wahr- und teils auch angenommen. »Hübsch« und »Wow« wirken da wohltuend in den digitalen Kommentarspalten. »*rrrrr*« und »heiß« legen noch ein bisschen gewollte Schamesröte nach. Soll ja niemand behaupten, dass Fuckability nicht auch ein bisschen selbstwertsteigernd ist.

So harmlos ist diese Inszenierung dann doch nicht, wenn die Arbeit an der Fuckability oder Sexyness zum mehrstündigen Projekt wird, wie bei den Tipps zum Versenden von Nacktbildern in der Zeitschrift *Cosmopolitan*.[76] Hautpeeling, Make-up, die richtige Farbe für Finger- und Zehennägel, die passende Frisur und rotes Licht, das Problemzonen verschwinden lässt, gehören generell zum Standard. Zusätzlich wird geraten, Eiswürfel zu verwenden, um sexy Tropfen auf der Haut zu erzeugen, oder ein kostengünstiges Stativ, damit die Fotos auch wirklich hochprofessionell zustande kommen. Schließlich sollen die Fotos nicht so unscharf und unterbelichtet wie Nackt-Selfies von Kim Karadashian aussehen. Beachten wir wirklich all diese Vorgaben, bleibt jeder spontane Funke von Lust und Spaß an Sexualität auf der Strecke. Immerhin muss zum Abschluss ja auch noch mühsam und kritisch die perfekte Bildauswahl am Computer getroffen werden.

Wie viele Männer denken eigentlich stundenlang über ihre Dick Pics nach, die kaum eine haben will, oder darüber, ob ihre Haut zart genug für Geschlechtsverkehr ist? Nehmen Frauen diese Tipps aus der *Cosmopolitan* tatsächlich ernst? Wer liest so etwas eigentlich? Monatlich an die 230.000 Frauen in Deutschland. Die *Cosmopolitan* ist das auflagenstärkste Magazin im Segment »Premium«-Frauenzeitschrift. Zudem ist die Zeitschrift eng mit der Kosmetikindustrie verbunden und prämiert mittels Fachjury sogar jährlich Produktneuheiten auf diesem Sektor. Nicht alle Leserinnen werden die Ratschläge der *Cosmopolitan* wie Lemminge befolgen. Letztlich sind die Artikel jedoch ein Spiegel unserer Gesellschaft und decken sich mit den Inhalten anderer Frauen- und Mädchenmagazine und YouTube-Channels. Die Hauptzielgruppe sind berufstätige Frauen, die erfolgreich sind und über ein überdurchschnittliches Einkommen verfügen. Das heißt nicht, dass die Inhalte für weniger Betuchte oder weniger Erfolgreiche nicht wirkmächtig wären. Unsicherheiten machen vor keinem sozialen Milieu und keinem Alter halt. Das Beispiel zeigt uns bloß, wie Inszenierung funktioniert, dass sie harte Arbeit ist und andere daran verdienen.

Fuckability ist Arbeit. Dabei geht es nicht einmal wirklich um Sex, sondern um eine Illusion davon, »eine Airbrush-Fantasie von Sexualität mit erzwungenem Spaßfaktor, die so steril wie unbarmherzig ist«, wie die britische Journalistin Laurie Penny es formuliert.[77] Die *Cosmopolitan* ist hier ein zeitgenössisches Füllhorn an Beispielen,* wie diese Airbrush-Fantasie aussehen könnte. Es geht nicht nur um die Steigerung der eigenen Attraktivität mit Eiswürfeln am Nackt-Selfie, sondern auch um die sexuelle *Bucket-List*: Was frau schon gemacht oder draufhaben sollte, welche Sex-Positionen generell dem Fitness-Workout dienen und, mein absolutes Highlight, Sexstellungen, bei denen eine Frau vorteilhafter aussieht. Nur so viel: Kissen sind der Feind der Frauen – Doppelkinngefahr! Wer sein eigenes Sexvideo drehen möchte, freut sich möglicherweise über den Tipp.

Ganz nebenbei sei Sex auch ein »Booster« für unsere Aura und unseren Job. 2016 stand in der *Cosmo* zu lesen: »Es gibt in jedem Büro diese unglaubliche Kollegin, die mit ihrer Coolness und Präsenz jeden Raum füllt. Jede kann diese Frau werden – mit

---

* Artikelnamen aus der *Cosmopolitan:* »22 brandneue Liebesspiele« (2009), »22 Dinge, die Sie im Bett ausprobieren müssen. Die Sex-To-do-List« (2014), »Sofort super Sex! 52 heiße Alltags-Experimente (Eines für jede Woche im Jahr)« (2016)

Geschlechtsverkehr«[78]. Sex helfe ebenfalls gegen Lampenfieber (ganz nach dem Motto: »Mach dich mal locker!«), trage zur Gelassenheit bei und kuriere gleichzeitig auch noch Migräne und sonstige Schmerzen. Na bitte, eine absolute Win-win-Situation. Wer braucht schon Spaß, wenn er*sie Effizienz haben kann. Leider dient diese Effizienz niemals den Menschen selbst und verhindert, sich den eigenen Körper wirklich bewusst und liebevoll anzueignen. Stattdessen sind alle damit beschäftigt, das Optimum herauszuholen, die Fuckability zu steigern und die »Kund*innen« zufriedenzustellen.

So treiben auch seit rund 15 Jahren TV-Formate wie *The Swan – Endlich schön!*, *Extrem schön* und *How to Look Good Naked* (Großbritannien) ihr Unwesen in unserem Köpfen. Sie suggerieren, dass mit schöneren Zähnen, kleineren/größeren Brüsten, weniger Bauch, passender Unterwäsche, anderem Make-up das persönliche Leiden endlich ein Ende hat und Schönheit und Fuckability nicht nur mehr aus der Ferne winken. Als übliches Ritual wird die transformierte Frau zum Schluss Familie und Freund*innen präsentiert. Die Teilnehmerinnen fühlen sich in der Regel großartig. Rückschauen, was aus den Kandidatinnen geworden ist, zeigen jedoch, dass sich die Probleme im privaten Umfeld und die gesellschaftlichen Rahmenbedingungen nicht so schnell ändern. Die Spielräume verwandeln sich nicht über Nacht. Stattdessen gilt es, das Erreichte zu erhalten.[79]

Wir sollten also lieber von Arbeitszeit sprechen, die laut Laurie Penny »für den Kauf und den strategischen Einsatz von Kleidung, Frisur und Schönheitsprodukten angewendet wird, über die tatsächliche Arbeit bei Diät und Fitness, bis zur Erschaffung und Erhaltung der sexuellen Rolle«.[80] Genau all das trägt nämlich zur Inszenierung unseres perfekten Ichs auf Instagram und zu einem höheren Fuckability-Faktor bei. Gleichzeitig soll diese Form von Arbeit absolut mühelos und unangestrengt wirken. Es ist kein Zufall, dass Frisuren wie der »Undone look« oder der »Messy bun«

in den letzten Jahren zum Trend geworden sind. Ungekämmt, verwuschelt und leicht zerzaust sehen die Hairstyles für Frauen aus – perfekt unperfekt. Auch der Make-up-Look »Nude« verheißt ähnliches. Wir sollen so natürlich wie möglich schön aussehen. Plötzlich sind sogar wieder buschige Augenbrauen »in«. Auch an Männern gehen diese Trends nicht spurlos vorüber. Die Bärte sprießen seit einigen Jahren, das Holzfällerhemd unterstreicht den »urigen« Look und der »Man bun«* schmückt lässig die Häupter. Auch sie sollen nicht so aussehen, als würde ihnen die Pflege ihrer Gesichtsbehaarung irgendeine Form von Arbeit abverlangen. Und doch geht es um die Inszenierung von Männlichkeit an Orten, an denen die Muskelkraft schon lange nicht mehr so gefragt ist und Zeitschriften wie *Men's Health* deshalb die Lücke füllen.

Diese lockere Lässigkeit, das Amateurhafte und Echte statt Übertriebene scheint in vielen Bereichen Einzug gehalten zu haben. Im Journalismus finden wir »Leser-Reporter*innen«. Reality-Formate sind noch immer für das TV-Publikum interessant. Blogs boomen. Menschen interessieren sich für das, was andere Menschen persönlich denken. Auch in Pornos werden zunehmend Konsumenten eingebunden. Nicht umsonst ist der Begriff »Amateur« die dritterfolgreichste Pornokategorie aller Zeiten. Wir gestalten das Internet via Social Media selbst mit, also wollen wir offenbar auch beim Sex Menschen zusehen, die uns eher ähneln oder unsere Nachbarn sein könnten. Trotzdem sind sie genauso wenig »echt« und unterscheiden sich nur wenig von Hochglanzprodukten. Besonders die Drehbücher sind deckungsgleich. Einzig Bettwäsche und Teppich haben vielleicht ein hässlicheres Muster. Die Produktionskosten bei »Amateur«-Videos sind jedoch wesentlich niedriger, wenn nur aus dem Blickwinkel des männlichen Schauspielers gefilmt wird, als mit einem ganzen Kamerateam aus jedem erdenklichen Winkel.

---

* dt.: Männerdutt

Die Darstellerinnen sind auch optisch mittlerweile dem Publikum näher. Der Hintern darf groß sein und ordentlich schwabbeln. Der Busen darf klein sein; eine Handvoll reicht. Überschminkte Frauen mit riesigen Silikontitten mischen nicht mehr ganz vorne mit. Die Durchschnittsfrau mit Körbchengröße B und brünettem Haar hat sie vom Podest gestoßen. Die Zeiten von Gina Wild und Jenna Jameson sind vorbei. Sasha Grey und Stoya haben schon vor rund zehn Jahren begonnen, die Typlandschaft zu verändern (schlanker ist der neue Typus dennoch als die meisten Nicht-Pornostars). Doch die Grenzen zwischen Laien und Profis verwischen zunehmend. Wir können uns leichter identifizieren mit dem Gesehenen. Gleichzeitig entsteht der Eindruck, wir könnten das genauso wie die Menschen auf dem Bildschirm. Passen wir uns deshalb an? Inszenieren wir unser Sexleben deshalb ebenfalls im Porno-Modus, oder bildet Pornografie nur ab, was wir ohnehin schon tun?[81] Immerhin sind die Grenzen zwischen Porno-MILF, Popkultur-MILF und realen Müttern zunehmend fließender. Der Yoga-Trend findet auf Pornhub seine erotische Umsetzung; genauso Videospiele wie *Overwatch*, Apps wie *Pokémon GO* oder Cartoons wie *My Little Pony*. Es gibt kaum eine Pornofantasie, die nicht online zu finden ist. Wo beginnt die Inszenierung, wo endet die Realität?

Ähnlich wie die Kategorien auf Pornhub und Co. sehen die *Sex-Bucket-Listen* der Frauenzeitschriften aus, um ja nicht auf dem Sterbebett zu bereuen, irgendeine sexuelle Praktik versäumt zu haben. Dabei soll es um Selbstermächtigung gehen, quasi um Emanzipation. Lesbische Erfahrungen gehören auch schon für Hetero-Frauen zum guten Ton. Zumindest ein Dreier sollte schon einmal im Leben drin sein. Die Pornhub-Statistik zeigt eindrücklich, dass der Begriff »Lesbian« zu den meistgeklickten Kategorien der letzten Jahre zählt. Vor allem bei Frauen. Dabei bildet Mainstream-Pornografie lange nicht tatsächlichen lesbischen Sex ab, sondern vor allem das, was in der männlichen heterosexuellen

Welt davon erwartet wird. Sowohl Praktiken als auch Aussehen (Stichwort Fingernägel) unterscheiden sich von der Realität. Immerhin können die Filmchen als Vorlage für die Hetero-Vorstellungswelt des Dreiers verwendet werden. Auf Plattformen wie Tinder suchen immer wieder Pärchen nach einer weiteren Gespielin. Dass tatsächlich lesbische oder bisexuelle Frauen gesucht werden und nicht solche, die einfach nur ihre *Sex-Bucket-List* abhaken wollen, steht zur Diskussion.

Die »richtige« Lesbe, also die, die wirklich auf Frauen steht, hängt als Bezeichnung nach wie vor wie ein klischeebesetztes Damoklesschwert über heterosexuellen Frauen. Kaum schneidet sich eine die Haare raspelkurz, verweigert einen femininen Stil und/ oder interessiert sich hauptsächlich für anderes als ihr Äußeres, wird ihr verächtlich »Lesbe« zugeraunt. Als wäre das ein vernichtendes Urteil. In der Tat soll ihr damit ein Stempel aufgedrückt werden, der sie von den anderen Schäfchen auf der Weide trennt: »unfuckable«. Um den Grad der sexuellen Nicht-Würdigung zu steigern, wird wahlweise mit den Begriffen »Kampflesbe« und »Mannsweib« um sich geworfen. Die »Strafe« dabei ist vor allem die Verweigerung von Sex. Denn Sex kann ja nur sein, wo ein Penis im Spiel ist – zumindest war die rechtliche Logik lange so gestrickt.[*] Lesbische Sexualität wird im Mainstream-Porno von heterosexuellen Männern durch den Fleischwolf gedreht, damit etwas Neues kreiert und schließlich als Wichsvorlage benutzt. Insofern kann es diese »richtigen« Lesben ja eigentlich nur symbolhaft geben. In jedem Fall wird fleißig inszeniert.

Dass lesbischer Sex so populär geworden ist, liegt auch an gesellschaftlichen Entwicklungen. Geschlechtsidentitäten und sexuelle Orientierungen scheinen nicht mehr so sehr in Stein ge-

---

[*] vgl. *Böse Frauen und brave Männer* im Kapitel *Girls just wanna have a choice, sex & fun(damental rights)*

meißelt wie noch vor gut 30 Jahren. Die sexuelle Spielwiese ist offener und größer geworden:

- Fürs Squirten* interessieren sich Feministinnen genauso wie nicht-feministische Pornhub-Nutzer*innen. Auch Jugendliche wissen heute längst, was das ist, und fragen in sexualpädagogischen Workshops, die ich beruflich ja auch abhalte, nach, ob dies denn wirklich funktioniere.

- Flotte Dreier, wie sie noch vor einigen Jahren genannt wurden, Gruppensex und Doublepenetration-Szenarien sind nicht nur gelebte Praxis in irgendwelchen Hippie-Kommunen-Tantra-Fantasien. Sie sind auch Teil von Hardcore-Mainstream-Pornos. Sie sind Inhalt von *Sex-To-do-Listen* in Frauenzeitschriften. Gleichzeitig sind sie auch eine Variante, um polyamouröse Beziehungen sexuell gemeinschaftlich zu leben.

- BSDM war vor 20 Jahren noch ein mediales Nischenthema. Spätestens mit *Fifty Shades of Grey* wurde medial breitenwirksam darüber diskutiert. Heute sind nicht nur Handschellen und Peitschen bekannt und gehören in jeden gut ausgestatteten Haushalt. Heute wissen auch wesentlich mehr Menschen – selbst wenn sie diese Art von Sex nicht praktizieren –, was Sub und Dom** bedeutet. Die Dating-App OKCupid bietet eine Fülle an Fragen an, die sämtliche Spielarten von BDSM und Kinky Sex abdecken.

Sexuelle Tabus weichen sich immer stärker auf. Statt in normal und abnormal einzuteilen, wird über Konsens (beiderseitige Zustimmung) diskutiert: Es ist egal, was beide (oder eben mehrere) miteinander machen, solange alle Beteiligten einverstanden beziehungsweise konsensfähig sind. Kinder oder Schutzbefohlene

---

* So wird die weibliche Ejakulation genannt.
** Abkürzungen für Submission (Unterwerfung) und Dominanz. In der Abkürzung BDSM stecken sowohl diese beiden Begriffe, als auch Bondage & Disziplin, sowie Sadismus & Masochismus. Heute wird auch öfter der Begriff »Kinky Sex« für diese Praktiken verwendet.

gelten als nicht konsensfähig, ebenso wenig bewusstlose oder stark betrunkene Menschen. Auch das Sexualstrafrecht zieht hier langsam, aber dennoch nach.

Wie beim lesbischen Sex wird auch bei den oben genannten Punkten fleißig inszeniert. Sexuelle Praktiken sind von Schmuddelheftchen in klassische Männer- und Frauenmagazine gleich neben die Gesundheitstipps gewandert. Sex in allen Varianten gehört fast zum guten Ton jeder erfolgreichen Netflix- oder Amazon-Serie. Allein der Hype um *Fifty Shades of Grey* war unübersehbar. Auch das Thema Konsens kommt in der medialen Inszenierung vor, was hier durchaus von Nutzen sein kann, wie Debatten rund um #aufschrei und #teamginalisa gezeigt haben.[*]

Wir promoten

Der technologische Fortschritt ermöglicht uns nicht nur, uns selbst zu inszenieren, sondern auch Produktplatzierungen auf eine ganz andere Ebene zu heben. Da wären die Teenage-YouTube-Stars, die mit sogenannten »Hauls« zeigen und bewerten, was sie sich wie und wo gekauft haben. Besonders YouTuberinnen sind mit der Beauty-Schiene erfolgreich. Die Vorstufe dazu bilden Beauty-Games[82] für die Kleinsten am heimischen Tablet. Mit einfachen Bewegungen lernen Kleinkinder, welches Make-up am attraktivsten wirken soll, wie aus »Geeks« hübsche Mädchen werden, und wie Make-up helfen soll, einen neuen Freund zu finden.

---

[*] Unter #aufschrei begannen Frauen 2013, auf Twitter Situationen von Alltagssexismus zu sammeln. Namensgeberin war Anne Wizorek, die seither in zahlreiche Fernsehsendungen eingeladen wurde und 2014 ein Buch zur Thematik veröffentlichte. Das Hashtag verbreitete sich so rasend schnell, dass auch in den Offline-Medien darüber berichtet wurde. #teamginalisa bezieht sich auf die Solidarität, die Gina-Lisa Lohfink online von vielen Frauen erhalten hat, nachdem sie wegen Falschbeschuldigung angeklagt wurde. Rund um das digitale Strohfeuer wurde auch das Strafrecht in Sachen »Nein heißt Nein« in Deutschland wieder neu diskutiert.

Die Apps gibt es in verschiedensten Sprachen und Ausführung ohne viel Raum für Kreativität. Das perfekte Ergebnis bei diesen Kinderspielen deckt sich nicht gerade zufällig mit dem, was wir in Zeitschriften, Pornos und bei erfolgreichen Instagram-Channels wiederfinden und was als besonders attraktiv – oder fuckable – gilt.

Diese Vermischung von Kinderzimmer, Erwachsenensexualität und Fuckability passiert bereits seit Jahren. In Großbritannien musste beispielsweise 2006 die Supermarktkette Tesco ein »Pole Dance Kit« für Kinder aufgrund von massiven Protesten aus dem Verkauf ziehen. Ein Pole Dance Kit für Kinder? Jawohl, ein Pole Dance Kit für Kinder! Nicht nur Porno ist Teil der Popkultur geworden. Die Popkultur wird stärker Teil der Kindheit.

Vorbei ist die Zeit der freien Farbauswahl in Kinderbekleidungsgeschäften, der neutralen Latzhosen und des neutralen Lego. Es gibt eine klare (marktwirtschaftliche) Trennung in Mädchen- und Jungenartikel. Unisex-Varianten müssen bewusst gesucht und meistens auch höherpreisig bezahlt werden. Das gilt für Spielzeug und ebenso für Bekleidung. Eltern, die es sich leisten können, zahlen mehr, weil gerade neutrales und hochwertiges Spielzeug ohne die Mädchen-Markierung Rosa auskommt. Neutrale Kinderkleidung, die auch Geschwister eines anderen Geschlechts nachtragen können, ist ebenfalls vermehrt bei teureren Anbietern zu finden. Wer es sich gar nicht anders leisten kann, dem bleiben nur die Billigketten, in denen Rosa vs. Dunkel regieren. Weil Sohn und Tochter von vielen nicht zugemutet wird, dieselbe Kleidung zu tragen, weil sie durch Farbe und Motive schon einem Geschlecht zugeordnet ist, zahlen die Eltern doppelt. Für jedes Kind ein eigenes Produkt. Die, die es sich leisten können, zahlen wiederum für die »neutrale« Wahlfreiheit.

Was Männlichkeit und Weiblichkeit ausmacht, wird schon für Babys festgelegt. So gibt es Schleifen, die auf Babyköpfe geklebt werden, wenn das kleine Mädchen nicht mit natürlicher Lockenpracht gesegnet ist. Babybodys werden verkauft, die ganz deutlich klarstellen, wer mal »Future President«, »Big Boss« oder »Little Princess« wird. Schnulleraufschriften setzen ebenfalls beim Alter null an. Von »Drama Queen« bis »Bad Boy« ist alles vorhanden. Die neutralen Versionen in Gelb, Grün, Orange, ohne eindeutige Klischee-Symbole, müssen erst einmal im Drogeriemarkt aufgespürt werden. Im Kleinkindalter zeigen dann tailliert geschnittene Regenjacken für zweijährige Mädchen* und muskelgestählte Spiderman-Kostüme für den Fasching, wo die Reise hinführen soll, noch bevor unsere Kleinen das erste Mal den Kindergarten betreten haben. Sie wissen längst, wie sie einmal begehrenswert sein werden, auch wenn sie es nicht formulieren können; ja, noch nicht einmal wissen, was Begehren überhaupt bedeutet. Doch wir haben sie bereits ihre ersten Lebensjahre hinweg mit stereotypen Bildern gefüttert, gelobt fürs »Stark«- oder »Hübsch«-Sein und damit ihr Bild davon geformt, wie die Welt funktioniert. Das, was sie umgibt, nehmen Kinder als Realität und Normalität hin – genau wie die Verhaltensregeln und Umgangsformen in der eigenen Familie erst viel später hinterfragt oder reflektiert werden. Babys und Kleinkinder sammeln erst mal nur Informationen und ordnen zu. Sie bewerten nicht, lernen allerdings, sich so zu verhalten, dass sie möglichst positive Bestätigung für ihr Verhalten ernten.

Wenn nun im Supermarkt ein Pole Dance Kit inklusive Spielgeld erhältlich ist, vorzugsweise in kräftigem Pink, dann bietet das Kindern schlichtweg die Information: Das ist etwas, was Frauen tun und was Spaß macht. Wozu sollte es sonst in der Spieleabteilung stehen? Das, was Pole Dance für Erwachsene bedeutet, können sie noch nicht erahnen. Genauso wenig, dass die Zeichentrickhelden unserer Kindheit ein paar Kilos mehr auf den Hüften

---

* Mein Sohn kam in den Genuss einer solchen, da die betreffende Jacke als einzige im einschlägigen Allerwelts-Kindermodengeschäft nicht einfarbig war, sondern mit rötlichen Früchtchen aufwarten konnte, was ihm sehr zusagte.

hatten. »Mein kleines Pony«, Pumuckl, Heidi, Biene Maja und Bob der Baumeister wurden einer Schlankheitskur unterzogen. Es erschließt sich mir nicht, warum Bienen und Pferde eine Diät brauchen, die ihnen ungewöhnliche Körperproportionen beschert und sie teils sogar sexualisiert. Die kleinen Ponys verfügen mittlerweile über einen unterdurchschnittlich kleinen Rumpf mit betontem Minipopo und Beinen dazu, die an Schlaghosen erinnern. Dafür sind die Kulleraugen umso größer. Dadurch entsteht ein Körper, der stark weiblich und vor allem menschlich stilisiert ist. Why? Heißt es nicht »Mein kleines Pony« statt »Meine kleine in ein Pferd transformierte Bitch«?

Kulleraugen und Schlafzimmerblick haben auch die Puppen von Bratz großartig drauf. Gegen deren Figur war Barbie noch vergleichsweise anatomisch korrekt. Der überproportional riesige Kopf sitzt nur mehr auf einem Gerippe. Die Püppchen von Monster High stehen dem ebenfalls in nichts nach. Riesige Köpfe mit überdimensionalem Augenaufschlag – der Rest gleicht einem Skelett in kürzesten Röckchen. Ob Puppen generell der realen Anatomie entsprechen müssen, darüber lässt sich streiten. Ich selbst habe Barbies geliebt und mit ihnen auch genau das gemacht, was diesen gelenkigen Puppen von heute skandalös unterstellt wird: Sexstellungen nachgespielt. Missionarsstellung geht schließlich immer. Hey, es lief auch *Eis am Stiel* im Fernsehen! Die Möglichkeiten finde ich persönlich nicht erschreckend. Mit gelenkigen Puppen kann auch geklettert oder Yoga gemacht werden. Muss ja nicht unbedingt mit Sex zu tun haben.

Allerdings sind die Posen, die in der Werbung für Bratz- und Monster High-Puppen verwendet werden, hochgradig sexualisiert und spiegeln 80 % der Körperhaltungen von jungen Frauen in Magazinen, Pornoteasern und auf Selfies im Netz wider. Hier verschwimmen die Grenzen zwischen Porno, Pop und Kinderzimmer. Das Problematische ist also nicht das reine Vorhandensein solcher Spielzeuge, sondern der Rahmen, in den sie gesetzt werden. Barbie hatte auch schon vor 20 Jahren einiges an Kritik einstecken müssen – wegen ihrer unrealistischen Körperformen. In sexy Pose wurde sie allerdings nie beworben. Verführerisch war sie nie. Barbie-Werbung war früher eindeutig kindlich geprägt. Bratz und Monster High unterscheiden sich in ihrer Bildsprache heute kaum von erwachsenen Bildwelten. Die Posen sind immer dieselben: egal ob Bratz-Puppen, Sportler*innen, Promis oder stinknormale Selfies. Der halb offene laszive Mund, der gestreckte Po, der betonte Busen, der devote Blick, der schräg gelegte Kopf, das wallende Haar. Bei Darstellungen von Frauen in Werbespots nur für sich betrachtet, muss gefragt werden: Geht es hier um Unterwäsche, Joghurt, Kinderspielzeug oder Erotikseiten? Genau hier liegt die Krux. Die Übergänge zwischen kindlicher und erwachsener Werbewelt werden fließender. Wer einmal begehrt werden will, muss früh anfangen. Fuckability will gelernt sein und sickert schon von klein auf ins Bewusstsein. Deshalb darf es auch gar nicht mehr verwundern, wenn die *Playboy*-Bunnies mittlerweile als Symbol auf Kinderkonsumartikel gedruckt werden und Bekleidungsfirmen arglos Stringtangas für Fünfjährige und Kinder-T-Shirts mit Slogans wie »When I'm bad I'm very, very bad, but when I'm in bed I'm better«[83] anbieten.

Sexyness ist Mainstream geworden. Von Schminkset für Kleinkinder bis zum GILF*-Porn. Wir finden den Aufruf zum Sexappeal nahezu in jeder Altersspanne. Nicht immer kommen diese ganz offensichtlich daher. Yoga-Pants zum Beispiel. Sie sind ein hervorragendes Beispiel für die Vermischung von Porno-, Mode-, Fitnesstrends und Fuckability. Schon lange werden sie nicht mehr nur als bequeme Kleidung für den Sonnengruß auserkoren. Leggins und Yoga-Pants bilden mittlerweile das jahresumspannende

---

* Granny I'd like to fuck – angelehnt an die Bezeichnung MILF. Spannenderweise nutzen diese Genres – laut Pornhub-Auswertung von 2016 – vor allem Männer im Alter der MILFs beziehungsweise GILFs.

Pendant zum Bikini. Denn im Grunde verhüllen sie nichts, sondern packen einfach nur ein bisschen Farbe auf den Körper. Sie werden in allen erdenklichen Situationen getragen – zum Sport, zum Ausgehen, zur Arbeit. Der Po wird nicht mehr bedeckt, sondern selbstbewusst präsentiert.

Während Anfang der 90er-Jahre noch Pamela Andersons Busen die Fantasie vieler Männer beflügelte, sind Brüste etwas ins Hintertreffen geraten. Statt Brustimplantaten ist die Formung des perfekten Hinterns das Ziel der Stunde. Knackig soll er zwar sein. Aber wenn sich jemand den Hype um Kim Kardashians Hinterteil genauer ansieht und den Aufstieg des »Twerking«-Trends*, wird klar, dass sich da auch einiges bewegen darf. Auch Fitness-Selfies mit Yoga-Pants und dem Po im Vordergrund haben Hochsaison. Nicht zuletzt wurden die knappen Hosen in den Reigen der Pornokategorien aufgenommen. Möglicherweise besteht auch ein Zusammenhang zwischen dem Fokus auf die weibliche Rückseite und der Gleichstellung von Analsex und vaginalem Sex in Mainstream-Pornos; who knows? Spannenderweise werden Yoga-Pants auf den Webseiten mancher plastischer Chirurgen gar als Grund für die operative Veränderung der äußeren Schamlippen angegeben.[84] Pornhub konnte 2015[85] in der Auswertung seiner Yoga-Schlagwortsuchen einen massiven Anstieg im Interesse der Nutzer*innen feststellen, nachdem eine Yoga-Orgie online ging. Der Suchbegriff »Yoga pants« ist auf Pornhub zumindest populärer als »Naked yoga«. Die Social-Media-Plattform Instagram wird überschwemmt von Yogis, die an spektakulären Orten ihre Beine in die Luft strecken – besonders beliebt am Strand – und dabei ein bisschen Inspiration für ein einfaches und besseres Leben verbreiten wollen. Oder auch nur Werbung für Sportbekleidung

---

* Twerking beschreibt einen Tanzstil, bei dem vor allem am Hintern alles wackelt, und stammt aus dem Hip-Hop-Genre und wird oft mit afrikanischen Tänzen verglichen. Vgl. dazu auch das Thema Miley Cyrus im Kapitel *Sexy ja, MILF nein.*

machen. So ganz klar ist das nicht immer (hier sind wieder die *Social Influencer* am Werk). Yoga Pants scheinen plötzlich der Missing Link zu sein zwischen:

- Öko-Hippies, für die der Sonnengruß schon seit 30 Jahren so selbstverständlich ist wie TCM* und Humus,
- den ständig mit ihrer Selbstoptimierung beschäftigten Millenials, die Fitness, Wellness, Selbstfindung und Lifestyle so praktisch kombinieren können,
- den weiblichen Teenagern, die ihre sexuelle Attraktivität austesten wollen,
- den männlichen Erdenbürgern, die gerne auf Hintern starren,
- den Müttern, die sich nach der Bekanntschaft mit Schwangerschaftshosen kaum noch etwas Bequemeres vorstellen können als Leggins und ohnehin zum Mutter-Kind-Yoga eilen,
- der Textilindustrie, die ständig neue spektakuläre Muster auf Beine und Hintern der Trägerinnen zaubert sowie Bauchspeck und Arschritzen auf wundersame Weise mit dieser Erfindung in allen Positionen verschwinden lässt
- und, nicht zu vergessen, denjenigen, die sich im stillen Kämmerlein vorm Bildschirm einen runterwedeln, nachdem sie die magischen Worte »Yoga pants« per Tastatur ins Netz gesendet haben, mit der Hoffnung auf Erfüllung ihrer Fantasien.

Ganz egal aus welcher Perspektive und von welcher Zielgruppe genutzt wir diese elastischen Hosen betrachten, sie bleiben geil. Ob Verrenkungen damit ausgeführt werden oder nicht. Genauso wenig wie Pole Dance einfach nur Akrobatik ist, sind Yoga Pants einfach nur Hosen für den Sport.

Es braucht nicht zu verwundern, dass diejenigen, die sich tatsächlich professionell der sportlichen Ertüchtigung verschreiben, dieser Aufmerksamkeits-Industrie ebenfalls nicht entkommen. So zierten

---

* Traditionelle Chinesische Medizin

Spielerinnen der deutschen Fußballnationalmannschaft 2015 auch eine Ausgabe des *Playboys*. Von starken selbstbewussten Posen war natürlich freilich nichts zu sehen. Stattdessen Pornobild-Rhetorik. Kompetenz und Intelligenz mag in anderen Bereichen genügen. In der Unterhaltungsindustrie – und ganz privat – müssen wir schon ein Schäuflein Sexyness drauflegen, um am Ball zu bleiben.

Wir vermessen also unsere Körper, wir inszenieren sie bewusst nach Schema F, und wir tragen die Ideen davon an unseren Nachwuchs weiter und in die Welt hinaus. Mit »Wir« meine ich die Gesellschaft. Wir tragen alle unseren Teil dazu bei. Bewusst oder unbewusst. Auch jene, die keinen Kommentar dazu abgeben, die sich vielleicht in ihrer eigenen kleinen Filterblase gar nicht davon betroffen fühlen. Aber wie das mit unbeteiligtem Publikum so ist, bedeutet Schweigen auch eine Art von Zustimmung. Wie im Auge eines Hurrikans schlummert die Fuckability in der Mitte des Gesamtprojekts Vermessung-Inszenierung-Promotion. Für viele unbemerkt übt sie Einfluss aus auf eine Vielzahl von Wirtschaftszweigen, technologische Entwicklungen, Menschen, die an all dem jobtechnisch mitarbeiten, aber auch auf persönliche Biografien. Dieses Gesamtprojekt ist ein Prozess, der unseren aktuellen Lebensabschnitt kennzeichnet, aus dem wir nur schwer aussteigen können. Natürlich können wir ein Profil auf Facebook und Instagram verweigern. Wir können unsere Körperwaagen wegschmeißen und nur in gammligen Jogginghosen herumlaufen. Das würde jedoch nichts an den Entwicklungen rund um uns herum ändern. Wir könnten uns der Fuckability verweigern, und trotzdem würden wir von unseren Partnern und Partnerinnen begehrt werden und die Person im Spiegel halbwegs attraktiv finden wollen. Egal wofür wir uns entscheiden, es klingt anstrengend. Vielleicht sollten wir uns lieber auf die nächste Staffel einer Netflix-Serie konzentrieren, um uns von den Strapazen der realen Welt zu erholen. Auch dort können wir der Inszenierung und der Fuckability wieder nicht entgehen. Damn it.

Wir bewerten

Wenn wir in die Vergangenheit blicken, fällt es uns oft viel leichter zu erkennen, wie sich was entwickelt hat; wo Zusammenhänge bestehen. Stecken wir jedoch mittendrin, wird die Sache schon etwas schwieriger. Mit der MILF ist das ebenso. Während die einen schon seit Jahren Pornos aus diesem Genre gucken, haben die anderen – oft die betreffende Gruppe, nämlich Mütter Anfang 40 – noch nicht mal diesen Begriff gehört. Gleichzeitig spüren sie den zunehmenden Druck der Gesellschaft, »trotz« aufrechter Partner- und Elternschaft auch für das Umfeld (sexuell) attraktiv zu bleiben. Das persönliche Empfinden torkelt irgendwo zwischen »Jetzt muss ich das auch noch!« und »Das mache ich nur für mich, damit ich mich in meinem Körper wohlfühle«. Die Zuschreibungen von außen pendeln wiederum zwischen »Die lässt sich doch total gehen« und »Geile MILF!«. Porno-MILF, Popkultur-MILF und reale Mütter reichen sich, wie anfangs schon beschrieben, die Hand und beeinflussen sich gegenseitig. Das Ansteigen des Fuckability-Faktors spielt dabei eine gewichtige Rolle. Zu sagen, dass es seit jeher Schönheitsideale gegeben hat, denen viele gefolgt sind, greift zu kurz. Bemerkenswert ist nämlich nicht nur die Altersspanne, auf die sich der Fuckability-Faktor heute erstreckt, sondern auch was mit jenen passiert, die die aktuelle Schönheitsnorm verweigern.

Auch hier unterstützt das digitale Zeitalter hervorragend, indem es jedem und jeder ermöglicht, seine Abscheu anonym und schriftlich in Kommentarform in sämtlichen Social-Media-Kanälen kundzutun. Das plakativste Beispiel, bei dem die Emotionen unglaublich hochgehen, ist die weibliche Körperbehaarung. Durch die fast permanente Abwesenheit von weiblicher Schambehaarung in der Mainstream-Pornografie der letzten 15 Jahre hat sich ein Selbstverständnis der Haarentfernung eingeschlichen. Eine Studie der Universität Leipzig von 2009 zeigt, dass sich 97 % aller

Frauen die Körperhaare entfernen (zwischen 18 und 25 Jahren sind es 88 %). Von den 11- bis 17-Jährigen immerhin 65 %. Bei den Männern sind es insgesamt 79 %.[86] Wagt es dann eine Frau, sich öffentlich zu Achsel-, Bein- oder Schambehaarung positiv zu äußern, ist der Scheiterhaufen nicht weit. So ließ auch der Shitstorm auf Arvida Byström, Model und Fotografin, die 2017 für die Adidas-Superstar-Kampagne posierte, nicht lange auf sich warten. Ihre Beine waren unrasiert, also waren Vergewaltigungsdrohungen die Folge und fluteten ihre Social-Media-Kanäle[87].

In Bezug auf Intimfrisuren werden hochmoralische und emotionale Debatten darum geführt, was hygienischer oder natürlicher sei, was die alten Griechen und Ägypter schon gemacht hätten, und dass es doch bitte »aufgeräumt« sein sollte für den Oralverkehr.[*] Klingt sehr nach Effizienz und Optimum in einer Gesellschaft, die durch Leistungsdruck und Burnouts geprägt ist. Als hätten wir uns alle gemeinsam auf einen Schönheitskonsens eingeschworen, müssen wir umso stärker verbal gegen jene vorgehen, die sich nicht an unseren Anspruch von Attraktivität halten. Aber ganz ehrlich, was geht es mich an, was jemand anderes, mit dem ich ohnehin nicht schlafe, mit seiner Körperbehaarung tut? Nada. Niente.

Kirsten Fuchs schreibt auf *Zeit Online*: »Wieso kann man nicht einen Körper sehen und einfach denken: Aha? Oder gar nichts. Und nicht: Will ich ficken, will ich nicht ficken. Leben ist nicht Tinder. Wir sind nicht auf der Welt, um attraktiv gefunden zu werden. […] Allen Menschen dürfen Haare aus der Haut wachsen, ohne dass sie sich schämen müssen. Und niemand muss aussehen, als wäre nie im Leben etwas mit diesem Körper passiert.«[88]

---

* Übrigens auch oft für den*die Frauenarzt*Frauenärztin. Da die Untersuchung allerdings vor allem Vagina, Eierstöcke und Gebärmutter betrifft und diese Organe alle innenliegend sind, spielt es keine Rolle, wo außerhalb Haare wachsen. Für einen Frauenarztbesuch muss eine nicht sexy sein. Der Arzt braucht während des Krebsabstrichs ja nicht geil zu werden. Das mag eine Pornofantasie sein, die filmisch hin und wieder umgesetzt wird. Aber im Real Life ist das doch höchst creepy und problematisch.

Und was geht es mich bei der Person an, mit der ich schlafe? Tja, im Grunde auch nichts. Entweder finde ich sie scharf oder nicht. Her/his body, her/his choice. Wozu also all der Lärm? Woher all das Unwohlsein und die Schamhaftigkeit rund ums Thema? Wie viele Frauen sind denn wirklich stolz auf ihre Vulva und würden sie mit ähnlicher kindlicher Begeisterung aus dem Höschen befreien und präsentieren wie so mancher Mann mittels Penispropeller? Wieso sind Frauen plötzlich so verdammt unsicher, wenn es um ihre Genitalien geht, dass sie sich zunehmend diese freiwillig zurechtschnippeln* lassen, obwohl sie doch erst gegen weibliche Genitalverstümmelung protestiert haben? Schauen wir's uns an:

Online gibt es lustige Grafiken darüber, dass seit den 70er-Jahren die Behaarung untenrum bei Frauen weniger wurde, bei den Männern dafür proportional im Gesicht zunahm. Körperbehaarung löst immer wieder große Diskussionen in den Kommentarspalten der sozialen Medien aus, seit die weibliche Schambehaarung nur mehr ein Nischendasein unter den Pornokategorien fristet. Manche rufen zwar mittlerweile ein Comeback von Achselhaar und Busch aus, doch die Mehrheit geht lieber noch mal mit Wachs, Rasierer oder Intim-Trimmer drüber, bevor der neueste Trend dann doch noch nicht beim Gegenüber angekommen ist.

Denn genauso wie ein möglichst großer, dicker Penis regiert am Porno-Bildschirm die blanke Vulva, die in sehr vielen Fällen wie ein kleines Brötchen aussieht. Die Vielfalt der Venuslippen fällt genauso dem Casting zum Opfer wie die Vielfalt der Penisse. Was nicht passt, wird passend gemacht. Mit Schminke im Genitalbereich, mit Anal-Bleaching und für Nicht-Pornodarstellerinnen auch häufiger: mit Operationen im Genitalbereich. Damit alles

---

* Intimchirurgische Eingriffe bei Frauen haben in den letzten Jahren deutlich zugenommen. Auf den nächsten Seiten gehe ich detaillierter auf dieses Thema ein.

schön klein, fein, handlich und überschaubar bleibt. Jetzt, wo wir alles sehen.

Der Leipziger Medizinsoziologe Elmar Brähler meint, es gäbe gar einen »Gestaltungsimperativ« im Schambereich. Dadurch sei das mit der Wahlfreiheit hinfällig. Die Entscheidung stünde schon längst fest.[89] So verwundert es nicht, dass ständig neue Produkte auf den Markt kommen, die das letzte Optimum noch hervorkitzeln. Für Männer dreht es sich hier meistens um Penisvergrößerung, für Frauen gibt es beispielsweise einen Highlighter für die Vulva.[90] Das Unternehmen The Perfect V lässt endlich mit seinem »Luminizer« die Schamlippen strahlend leuchten und weicher machen. Klar, trockene und spröde Haut ist ja auch wirklich ein gängiges Problem in den Feuchtgebieten. Und wer wollte nicht schon mal in einem zarten Farbton unterrum schimmern? Jahrelang sind meine Gedanken nur um dieses Thema gekreist.

Nicht.

Für immer mehr Frauen drehen sich die Gedanken allerdings um Operationen im Intimbereich. Denn ganz egal, was einer*einem jetzt persönlich gut gefällt und welche Gründe für das Pro und Contra genannt werden, es verzeichnet sich ein Trend, dass intimchirurgische Eingriffe ansteigen. Absolute Zahlen werden von der Deutschen Gesellschaft für ästhetisch-plastische Chirurgie nicht verkündet, weil viele Mediziner*innen auch ohne fachärztliche Ausbildung diese Operationen vornehmen. Die International Society of Aesthetic Plastic Surgery sprach zumindest 2015 von weltweit knapp 150.000 intimchirurgischen Operationen, davon wurden 6000 in Deutschland durchgeführt.[91] Die Zahlen beziehen sich auf Operationen von Chirurg*innen. Wie viele Eingriffe von Gynäkolog*innen, Dermatolog*innen oder im Zuge der Nachsorge einer Geburt durchgeführt wurden, ist unbekannt. Operiert wird vor allem an den Schamlippen. Größere äußere Lippen werden auf die Porno-Brötchen-Größe zurückgestutzt. Der G-Punkt kann aufgespritzt werden. Helfen soll das beim Sex, bei der Hygiene, der Gesundheit und im Alltag. Endlich sei Radfahren kein Problem mehr. Yoga-Pants auch nicht. Die Werbetexte erscheinen auf den Webseiten der Anbieter und in bezahlten Artikeln in Lifestyle-Magazinen. Darin wird unterstellt, dass generell alle Frauen ein Problem mit ihrer Vulva hätten und die Intimchirurgie sie davon befreie. Forscherin Waltraud Posch sieht diese Formulierungen als wichtiges Stilmittel der »Propaganda für Körperunzufriedenheit«, in dem einerseits ein attraktiver Nutzen hervorgehoben und andererseits so getan wird, als würde eine Mehrheit an ihrem Körper leiden und deshalb selbstverständlich zum Messer greifen. Danke, medizinische Errungenschaft.[92]

Trotz Pornos und FKK gibt es wenig Wissen unter Frauen darüber, wie unterschiedlich groß Labien* eigentlich sind und in wie vielen Formen sie existieren. Daher tauchen in den letzten Jahren auch vermehrt Fotoprojekte[93] auf, um diese Vielfalt sichtbar zu machen; um Frauen zu zeigen, dass sie durchaus »normal« sind und es an sich kein Problem gäbe, außer natürlich, sie haben wirklich mit körperlichen Einschränkungen zu tun. Die meisten Einschränkungen beginnen allerdings im Kopf. Was das weibliche Geschlecht betrifft, ist das auch kein Wunder. Kaum ein Körperteil wurde quer durch die Geschichte so zugerichtet und mit Scham bedacht. Wie groß die Unsicherheit von vielen Frauen auch in langjährigen Beziehungen ist, macht ein virales Video von Bloggerin und Autorin Layla Martin[94] mit dem Titel *Your Vagina Is More Beautiful Than You Think* deutlich. Wie wenig Selbstbewusstsein und Wissen wir im Umgang mit unserer Vulva haben, zeigt sich ebenfalls daran, dass wir ständig die falschen Begriffe (z.B. Vagina, Scheide) verwenden, wenn wir eigentlich etwas anderes (Vulva)

---

* Lateinischer Begriff für Schamlippen.

meinen.* Auch Layla Martin begeht diesen Fehler mit dem Titel ihres Videos.

Statt Stolz verbinden wir mit diesem Körperteil Scham. Statt selbstbewusst damit zu prahlen, sehen wir in ihm gesellschaftlich vor allem etwas, das benutzt, be- oder entwertet wird. Die Vulva steht im kollektiven Gedächtnis des 21. Jahrhunderts nicht gerade für Kraft, Potenz oder Fruchtbarkeit. Eher wird damit Zerbrechlichkeit, Verwundbarkeit assoziiert. Auch das Bild des Schmetterlings oder der Blüte sind da wenig hilfreich. Schön ja, aber nicht gerade Pussy Power. Stattdessen werden Schwanzvergleiche angestellt, Pimmel auf Plakatwände geschmiert, und mit einem Selbstbewusstsein sondergleichen pissen alkoholisierte und nicht alkoholisierte Männer an Hauswände, Bäume, Autoreifen und Büsche im öffentlichen Raum. Der Penis ist präsent, ganz egal, ob er die viel propagierten Idealmaße für sich verbuchen kann oder nicht. Das kann man immer noch mit Autos, Rolex und scharfen Bräuten kompensieren. Von Frauen hingegen werden selten Sprüche in Wirtshäusern vernommen à la: »Ex oder Schamlippen auf den Tisch.« Anatomisch korrekt gezeichnete Vulven, die auf irgendwelche Plakatgesichter squirten, sind mir ebenfalls noch nicht untergekommen. Ebenso wenig erleichtern Frauen sich deutlich sichtbar am Straßenrand oder abends nach dem Fortgehen an irgendeiner Hausecke. Trotz kleinerer Blase und langen Schlangen vor den Frauen-WCs dieser Welt verfolgen sie keinerlei pragmatischen Ansatz, einfach in die Gegend zu pissen. Und wenn sie mit der Beschaffenheit ihrer Labien unzufrieden sind, dann kompensieren sie das auch nicht mit teuren Autos, Uhren oder heißen Jünglingen. Eher schämen sie sich in Grund und Boden, fühlen sich unsicher oder legen sich unters Messer. Damit wird der

---

* Vagina und Scheide statt Vulva. Vagina beziehungsweise Scheide bezeichnen nur das Innere. Vulva das gesamte äußere Geschlecht inkl. Klitoris, Harnröhrenöffnung, innere und äußere Schamlippen und die Vagina.

Sex allerdings auch nicht besser werden. Selbst eine G-Punkt-Aufspritzung wird dem Orgasmus nicht dienen können, wenn sich eine Frau beim Sex nicht fallen lassen kann. Vertrauen und Selbstsicherheit wiegen mehr als Technik. Das ist leicht gesagt, wenn die Werbung anderes verspricht.

Um positive kraftvolle Vorbilder zu finden, müssen wir schon tief in der Geschichte der Fruchtbarkeitsgöttinnen graben. Dabei fürchten wir uns fast ein bisschen vor der Venus von Willendorf, die sich sicherlich nicht die Intimbehaarung entfernt hat, über sichtbare Labien verfügt und neben riesigen Brüsten auch noch schön dicke Oberschenkel, einen ausgeprägten Bauch und Po mitbringt. Sie symbolisiert Fruchtbarkeit und stammt aus einer Zeit, in der dies ganz selbstverständlich mit Sexualität gleichgesetzt wurde. Vermutlich haben die realen Entsprechungen der Venus auch noch laut gelacht, waren wollüstig und hatten Spaß am Sex. Alles Merkmale, die in der Mainstream-Porno- und Sexkultur nicht gerade flächendeckend vertreten sind. Stattdessen regiert die Scham, die sich auf körperliche und schließlich sexuelle Unzufriedenheit auswirkt.[*] In der Praxis wird aber auch der fadeste oder liebloseste Sex mit der Attraktivität der handelnden Personen nicht besser. Das angeknackste Selbstbewusstsein und die Rahmenbedingungen drum herum werden eben nicht mitoperiert.

Bis wir als menschliche Wesen an den Punkt kommen, an dem wir unsere Erwachsenensexualität entdecken und ausleben, geschehen viele andere Entwicklungen, die alle ihren Teil dazu beitragen, wie sich Sexualität für uns gestaltet. Unsere Erfahrungen mit Nähe beruhen auf unserer frühkindlichen, sensorischen

---

[*] Anna-Katharina Meßmer veröffentlichte 2017 eine Doktorarbeit über den Trend der Intimchirurgie. Sie befasste sich darin besonders mit den Selbstinszenierungs- und Kundenakquisestrategien von Schönheitschirurginnen und Schönheitschirurgen in Deutschland und welches Bild vom weiblichen Körper sie vermitteln. Die Operationen stünden dabei in engem Zusammenhang mit körperlicher und sexueller Unzufriedenheit. In einer Studie von Kluge, Hippchen und Fischinger von 1998 gaben immerhin von 1.400 Deutschen 65 % an, dass die eigene Schönheit eine wichtige Voraussetzung für ein erfülltes Sexualleben sei.[95]

Entwicklung: Die Art und Weise, wie unser Körper von anderen wahrgenommen wurde, wie unsere grundlegenden Bedürfnisse erfüllt wurden oder auch nicht, ob wir uns mit unserem biologischen Geschlecht wohlfühlen und was wir uns darüber denken. Das alles übt Einfluss auf unser sexuelles Erleben aus. Ob die inneren Labien nun größer sind oder nicht, wird in den wenigsten Fällen irgendetwas beeinflussen – außer in unseren Köpfen.

Und genau an dieser Stelle ist so einiges verankert, was Frauen davon abhält, sich als freie sexuelle Wesen zu begreifen. Immerhin brodeln Jahrhunderte voller Bestrafung für selbstbestimmte Sexualität in unserem kollektiven Bewusstsein. In einigen Ländern der Erde ist heute noch weibliche Genitalverstümmelung eine gängige Praxis. In der westlichen Welt scheinen wir uns ebenfalls noch wenig mit unserer Yoni[*] angefreundet zu haben, wenn wir Plattformen wie OMGyes[96] brauchen, die uns erklären, wie Frauen sich selbst zum Orgasmus bringen können, weil Selbstbefriedigung von Frauen außer im Pornokontext stark tabuisiert ist. Es gibt nicht mal wirklich ein Vokabular für die weibliche Masturbation, während sich Jungs und Männer einer unglaublichen Fülle von Synonymen bedienen. Von »wichsen« über »runterholen«, »von der Palme wedeln« bis zu »den Lachs buttern« ist alles Mögliche dabei. Und wie viel fällt uns für Frauen ein? »Es sich machen«? Na bravo.[97]

Das, wofür es keine Worte gibt, existiert scheinbar auch nicht. Umso schöner sind die Kommentare zu den Reviews[98] von OMGYes, einer Plattform, die verschiedene Techniken der weiblichen Selbstbefriedigung zusammengetragen hat. Plötzlich wird klar, dass viele über ähnliche Erfahrungen mit ihrem Körper verfügen und dass alles daran ganz normal ist. Vermutlich würde vielen Frauen die Investition für dieses Webpaket um 29 Euro eine chirurgische Behandlung ersparen. Statt eines Experten, der viel

---

[*] Begriff aus dem Tantra für Vulva.

Kohle mit der Unsicherheit von Einzelnen verdient, bietet hier nämlich das zusammengetragene Wissen von immerhin 2000 Frauen Hilfe zur Selbsthilfe.

Und wenn wir schon von Orgasmen sprechen: Seit der Feststellung, dass Frauen orgasmusfähig sind, sollen diese in möglichst vielfältiger Weise zum Höhepunkt kommen – klitoral, vaginal, am G-Punkt, am besten multipel! Naomi Wolf beschreibt in ihrem Buch *Vagina* eindrücklich die Verstrickungen zwischen medizinischen Erkenntnissen, psychologischen Strömungen und gesellschaftlichen Zuschreibungen anhand der Kulturgeschichte des weiblichen Geschlechts.[99] So wurde zum beispielsweise die Klitoris lange ignoriert, weil Freud die Vagina für die weibliche Lust als wichtiger interpretierte. Dann wiederum wurde die Klitoris in der Literatur hochgelobt und über besondere Stimulierungsformen geschrieben. Der vaginale Orgasmus galt als überholt. Bis Anfang der 80er-Jahre dann der G-Punkt die Diskussion um die Vagina wieder anheizte. Durch die Mainstream-Pornografie ist Squirting neuerdings der »heißeste Scheiß«. Einfach nur Spaß haben am Sex und sich der Lust hingeben? Nö, geht nicht. Da wären wir ja schon wieder bei der selbstbestimmten Sexualität.

Im Grunde sind sowohl Vagina als auch Klitoris Teil desselben Nervensystems. Kulturell wurden sie jedoch wiederholt mit verschiedenen Bedeutungen aufgeladen und hatten dadurch auch direkte Auswirkungen auf das sexuelle Erleben von Frauen und das, was als Standard oder Ziel galt. Denn wenn multiple Orgasmen, weibliche Ejakulation, klitorale Orgasmen und G-Punkt nicht nur wissenschaftlich, sondern auch medial aufbereitet werden, dann möchte frau dies schon auch erleben beziehungsweise Partner oder Partnerin das auch ermöglichen können. Immerhin sind wir doch alle unseres Glückes Schmied. Anleitungen dazu bieten die zahlreichen Sex-Ratgeber. Im Zeitalter des Neoliberalismus kann alles optimiert werden. Wenn's nicht klappt, kann operativ nachgeholfen werden. Es reicht nicht mehr, nur Spaß am Sex zu haben

– jetzt wo Frauen diese Lust endlich zugestanden wird. Nein, jetzt muss dieser Spaß auch noch auf alle erdenklichen Arten reglementiert und auf einer Checkliste abgehakt werden. Stress für beide. Auch Männer stellen mit diesen Anforderungen ihre »Qualitäten« infrage. Ist mein Penis wohl groß genug? Kann ich's ihr wohl besorgen? Bin ich ein guter Liebhaber? Bringe ich's im Bett? Klingt nicht nach sexueller Befreiung, sondern nach Leistungsschau.

Pornos mit ihrem Hochleistungsgerammel legen die Latte nur höher. Sex-Ratgeber wie Lou Pagets Bestseller *Die perfekte Liebhaberin* (2000) stimmen in den Reigen mit ein. Die Autorin gibt darin den Leserinnen mit auf den Weg, dass diese zwar Entscheidungsfreiheiten hätten, ob sie Sex wollten oder wie sie ihn wollten, aber ganz ehrlich wäre Sperma schlucken schon antörnender für ihn. Einfach trotzdem Sex zu haben – der Liebe wegen –, auch wenn eine Frau gerade gar keine Lust darauf hat, würde ebenfalls die sexuelle Beziehung beleben. Die weibliche Lust interessiert scheinbar nicht. Eine Porno-Kategorie wie MILF ist da nur logisch: Die männlichen Konsumenten entscheiden, wer scharf genug ist, trotz Alter gevögelt zu werden. Die Muttis im Real Life dürfen sich infolge drüber freuen, verbal mit dem Titel MILF gehuldigt zu werden. MILF-Status statt Muttertagsgedicht fürs brave Mitmachen.

Wir können nicht nicht kommunizieren

Im Grunde scheint es egal, was wir tun. Ob wir uns für uns selbst sexy aufbrezeln oder weil es von uns erwartet wird, ob wir dafür Lob ernten oder Kritik. Wir sind immer Projektionsfläche für irgendetwas.

Nehmen wir das Beispiel »Pole Dance«. Der Pole Dance, der eigentlich aus der chinesischen Zirkusakrobatik stammt und jahrelang im Rotlicht-Milieu verstaubte, wurde in den letzten Jahren in die Fitness-Studios geholt, um den Frauen zu mehr Stärke und positivem Körperbewusstsein zu verhelfen. Mit Slogans wie »Den inneren Vamp rauslassen – im sexy Style der Stripperin«* wird für ein neues Lebensgefühl geworben. Auch ich bin diesem Ruf schon gefolgt. Allerdings um endlich meine Versäumnisse des schulischen Turnunterrichts nachzuholen und mich wenigstens einmal im Leben an einer Stange hochziehen zu können. Ich hab's geschafft – mit viel Spaß und einem ordentlichen Muskelkater. Und ja, das mit dem positiven Körperbewusstsein hat durchaus geklappt. Mit Erotik hat die Performance der meisten Pole-Dance-Anfängerinnen – mich eingeschlossen – herzlich wenig zu tun. Es geht ja auch um das Fitness-Image.

Trotzdem ist die Wirkung eine andere, ob ich in einer Runde erzähle, ich hätte letzte Woche einen Pole-Dance-Workshop besucht oder nun Nordic Walking ausprobiert. Denn mit allem, was wir mit unserem Körper tun, senden wir eine Botschaft, wir positionieren uns. Ob wir das wollen oder nicht. Ganz gleich, ob wir abnehmen, welche Kleidung oder Frisur wir wählen oder für welchen Sport wir uns entscheiden. Wir senden Signale. Unser Körper ist nicht nur unser Werkzeug, sondern wir *sind* auch genau dieser Körper. Er ist ein wesentlicher Bestandteil unserer Identität. Dadurch wird er zum Medium, mit dem wir uns ausdrücken. Ganz gleich, ob wir uns modisch kleiden oder nicht, ob wir uns schminken oder nicht, ob wir unseren Körperteilen Bedeutung beimessen oder nicht. Wir sind in allem, was unser Erscheinungsbild prägt (auch wenn es Handlungen sind – also in diesem Fall, aktiv an der Stange zu tanzen), Zuschreibungen ausgesetzt. Wir können diese bewusst steuern oder auch nicht. In jedem Fall bildet unser Körper einen Teil unserer Identität mit ab; wir können sie nicht nicht kommunizieren.

Waltraud Posch schrieb dazu: »Ein neues Kleidungsstück zu kaufen ist noch kein Akt der Identitätsstiftung. Es in einer persön-

---

lich wichtigen sozialen Situation zu tragen, kann jedoch Identität neu organisieren. Sich über invasive Körpertechnologie* zu informieren schafft noch keine Identität. Diese an sich durchführen zu lassen kann jedoch Identität grundlegend verändern.«[101]

In jedem Fall wirkt unser Aussehen symbolisch nach innen auf Ebene der Identität und nach außen auf Ebene der Positionierung. Wir schaffen uns einen Platz in der Welt, bewusst oder unbewusst, und grenzen uns damit auch von anderen ab. Jugendkulturen sind ein schönes Beispiel dafür. Egal ob Emos, Gothics, Punks, Skater und viele mehr – sie alle bilden Subkulturen, die mit bestimmten Stilmitteln sichtbar machen, wer dazugehört und wer nicht. Gleichzeitig stehen diese für bestimmte Interessen und Werte, aber auch Vorurteile. Menschen müssen sich nicht besonders auffällig kleiden, um Zuschreibungen zu kassieren. Ein kleines Krokodil auf der Brust, ein Kurzhaarschnitt bei einer Frau, Dreadlocks, ein Vollbart oder ein Nasenring tun es auch. Ganz egal, ob wir unserem Äußeren Bedeutung beimessen oder nicht. Menschen kategorisieren automatisch und ordnen in Schubladen ein. Das ist nicht unbedingt schlecht, sondern einfach eine Strategie, um gefährliche Situationen von ungefährlichen zu unterscheiden. Unserem Gehirn ist es dabei egal, ob uns ein Braunbär** auf dem Gehsteig entgegenläuft, ein Öko-Hippie oder ein Muskelprotz – es schubladisiert, und wir denken uns unseren Teil dazu.

»Körperlichkeit ist nicht funktionsfrei, nicht zweckfrei und nicht interpretationsfrei«, meint Waltraud Posch dazu.[102] Also egal was wir tun, wir können uns dem nicht entziehen. So wird ein Bäuchlein bei Frauen oft unfreiwillig als schwanger identi-

---

* Damit ist zum Beispiel die plastische Chirurgie gemeint. Bei geschlechtsverändernden Operationen wird diese Identitätsstiftung besonders deutlich, weil der äußere Zustand dem inneren angeglichen wird.
** Beim Braunbären werden wir ziemlich sicher auch noch andere Areale in unserem Hirn nutzen und schnell auf Flucht oder Starre schalten.

fiziert. Durch die Flut an digital veränderten Normkörpern sind wir nicht mehr gewöhnt, dass Frauenkörper unterschiedlich aussehen – selbst wenn sie in der Realität vielfältig sind. Unterbewusst gehen wir auch davon aus, dass jede schlank sein will, und denken gar nicht darüber nach, dass nicht jede dem Diktat der Fitness nachkommt oder nachkommen kann oder will. Dadurch entstehen nicht nur peinliche Situationen für die Fragestellenden und Beglückwünschenden, wenn die vermeintlich Schwangere gar nicht schwanger ist. Auch die Zuschreibung »Du bist zu dick, sonst würde ich dich nicht für schwanger halten« oder »Deine Kleidung ist unvorteilhaft« schwingt unterschwellig mit. Auch Hollywood-Schauspielerinnen wie Jennifer Garner sind nicht davor gefeit. 2014 war Garner Gast in der Show von Ellen DeGeneres und sprach über ihren vermeintlichen Babybauch. Trotzdem werde sie nicht versuchen, deshalb abzunehmen. Denn das Bäuchlein zeuge immerhin von ihren drei vorangegangenen Schwangerschaften.

Das kann schon am Selbstbild nagen und formt es mit. »Heute ist ein dicker Bauch sichtbarer Ausdruck falschen Konsumverhaltens, falscher Lebensweise, falscher Entscheidungen, mangelnder Kontrollfähigkeit und damit mangelnder Managementfähigkeit«, sagt Waltraud Posch.[103] Die meisten Mütter – mich eingeschlossen – sind also einfach richtige Loser. Umso bestärkender, wenn auch eine Schauspielerin wie Jennifer Garner in der Show von Ellen DeGeneres zugibt, aufgrund ihres Bäuchleins immer wieder auf eine Schwangerschaft angesprochen zu werden.

Wie gesagt: Wir leben nicht im luftleeren Raum. Pole Dance ist nicht einfach nur Pole Dance. Wir kommunizieren mit unserer Teilnahme an einem Kurs zum Stangentanz in jedem Fall, dass wir definitiv nicht prüde sind, und tragen somit zu unserem Fuckability-Faktor bewusst oder unbewusst bei. Schön und sexy sein zu wollen ist absolut in Ordnung und nichts Ungewöhnliches. Wie Kolumnistin und Autorin Margarete Stokowski es formuliert:

»Die Frage ist, wie viel Freiheit in diesem Wunsch steckt und wie viel Raum für Veränderung. Es ist nicht schlecht, sich ab und zu zum Objekt zu machen, zum sexuellen oder zu sonst einem. Es ist aber gefährlich, wenn man sich denkt, es sei der einzige Weg, auf dem man Anerkennung bekommen kann.«[104]

Wenn der einzige Weg, um die eigenen Beine im Sommer zu präsentieren, jener ist, sie blank zu rasieren, um nicht beschämt zu werden oder sich von sich aus zu schämen, dann ist der Raum für Freiheit wohl recht klein. Wenn erst mal die sogenannte Bikinifigur erlangt werden muss, um sich im Schwimmbad oder am Strand wohlzufühlen, dann scheint der Spielraum ebenfalls sehr begrenzt. Wenn das Gefühl des Wahrgenommen-Werdens einzig und allein von der Vielzahl der Likes abhängt, die ich für ein verführerisches Foto erhalte, dann hat auch das nicht mehr viel mit Selbstbestimmung zu tun, sondern vielmehr mit dem Mitlaufen in einem marktgetriebenen Hamsterrad, das vor allem seine Produkte an mich bringen möchte.

Zwei- bis fünftausend Mal pro Woche sind wir mit Bildern konfrontiert, die digital nachbearbeitet sind.[105] Die Menschen auf diesen Bildern sehen perfekt aus, und wir nehmen sie aufgrund ihrer Häufigkeit als »normal« war. Insofern versuchen auch wir, unsere Körper anzupassen. Dabei fühlen wir uns nicht als Opfer von Kosmetikindustrie und Co., sondern als machtvolle Wesen, die genau jene Angebote und Produkte in Anspruch nehmen, um sich Gutes zu tun.

Aber wie gut kann das Gute sein, wenn spätestens beim Enthaaren das Hübschmachen zur Arbeit wird? Während erwachsene Frauen vieles aus der Beauty-Ecke als persönliche Wellness identifizieren können und diverse Kosmetikbehandlungen durchaus auch als Luxus wahrnehmen, sieht die Realität für Heranwachsende noch einmal anders aus. So unterschiedlich die Einstellungen zu Körperbehaarungen auch sein mögen, gerade in Langzeitbeziehungen oder nach der Geburt des ersten Kindes relativiert sich vieles, was früher als Must-have identifiziert wurde. Wenn dann mal Zeit und Lust auf Sex ist, werden viele plötzlich ziemlich pragmatisch und verzichten auf optisches Vorbereitungsgedöns. Teile der früheren Beauty-Routine (wie das Lackieren von Nägeln) können aber auch plötzlich zu etwas ganz Besonderem mutieren und unglaublich zelebriert werden. Teenager sind von diesem erwachsenen Pragmatismus beziehungsweise dieser Wahlfreiheit noch weit entfernt. Sie versuchen sich in der Welt zu orientieren und wünschen sich Bestätigung. Zeitschriften, YouTuber*innen, Promis liefern ihnen wie jeher Anhaltspunkte für Erfolg und Schönheit. Manchmal subtil, manchmal ganz plump wird ihnen suggeriert: Wenn du nur dieses und jenes machst, werden dich die anderen toll finden. Mithilfe von Selbstvermessungs-Apps, digitaler Fotografie und Instagram können sich die Jugendlichen dabei auch noch besser überwachen, vergleichen und fertigmachen, wenn sie dem neuesten Trend nicht genügen.*

Das gilt auch für das, was gekauft wird. Bei Statistiken rund um Jugend und Konsumverhalten wird zum Beispiel immer wieder angegeben, dass es für mehr als die Hälfte wichtig sei, dass gekaufte Produkte auch Eindruck schinden, schön sind und den Freunden und Freundinnen gefallen sollten. Besonders viel Geld wird von Jugendlichen für Kleidung ausgegeben. Es liegt nahe, dass Kosmetika für Mädchen ebenfalls die Einkaufsliste bestimmen. Immerhin sind BibisBeautyPalace und DagiBee die erfolgreichsten YouTuberinnen im deutschsprachigen Raum. Allein Bibi haben 4,6 Millionen Menschen auf YouTube abonniert. Die Zielgruppe ist relativ jung. Neben Lifestyle-Themen kommen bei ihr Produktplatzierungen nicht zu knapp. Unverbindliche Kaufempfehlung natürlich. Das Styling ist natürlich ausnahmslos perfekt. Zum

---

* Immer wieder tauchen neue Trends auf, denen zahlreiche Mädchen zuarbeiten, wie z.B. »Tigh gap« (eine Lücke zwischen den Oberschenkeln) oder »Bikini bridge« (wenn im Liegen der Bikini nur auf den Hüftknochen aufliegt)

Thema Waxing gibt es ebenfalls Videos. Dass Körper haarlos zu sein haben – gerade die von Frauen –, ist mittlerweile bei Jugendlichen unhinterfragt. In sexualpädagogischen Workshops kommt häufig zutage, dass sich manche sogar schon vor Haaren auf den Unterarmen ekeln oder glauben, dass Frauen generell keine Körperbehaarung bekommen. Sieht man ja auch nirgends.

Margarete Stokowski hat aufgrund ihres Jahrgangs (1986) genau vom Jugendalter weg die Entwicklung vom bösen Mädchen zum Hot Babe miterlebt. In ihrem Buch *Untenrum frei* beschreibt sie, wie sich auch ihr Körper als Teenager in eine wandelnde To-do-Liste verwandelt habe, und diese To-dos als absolute Notwendigkeit eingestuft wurden, und es ihre »heilige Pflicht« war, dafür zu sorgen, dass niemand ihre Körperhaare sehen konnte. Natürlich ging auch das Taschengeld für diese Produkte drauf.[106] Und genau an diesem Punkt zeigt sich, dass wir uns nicht frei von äußeren Einflüssen entscheiden können, ob und wie wir uns Gutes tun und was wir als Normalität erachten. Denn wir bedienen einen Markt. Tagtäglich werden wir eingelullt von Botschaften, die uns nahelegen, welche Körper begehrenswert sind und wie wir dieses Ziel am besten erreichen. Uns steht eine Fülle von Produkten und Dienstleistungen zur Verfügung. 80 % davon konsumieren Frauen.[107] Sie halten die Ökonomie quasi am Laufen. Ständig wird die Produktpalette erweitert. Mal waren Augenbrauen out – 2017 sollen sie nun dicht und buschig sein; die Unterarme hingegen kahl. WTF?

Die Journalistin Laurie Penny fasst es treffend zusammen: »Wenn alle Frauen dieser Erde morgen früh aufwachten und sich in ihren Körpern wirklich wohl und kraftvoll fühlten, würde die Weltwirtschaft über Nacht zusammenbrechen.«[108]

Trotzdem sehen wir oft den Wald vor lauter Bäumen nicht. Es fällt uns schwer, unsere Entscheidungen nicht nur auf uns zu beziehen. Wer will schon im großen System nur ein kleines Rädchen sein, das beeinflusst wird und es nicht einmal checkt. Immerhin sind die Jugendlichen so ehrlich und geben zu, dass es ihnen nicht komplett egal ist, was ihre Freunde und Freundinnen von ihrem Styling halten. Als Erwachsene tun wir dann plötzlich so, als wären wir super selbstbestimmt, ohne jegliche Unsicherheit. Unsere Speckpölsterchen beweinen wir dann im stillen Kämmerlein und ziehen Yoga-Pants drüber.

Kein Wunder, dass Menschen auch in Bezug auf die Schönheitschirurgie eher meinen, sie machen das alles nur für sich selbst. In einer etwas älteren Studie von 1998 in Deutschland gaben 85 % an, sie wollten in erster Linie für sich selbst schön sein. Die meisten fühlten sich auch gar nicht unter Druck gesetzt durch die Gesellschaft (22 %). Dem Freundeskreis wollten sie dann aber doch genügen (62 %) und dem beruflichen Umfeld (57 %). Da war die Ästhetik dann plötzlich wichtig. Ah ja. Freundeskreis und berufliches Umfeld gehören ja nicht zur Gesellschaft … Macht total Sinn. Daran zeigt sich wohl doch, dass das Schönheitsideal verinnerlicht ist. Aber es wird total abgelehnt, das Ideal als Norm zu begreifen. Wenn, dann haben wir es uns selbst so ausgesucht, und zwar total unbeeinflusst von allem, was uns umgibt. So, als hätten zigtausend andere nur zufällig die gleiche Idee.[109]

Auch Männer werden zunehmend für den Beauty-Markt als Zielgruppe erschlossen. Wenn sie nicht konsumieren wollen, hat das dennoch keine großen persönlichen Konsequenzen. Zwar grassiert eine latente Homophobie,* wenn die männliche Performance allzu nah an das Weibliche heranrückt, dagegen lässt sich allerdings ganz leicht Abhilfe schaffen: Die Beauty-Produktpalette bietet »Power-Formeln« für kraftvolles Haupthaar, »Frischekick« beim Duschgel und Verpackungen, die eher an Motoröl[110] als an Flüssigseife erinnern. Auch so lässt sich Beauty für den Mann verkaufen. Oder soll sich ein richtiger Kerl die Brust etwa mit Duschgel einreiben, das nach Mango riecht und

---

* Siehe Kapitel *Girls just wanna have a choice, sex & fun(damental rights)*

aus einer Verpackung mit tropischen Früchten und Schmetterlingen kommt? Don't you dare. Und für all jene, die lieber dem Look frönen, wie Gott sie schuf, bleibt noch immer der Verweis auf den Höhlenmenschen übrig. Der wird ohnehin oft genug zitiert. In Österreich hält es zumindest die Generation meiner Eltern noch oft mit Tante Jolesch, die meinte: »Alles was an einem Mann schöner is' als ein Aff', is' Luxus.«[111] Ein anderer Spruch, der gerne von beleibteren Herren zitiert wird, lautet: »Ein gutes Werkzeug braucht ein Dach.«*

Männern wird kaum vorgeschrieben, wie sie sich zu kleiden haben, um begehrenswert zu sein. Klar regiert der Sixpack inzwischen die Werbelandschaft. Für erwachsene Männer ist der Konsens zum Thema »Waschbärbauch« und »mehr zum Liebhaben« dennoch größer als bei dicken Frauen. Figur und Kleidung von Politikern oder Sportlern stehen kaum im Rampenlicht. Auf dem roten Teppich werden bemerkenswert wenig Fragen nach den Designern der flotten Anzüge gestellt, mit denen die Schauspieler vor den Kameras posieren.

Allerdings darf nicht übersehen werden, dass auch heranwachsende Burschen dem Leistungsdruck rund um sie herum weniger entkommen. Tummelten sich in den 90er-Jahren noch viele nachmittags im Skaterpark, ist heute das Fitnessstudio zum Hort des Selbstausdrucks geworden. Immer mehr männliche Jugendliche verfügen über ein Jahresabo und arbeiten gezielt an ihrem Waschbrettbauch und Bizeps. Eine Figur ähnlich wie auf einem *Men's Health*-Cover ist bei Anfang-20-Jährigen durchaus üblich. Dazu wird auch hier enthaart, was der Körper hergibt. Dann sieht frau die »Muckis« besser. Waxingstudios freuen sich über eine größere Kundschaft. Wo mehr Haare, da mehr Geld. Damit die Muskeln schneller wachsen, wird zusätzlich an den

---

* Für all jene, die diesen Humor nicht verstehen: Mit Werkzeug ist in diesem Fall der Penis gemeint, mit dem Dach der überhängende Bauch des Penisträgers.

Ernährungsgewohnheiten geschraubt. Was die Anorexie bei Mädchen, ist die Muskelsucht bei Burschen. Das Einstiegsalter unterscheidet sich zwar, im Grunde geht es aber um Kontrolle über den eigenen Körper. Gesund ist das freilich nicht, auch wenn es vielleicht danach aussieht. In jedem Fall kann und soll daran verdient werden.

Der Sixpack ist also Trumpf und gilt als Statussymbol in einer Zeit, in der teure Autos und ein abbezahltes Eigenheim für junge Menschen aufgrund der wirtschaftlichen Lage in weite Ferne rücken und für die Männlichkeit die Krise ausgerufen wird. Wer also noch nicht über den nötigen Bartwuchs verfügt, um sich im Holzarbeiter-Stil wie ein richtiger Kerl zu fühlen, kann zumindest an seinem Oberkörper ansetzen. Dadurch wird der Körper bei Männern ebenfalls zur Ressource, zum Werkzeug, das den Wert auf dem Markt der sexuellen Begegnungen und Partnerschaften erhöht[112] – und natürlich Identität stiftet. Fitness passiert unter dem Deckmantel der Gesundheitsprävention. Aber ist ein Lebensstil tatsächlich gesund, der sich vor allem um Performance und Aufmerksamkeit für das eigene Erscheinungsbild dreht? Die Fülle an Selfies, die Menschen bei ihrem täglichen Workout zeigt und damit die sozialen Medien überschwemmt, ist zumindest Zeugnis von dieser Entwicklung. Der Körper wird zunehmend zur Ware.

In einer Zeit, die von prekären und flexiblen Arbeitsbedingungen, vielfältigen Lebens- und Familienformen und rasendem technischen Fortschritt geprägt ist, bietet die Macht, den eigenen Körper so zu formen, wie eine*r möchte, auch eine gewisse Sicherheit[113] und Struktur an. Wir sind selbst unseres Glückes Schmied auf der kleinstmöglichen Einheit. Wir entscheiden, wie viel Raum wir nehmen wollen, wie wir uns positionieren, wie wir unser Leben gestalten.

Ganz unabhängig davon, ob wir diesen oder jenen Ausbildungsplatz bekommen, unser Job befristet ist oder die Miete bezahlt werden kann. Sit-ups und Squats* kann ich überall machen. Meine Augenbrauen zupfen und ein Selfie von einem »gut gelungenen« Körperteil posten ist immer drin. Wenn ich sonst schon nichts bin, dann zumindest begehrenswert und ganz offensichtlich zielstrebig – so ein Körper fällt ja nicht vom Himmel.[114] Viele Autor*innen nennen das »erotisches Kapital«. Weil dieses mit der Disziplinierung unseres Körpers und dem Konsum bestimmter Produkte und Dienstleistungen zu steigen scheint, bekommen wir viel Applaus dafür. Lange wird also geklatscht fürs Abnehmen und Trainieren. Ungesunde und schädliche Ernährungsgewohnheiten oder Verhaltensweisen fallen dadurch oft durch den Rost der Sichtbarkeit. Es wird schwerer, gesunde Ernährung und Fitness von jener zu unterscheiden, die uns vielleicht nicht so guttun. Die Hülle sieht schließlich ähnlich aus.

Bei all dieser Beschäftigung mit uns selbst bleibt wenig Spielraum dafür, die Welt aktiv mitzugestalten. Stattdessen lassen wir uns gerne wie Lemminge vom nächsten Trend leiten. Fuckability als Opium fürs Volk, während das Klima sich wandelt, an Kriegen viel verdient wird und wenige Menschen ordentliche Batzen Geld auf geheime Konten auf kleinen Inseln überweisen.

Wir steigen aus

Was passiert eigentlich, wenn wir all diese Arbeit an uns und unseren Körpern verweigern? Natürlich, wir stecken ganz tief drin, wir können nicht *nicht* kommunizieren. Aber was wäre, wenn wir uns und unsere Attraktivität nicht so todernst nehmen würden, wenn wir die Fuckability mit wehenden Fahnen hinter uns lassen würden, auf den MILF-Titel verzichten?

---

* So nennt sich die Fitnessübung. Old-school heißen sie Kniebeugen, klingt aber nicht so fancy.

Hier ein paar kleine oder große Utopien, die gar nicht so unrealistisch sind:

Möglicherweise freunden wir uns mehr mit unserem Körper an. Vielleicht schaffen wir es sogar, ihn einfach nur als sterbliche Hülle zu sehen, die es ohnehin nicht weiter als bis zum Grab schafft. Ich persönlich bezweifle stark, dass ich irgendwann auf dem Sterbebett bereuen werde, meine Haut vor dem Sex keinem Peeling unterzogen zu haben. Und ich würde es ziemlich bedenklich finden, wenn wir uns irgendwann als Life Goal »XY hatte einen geilen Body« auf den Grabstein meißeln lassen.

Ein weiterer Vorteil könnte die Ersparnis von Unsummen von Geld sein. Natürlich tun wir dem kapitalistischen System nichts Gutes, wenn wir aufhören, uns ständig noch mehr Beauty-Produkte ins Badezimmer zu stellen, die die Ressourcen unseres Planeten auffressen und ihn zerstören. Aber ein etwas nachhaltigeres Wirtschaftssystem könnte uns und unseren Nachkommen nicht schaden. Wir könnten genauso gut unser Deo selber machen und auf Palmöl und Plastik verzichten, bevor wir dem letzten Orang-Utan den Lebensraum entzogen und dem letzten Wal den Magen mit Plastikmüll verstopft haben. Es kommt eben nicht wieder alles hinten raus. Just saying.

Außerdem würden wir eine Menge Zeit gewinnen (in der wir dann Deos anrühren). Wir könnten uns diverse Job-Auszeiten sparen, wenn wir nicht nur damit aufhören würden, uns in der Arbeit ausbrennen zu lassen, sondern auch mit unserem Äußeren etwas lockerer umgehen. Die Easy-going-Einstellung von jungen Backpackern geht nicht zuletzt damit einher, dass hier niemand sein Beauty-Case mit in den Rucksack packt, sondern gelernt hat, mit wenig auszukommen, und sich vor allem auf die Fähigkeit des Kommunizierens konzentriert.

Mit der Zeit, die wir gewinnen, könnten wir uns wiederum Gedanken machen, wie wir diesen Planeten vor dem Kollaps bewahren, solidarischer agieren, und wir hätten sogar mehr Zeit für

Sex ;-) Wie zum Beispiel diese viel zitierten, glücklichen »Natur-völker«, die vornehmlich abgeschieden vom Rest der Welt auf einer kleinen Insel leben und sich nicht so viele Gedanken darüber machen, ob der Busen nun hängt oder ob die nackten Pobacken wohl in Form sind. Meist kommen sie ziemlich chillig rüber. Body Issues scheinen sie keine zu haben.

Mit all der gewonnenen Zeit, Ruhe und Nachsicht mit uns selbst könnten wir uns aufeinander einlassen, Raum für Spannung und Knistern lassen, für Neugier und Erotik, ungeplant und unvor-bereitet, unaufgeregt und lustvoll, mit den Augen eines Kätzchens, das gerade zum ersten Mal die Welt sieht. So stelle ich mir »La Dolce Vita« vor.

Instagram, Produktplatzierungen, Schrittzähler, chirurgische Möglichkeiten, Trends und Trollkommentare zur Fuckability müssen draußen bleiben.

4.

Real-Life-MILF am Wickeltisch

Auf dem Cover der *MILF-Mädchenrechnung* ist von Kinderstress die Rede. Dabei sind es weniger die Kinder, die die Eltern aufreiben, als das allgegenwärtige Mutterbild. Doch den Begriff »Muttermythos« in einem Buchtitel zu nennen klingt ungefähr so spannend wie ein Aufsatz über Pantoffeln. Dabei ist der Muttermythos wie ein abgetragener Schuh, in dem wir schon viel zu lange stecken und den wir durchaus mal in der Ecke liegen lassen könnten.

Der Muttermythos kommt mit weniger Pomp und Glitzer daher als die Fuckability, mit der wir uns ausführlichst in diesem Buch beschäftigt haben. Trotzdem birgt er genauso viel Sehnen nach einem Ideal, Inszenierung und Arbeit in sich. Sein Wirkungsbereich ist dabei allerdings weniger Instagram, stattdessen wirft er auf dem Spielplatz oder in der Krabbelgruppe sein Fangnetz aus. Erwartungen und Zuschreibungen an die Mutterschaft sind engmaschig darin verwoben. Gute 300 Jahre Handarbeit stecken darin. So lange wurde am Mutterbild, wie es uns heute begegnet, geknüpft. Nur 300, nicht 3000 oder zwei Millionen Jahre? Nein, denn nichts an diesem Mutterbild oder Muttermythos ist natürlich.

Ganz ehrlich, was wissen wir denn über Mutterschaft vor zwei Millionen Jahren?[*] Gar nichts. Höhlenmalereien darüber, was es bedeutet, eine gute Mutter zu sein, sind nicht überliefert. Also können wir uns die Annahme, Mutterschaft wäre schon immer so gewesen, getrost sparen. Es gibt keine Beweise für das Heimchen, das am Höhlenfeuer mit einem Stück rohem Fleisch auf ihren starken Mann wartete.

Vieles von dem, was wir uns heute über Mutterschaft vorstellen, hat sich in einem ganz engen Zeitraum entwickelt. Aber wir

---

[*] Menschen gibt es erst seit etwa zweieinhalb Millionen Jahren. Insofern wäre es ein bisschen hoch angesetzt, von drei Millionen Jahren zu schreiben. Da wären wir dann beim Mutterschaftsbegriff von Primaten.

übertragen es gern auf »War schon immer so«. Dabei kommen zum Beispiel heute immer mehr Wissenschaftler*innen dahinter, dass auch die Wikingerinnen auf See gefahren sind und gekämpft haben*, anstatt zu Hause zu versauern, wie es uns Hägar** und Wickie*** jahrelang weismachen wollten. Gerade in der Archäologie wird viel interpretiert, weil Fundstücke selbst kaum etwas über ihre genaue Verwendung aussagen. Das Archäologische Museum in Freiburg widmete diesem Thema 2014/15 sogar eine ganze Ausstellung und zeigte sehr deutlich, wie wenig eigentlich belegbar ist – auch die Geschichte mit der Rollenverteilung zwischen Männern und Frauen.**** Also lassen wir das lieber mit der Evolutionsbiologie.

Worüber wir uns allerdings sicher sein können, ist, dass sich mit dem Zeitalter der sogenannten Aufklärung die Gesellschaft massiv zu verändern begann. Die fortschreitende Industrialisierung verwandelte die Arbeitswelt für immer. Eine Unterscheidung zwischen Öffentlichkeit und Privatheit entwickelte sich, weil die Menschen für die Arbeit nun ihr Haus verlassen mussten. Das

---

*   Forscher der Universität Western Australia haben durch Untersuchungen an Knochen herausgefunden, dass viele Skelette von Wikingern fälschlicherweise als Männer identifiziert wurden, weil sie mit Schwertern begraben worden sind. »Frauen« wurden vorher durch Broschen in den Gräbern identifiziert. 2011 wurde dazu erstmals ein wissenschaftlicher Artikel von Shane McLeod in der Zeitschrift *Early Medieval Europe* veröffentlicht.

**   Der Comic *Hägar, der Schreckliche* wurde in den 1970ern von Dik Browne erfunden und später von seinem Sohn fortgeführt, in unzählige Sprachen übersetzt und laut Wikipedia in 1900 Zeitungen veröffentlicht.

***   TV-Serie *Wickie und die starken Männer*

****   Unter dem Titel *Ich Mann. Du Frau. Feste Rollen seit Urzeiten?* lief im Archäologischen Museum Colombischlössle in Freiburg über mehrere Monate eine Ausstellung, zu der auch ein gleichnamiges Begleitbuch erschienen ist. Sigrid Schmitz schrieb dafür auch den Aufsatz *Das Gehirn von Jägern und Sammlerinnen: evolutionäre Mythen für die Gegenwart.* Darin spricht sie beispielsweise an, dass verschieden tiefe Fußabdrücke nebeneinander oft als heterosexuelles Paar gewertet werden. Dabei könnten sowohl beide Personen dasselbe Geschlecht besitzen als eine davon schwerer oder schwanger sein oder natürlich auch kein Paar. Fußabdrücke verraten nichts darüber. Auch Tragehilfen für Kinder könnten von Steinzeitmenschen benutzt worden sein. Immerhin tragen so viele Menschen in allen Erdteilen ihre Kinder. Die Beweise dafür sind aber wenn dann mittlerweile verrottet. Ergo wissen wir nichts Genaues und können nur mutmaßen.

Verständnis von Kindheit, Mutterschaft, Mutterliebe und Mutterinstinkt als das, was Frauen und Männer nach heutigen Klischees ausmacht, stammt aus dieser Zeit.

Nicht nur die Fuckability, auch Muddi musste sich erst mal ihren Platz in der Gesellschaft erobern. Lang trennte diese beiden ein tiefer Graben, trotzdem marschierten sie immer auf gleicher Höhe dahin wie ein guter und ein böser Zwilling. Mit der popkulturellen MILF landeten sie schließlich bei der Blutsschwesternschaft und verschmolzen all die Erwartungen, die an die Attraktivität und mütterlichen Kompetenzen einer Frau gestellt werden.

Der Stresspegel für die realen Mütter (also jene außerhalb von Promi-Magazinen, Instagram-Accounts, Literatur und Film) schnellt deshalb heute schon mal ordentlich in die Höhe.

Kein Wunder, er potenziert sich: Arbeit an der Optik plus Arbeit am Tun. Nicht nur: »Sehe ich wohl attraktiv genug aus?«, sondern auch: »Mache ich wohl alles richtig als Mutter?« Aus »Alles Schlampen außer Mutti« wurde »Alles Schlampen, auch Mutti«. Doch es gibt einen Verhaltenskatalog, der befolgt werden will:

- *Kümmere dich perfekt um deine Kinder:* Liebe sie, aber nicht zu viel. Sei keine Helikoptermutter. Bekomme mehr als ein Kind, aber maximal drei (beginne damit nicht vor Mitte 20). Sei bindungsorientiert, aber zieh keine Tyrannen heran. Sei nicht zu öko, aber achte schon auf eine gesunde Ernährung.
- *Nimm die Vereinbarkeit von Familie und Beruf mit links:* Sei weder Heimchen am Herd noch Rabenmutter oder karrieregeil. Deine Wohnung soll aussehen, als hätte gerade ein Shooting für eine Wohnzeitschrift stattgefunden. Im Job bist du erfolgreich, und für die Familie findest du immer genug Zeit. Sei top organisiert und liege deinem Ehemann nicht mit dem Thema Gleichberechtigung in den Ohren. Finanziell sollst du weder

abhängig noch prekär beschäftigt sein oder auf die Altersarmut hinschielen.

– *Sei begehrenswert:* Eine Schwangerschaft ist keine Ausrede. Lass dich nicht gehen, aber übertreib es nicht mit dem Styling. Schau nicht aus, als hättest du es dringend nötig, aber sei scharf genug, dass du die Fantasien aller Menschen anregst. Fühle dich nicht belästigt, wenn dich jemand anmacht. Sei stolz auf deinen Body und bringe ihn in Form.

– *Sei sexuell aktiv:* Sex ist wichtig für dein Beziehungsleben, also vergiss das Familienbett, denn das ist unsexy. Rüste dich aus mit allerlei Toys, finde immer Zeit, mit deinem Partner zu schlafen, und sei keinesfalls prüde. Sei offen für Dreier und entferne dir sämtliches Körperhaar von den Augen abwärts. Schlafe aber nicht mit jedem, sei kein Flittchen.

Wer diesen Katalog nicht schafft, ist unsexy – ein Heimchen am Herd, eine Glucke, eine Rabenmutter, eine ewig jammernde Alleinerzieherin, eine frustrierte untervögelte Feministin, ein Flittchen, ein *Cougar*, erbärmlich, verbittert, fett, hässlich, unter mangelnder Disziplin leidend und/oder eine Versagerin.

Wer so was sagt? Ganz schön viele – die Wortwahl passt sich je nach Eskalationsstufe an. Anders als bei Vätern, denen auf breiter Ebene Dankbarkeit entgegengebracht wird für jedwede positive Regung, haben bei Müttern plötzlich alle etwas mitzureden und mitzubestimmen. Mit der Kritik wird dabei nicht gespart. Manchmal kommt sie direkt, manchmal subtil, oft in Form von Verhaltensempfehlungen.

Aber werden wir doch einfach mal konkret. Ab dem Zeitpunkt, an dem Leben in einer Frau wächst, mischen sie sich ein: die Kirche, die Politik, die Wirtschaft, die eigene Mama, die Passanten auf der Straße, die kinderlosen Freunde und Freundinnen und auch solche mit Kindern, das medizinische Personal, die Autoren von Erziehungsratgebern, die Autorinnen von Babyvorbe-

reitungsbüchern, die Stillgruppenleiterinnen, die »neuen Väter«*
im Netz. Alle wissen etwas, die meisten wissen es sogar besser. Sie
kommen mit mehr oder minder hilfreichen Ratschlägen, mit Dos
and Don'ts – jede und jeder mit einer ganz bestimmten Agenda.
Doch egal, wie diese lautet, der Effekt ist immer derselbe: Ver-
unsicherung. Und der Hinweis: Es ginge noch besser.

Die Historikerin und Psychologin Lisa Malich fasst die Aus-
wüchse des Muttermythos so zusammen: »Die ideale Mutter ist so
motiviert und selbstverwirklicht, dass sie immer einen Job hat, so
verführerisch, dass sie niemals alleinerziehend sein wird, so jung
und gesund, dass sie niemals von Altersarmut betroffen sein kann.
Nebenbei erzieht sie ihre Kinder zu so perfekten Menschen, dass
auch diese mit Bravour alle Anforderungen der Leistungsgesellschaft erfüllen werden. Wer das nicht schafft, ist selber schuld.«[115]

Die Person, die das heranwachsende Leben in sich trägt, verschwindet in den Hintergrund und wird zum mobilen Brutkasten
und gesellschaftspolitischen Spielball. Die Kirche mischt sich in
unterschiedlichem Maß ein, wenn es um das ungeborene Leben
und das Recht auf Schwangerschaftsabbruch geht. Die Politik
sorgt sich um den sicheren Fortbestand der »richtigen« Bevölkerungsgruppe aus der »richtigen« sozialen Schicht. Kommt die
Schwangere aus der »falschen« Ecke der Stadt oder der Erdkugel,
belastet sie das Sozialsystem oder leistet ihren Beitrag zur »Über-
fremdung«. Bei Menschen, die möglicherweise mit Behinderun-
gen geboren werden, verhält sich der Staat ein bisschen ruhig,
schiebt ganz subtil die Pränataldiagnostik und die Möglichkeit

---

* Als »neue Väter« werden medial jene Männer bezeichnet, die sich bewusst in die Erziehung ihrer Kinder einbringen möchten oder dies durch Inanspruchnahme von Elternzeit,
Väter- oder Papamonaten tun. Mittlerweile gibt es auch immer mehr Blogs im Netz, die
von »neuen Vätern« betrieben werden, bzw. erscheinen in regelmäßigen Abständen Artikel
und Berichte über diese Gruppe (z.B. *Mehr Zeit für die Kinder. Deutschlands neue Väter*,
04.01.2014 in *Spiegel-Online, Neue Väter, neue Männer*, 13.02.2016 in *Die Welt, Die neuen
Väter – Zwischen Glücksgefühl und Überforderung*. 10.05.2017 auf Radio SRF uvm.)

des Schwangerschaftsabbruchs vor, ganz unabhängig von der Fristenlösung.

Außerdem hat die Mutter die Macht (und vermutlich auch die Pflicht), ihre Töchter zu emanzipierten Frauen zu erziehen, und trägt die Schuld, wenn aus ihren Söhnen, die Gleichberechtigung mit der Muttermilch aufgesogen haben sollten, später nicht »neue Väter« werden. Wenn Mütter alles richtig anstellen, könnten wir alle in einer besseren Welt leben. Leider machen – vielen Medien zufolge – die Mütter heute alles falsch. Sie trinken zu viel Latte macchiato, wohnen alle in Berlin-Kreuzberg oder verlassen das Haus nur, um Erdbeeren für die selbst gemachte Marmelade zu ernten. Ihr liebstes Verkehrsmittel, so heißt es, ist der Helikopter. Mit diesem überwachen sie dann ihre kleinen Tyrannen[*]. Es sieht so aus, als würden Mütter heute in allem versagen. Fast wird der Vorwurf laut, warum sie denn nicht bitte endlich auf Jesper Juul hören und seine Kolumnen und Ratgeber lesen?

Alternativ könnten sie sich auch damit beschäftigen, wie sie denn eine »richtige« MILF werden. Es kursieren hier zwar viele Definitionen und Ideale, der einzige Ratgeber, der sich an dieses Thema herantraut, ist allerdings bislang *Got Milf?*[116] von der US-Amerikanerin Sarah Maizes. Sie zeigt: Auch hier kann frau ganz schön viel falsch machen. *Got Milf?* soll modernen Müttern zeigen, wie sie sich fabelhaft fühlen, großartig aussehen und ihren Minivan ordentlich »rocken«. Eine wichtige Lektion dabei scheint zu sein, bloß nicht zur *Cougar* zu werden. Für eine gute Definition braucht es schließlich ein Feindbild. Zur Erinnerung: *Cougar* ist die sexuell attraktive und aktive Frau mittleren Alters ohne Kind, die ein Auge auf wesentlich jüngere Männer wirft. Für die Autorin Sarah Maizes ist *Cougar* gleich *Hure des 21. Jahrhun-*

---

[*] Nach dem medialen Erfolg von Michael Winterhoffs Ratgebern mit Titeln wie *Warum unsere Kinder Tyrannen werden* (2008) und *Tyrannen müssen nicht sein* (2009) legte Martina Leibovici-Mühlberger mit *Wenn die Tyrannenkinder erwachsen werden: Warum wir nicht auf die nächste Generation zählen können* (2016) nach.

derts. Die MILF dagegen verkörpert für sie die perfekte Heilige/ Mutter, die in gelenkten Bahnen sexuell aktiv ist. Denn: Sie übertreibt es nicht wie ihre Gegenspielerin. Außerdem trägt sie laut Maizes altersadäquate Ohrringe, die ihr bei Kleinkindern nicht zum Verhängnis werden könnten. Die MILF muss ja schließlich nicht beweisen, dass sie es noch draufhat. Sie hat anderes zu tun, nämlich den Haushalt zu managen, ihren Verantwortlichkeiten innerhalb und außerhalb des Hauses nachzukommen und eine Familie großzuziehen – so meint es zumindest die Autorin. Genau. Da gibt es ja schließlich nichts zu beweisen *hust*. Außerdem ist sie der Ansicht, die MILF käme in vielfältigen Köperformen zum Vorschein. Für *Cougars* gäbe es hingegen nur ein Modell. MILFs seien Vorbilder, sie würden nicht in Konkurrenz stehen, und sie alterten in Würde. – Aha. Wo, auf Pornhub?

Maizes führt Kleopatra und Prinzessin Diana als MILFs an, auch Grace Kelly, Nofretete und Jacky Kennedy Onassis. Aber Helena von Troja beispielsweise habe den Titel nicht verdient, weil sie ihre Tochter Hermione in Sparta zurückgelassen hat. Mata Hari hatte einfach zu viele Liebhaber und tanzte fast nackt auf der Bühne – ebenfalls schlecht fürs MILF-Karma. Pamela Anderson schafft die Hürde ebenso wenig. Auch Britney Spears findet sich auf der Liste der Versagerinnen. Knapp vorbei ist eben auch daneben.

Sarah Maizes' unkonventioneller Ratgeber kann natürlich mit einem Augenzwinkern gelesen werden und nimmt sich auch selbst nicht so ernst. Ein paar gesellschaftliche Regeln scheinen jedoch klar zu sein: Eine MILF hat den Haushalt im Griff, ist erfüllt von mütterlichen Pflichten und mütterlicher Liebe, sie ist mit einem Mann verheiratet, und um Himmels willen rückt sie auch dem Körperhaar sprichwörtlich auf die Pelle. Im Grunde also erfüllt sie genau alle Punkte, die Mütter und Frauen sowieso schon erfüllen sollten.

Die MILF ist nach Auffassung der Autorin jedenfalls für jede Lage gerüstet. Sie trägt nicht nur praktische Schuhe und ist attraktiv gestylt, sie fährt auch einen SUV oder Minivan, in den sie all ihre Besorgungen für die Familie verladen kann und die Kinder von Fußballtraining und Ballettstunde zu welch anderem Kurs auch immer fährt. Sie ist eine effiziente Frau, eine Multitasking-Maschine, die alles im Blick hat, die sich mit Checklisten und Ablaufplänen top organisiert. Sie ist sogar so organisiert, dass sie Sex mit ihrem Ehemann hat, bevor sie ausgeht, weil sie danach (realistisch geschen) vermutlich zu müde sein wird. Das Sexleben ist eben auch wichtig und soll ja nicht auf der Strecke bleiben. Das, was sie so heiß macht (für ihren Partner), ist gerade der Umstand, dass sie all diese Aufgaben erfüllen kann, ohne mit der Wimper zu zucken. Die MILF nach Sarah Maizes klingt wie die perfekte Frau (und soll es vermutlich auch sein). Unterstrichen wird das mit Aussagen wie »MILFs sind wie Rosenbüsche. Wunderschöne, elegante, gesunde Rosenbüsche, die das ganze Jahr rund um einen weißen Gartenzaun blühen.«* Klar, das passt perfekt zu Prinzessin Diana. Weniger passt es zu Frankie Shaws US-Serie *SMILF*, die Ende 2017 erstmalig ausgestrahlt wurde. Darin versucht Alleinerzieherin Bridget (mit Essstörung und PTBS**) ihre prekäre Lebenssituation mit der Suche nach einem (Sex-)Partner zu vereinen. Nach MILF oder Rosenbusch mit weißem Gartenzaun klingt das nicht. Kein Wunder, dass ein S für Single vor MILF (= SMILF) für den Titel der Serie eingefügt wurde. Alleinerziehende Mütter, bei denen nicht gerade alles rundläuft, lassen sich nur schwer mit der weißen Gartenzaun-Idylle assoziieren. Ebenso wenig Britney Spears, die sich durch Alkoholexzesse und einen kahlrasierten Schädel vom Label MILF distanzierte.

---

* Frei ins Deutsche übersetzt. Originalfassung: »MILFs are like rosebushes. Beautiful, elegant, healthy rosebushes that bloom annually around a classic white picket fence.«[117]
** Posttraumatische Belastungsstörung.

Die MILF scheint oberflächlich gesehen ein Ideal mit vielen ungeschriebenen Kriterien zu sein, die irgendwo durch die medialen und gesellschaftlichen Lüfte flattern, denen sich eine beugen kann oder auch nicht. Sarah Maizes versucht, mit ihrem Rosenbuschvergleich offensichtlich auch eine eigene Variante zu kreieren, mit der sie selbst gut leben kann, die zu ihren eigenen Werten passt und die ihr nicht zu schmuddelig daherkommt. Gleichzeitig bedient sie damit vermutlich unabsichtlich ein traditionelles Frauenbild und kombiniert es mit dem Porno-Mainstream. Da hätten wir dann wieder die Verschmelzung von Heiliger und Hure. Zum Repertoire der MILF im Schlafzimmer gehören nämlich zwei Dinge auf jeden Fall: erstens Oralsex (kommt schließlich auch in jedem Pornoclip vor), und zweitens wird Sex einfach gemacht. Ganz egal, ob sie erschöpft vom Tag ist, sich gerade in Stimmung fühlt oder nicht. Die MILF hat Sex. Die Chancen stünden laut Maizes nämlich gut, dass sie danach froh ist, es gemacht zu haben. Tja, und wenn nicht, dann hat sie einfach gelernt, dass ihre körperlichen Bedürfnisse und Grenzen keine Rolle spielen … So weit die schmutzigen Details. Das Wort *Fuckability* kommt der Autorin allerdings nicht über die Lippen und wird mit »f@#kability« umschrieben. Immerhin gibt sie 25 Regeln zum Erreichen dieses MILF-Gütesiegels vor. Teils sollen sie lieb sein (Lache!), ermutigend (Lass dir nichts gefallen!), praktisch (Benutze Sonnencreme!), großzügig (Interessiere dich leidenschaftlich für eine Sache, die nichts mit deiner Familie zu tun hat!), ermahnend (Dusche jeden Tag!) und am Zahn der Zeit (Lass dich wachsen!). Die letzte Regel erlaubt wiederum, die Liste zu ignorieren, weil eine MILF es ohnehin besser wüsste – aber nicht, weil die Aufzählung vielleicht komplett Nonsens ist.

Sarah Maizes' Ratgeber zum MILF-Dasein könnte gut ignoriert werden – ist ja der einzige. Gleichzeitig sollte er auch genau aus diesem Grund nicht aus den Augen verloren werden, weil er damit ein Meinungsmonopol bildet. Offensichtlich gibt es zur MILF kaum widersprüchliche Meinungen, also braucht es auch keine

Vielzahl an Ratgebern dazu wie beim Thema Kindererziehung. Dass »MILF« allerdings ein zu vernachlässigendes Thema ist, glaube ich kaum. Pop- und Pornokultur beweisen ständig das Gegenteil. Eventuell ist gerade deshalb die MILF gesellschaftspolitisch ein zu heißes Eisen, um damit die Gazetten zu füllen. *Got Milf?* fasst jedenfalls wunderbar die Erwartungen ans Frau- und Muttersein heute zusammen und versucht sie schmackhaft zu machen, ohne eine Alternative anzubieten. Vielleicht weil bislang niemand nach einer gesucht hat? Immerhin gibt es so viel, mit dem sich Mütter und Eltern generell auseinandersetzen müssen.

Neben Kirche, Staat, Pornos, Popkultur und Jesper Juul interessiert sich auch die Marktwirtschaft unglaublich für Mütter. Bei einer sinkenden Geburtenrate und dem immer späteren Alter von Erstgebärenden ist es auch kein Wunder, wenn versucht wird, das finanzielle Polster der frischgebackenen Eltern auszunutzen. Schließlich haben sie lange genug gewartet, bis sie einerseits bereit sind und es sich andererseits auch leisten können, Nachwuchs in die Welt zu setzen.

So sollen horrende Summen für Kinderwagen ausgegeben werden, und die passenden Utensilien aus der Babyboutique müssen aus Seide-Wolle-Gemisch* oder Bio-Jersey gefertigt sein. Dinkelkekse sind das gesunde A und O für den Spielplatz, und eine Themenparty für den Kindergeburtstag ist fast so durchgeplant wie eine Hochzeit. Jeder Kindergast bekommt mittlerweile auch ein Geschenk (nur zur Info, falls noch nicht bekannt). Einzig wenn die lieben werdenden Eltern das Geschlecht ihres Kindes nicht bekannt geben wollen, stehen viele vor einem großen Fragezeichen, denn die Glückwunschkarten sind nun mal zu 90 % rosa oder blau. Dazu gibt es Merchandise von *Cars* und »Elsa« im Zahnbürsten- und Duschgelformat, damit keine Situation ausgelassen wird, um die Kleinkinder mit dem Marketingwahn zu infiltrieren.

---

* Finde ich super. Kostet aber.

Überall lauert der Stress für die heutigen Mütter. Die Frau, die vor dem Schwangerschaftstest einmal eine Persönlichkeit hatte, sowie Hobbys, Vorlieben, Abneigungen und eine eigene Meinung, verschwindet hinter einem Berg an Erwartungen, die zu erfüllen sind, und Aufgaben, die es zu erledigen gilt. Wer sich vor der Geburt des ersten Kindes als gleichberechtigt empfunden hat, merkt spätestens im Wochenbett, dass das ein riesiger Irrtum war. Es bekommen halt immer noch die Frauen die Kinder, heißt es dann. Ja, und weiter? Mareice Kaiser*, eine deutsche Autorin, Journalistin und Bloggerin, die gegen unsere behindertenfeindliche Gesellschaft kämpft, sagte im Rahmen einer Lesung**, dass sie die Auseinandersetzung mit ihrer behinderten Tochter und die Rahmenbedingungen, die ihr begegneten, zur Feministin »gemacht« hätten. Menschen sagten ihr, sich Fürsorge-Arbeit als Eltern aufzuteilen sei feministisch. Sie selbst habe vorher einfach nur gedacht, es sei gerecht. Tja.

Dass mitten in diesem gefühlten Chaos und der erlebten Ungerechtigkeit der Ruf »Mutter sein, Frau bleiben!« laut wird, braucht also gar nicht zu verwundern. Mit dem Idealbild der MILF hat das allerdings wenig zu tun. In einer Lebensphase, in der eine Dusche, ein warmer Kaffee oder die Möglichkeit, hinter verschlossenen Türen in Ruhe zu kacken, zum Luxusgut werden, wünscht sich eine Mutter schnell einen Funken des alten Lebensgefühls zurück. Dieses Lebensgefühl, in dem sie mehr war als Brutkasten, Milchstation, Aufräumerin, Taxi, Pflegerin. Es geht nicht darum, Mutterschaft klein- oder schlechtzumachen. Egal wie sehr frau die kleinen Menschen liebt, die aus ihr geschlüpft sind: Das Lebensgefühl ist ein anderes geworden, und zwar praktisch über Nacht. Natürlich gibt es oftmals neun Monate Zeit, sich darauf

---

* Mareice Kaiser bloggt unter www.kaiserinnenreich.de und veröffentlichte 2016 das Buch *Alles inklusive.*
** 15.11.2017 in Graz, bei der ich anwesend war – aber sicherlich auch schon in anderen Kontexten

vorzubereiten. Vorbereitet wird aber vor allem auf das Außen, das Drumherum, nicht die innerliche Veränderung steht im Fokus.

Das vermisste Lebensgefühl, das schwammig mit »Frau bleiben« zusammengefasst wird, bedeutet oft nichts anderes als: der Wunsch nach sozialem Kontakt mit Erwachsenen, Gespräche abseits von Kinderkram, sich anziehend fühlen, als sexuelles Wesen wahrgenommen werden und genau das auch ausleben. Ausgedehnte Reisen, Unabhängigkeit und Freizeitaktivitäten vermissen viele sicherlich ebenfalls. Realistisch ist es aber selten. Der kleinste gemeinsame Nenner, die schnellste verfügbare Ressource ist und bleibt der eigene Körper. Aus dem Mutterkörper, der sich anfangs oft wie ein ausrangiertes Ersatzteillager anfühlt, an dem viel zu viele Teile abgenutzt, verformt und verschoben sind, wird mit dem Aufruf »Frau bleiben!« ein (heterosexueller) Frauenkörper, der begehrenswert ist. Für sich selbst und auch für andere. Warum also keine MILF sein wollen? Das scheint wie ein Ausweg aus der Muttermythos-Misere, fast wie ein Befreiungsschlag. Doch wie gesagt: Was für die Fuckability gilt, ist auch für die Mutter und noch mehr für die MILF gültig. Es gibt ein Ideal, und wer dieses erreichen möchte, muss hart daran arbeiten … oder einfach viel aushalten. Stichwort Rosenbusch.

Mütter brauchen Grenzen. Grenzen des Zumutbaren.

Ähnlich wie beim Thema Fuckability gibt es sicherlich Stimmen, die meinen, frau dürfe das alles nicht so ernst nehmen. Wer sich von all dem Drumherum stressen lasse, sei selbst schuld. Einerseits liegt dem ein Funken Wahrheit inne, andererseits ist das Drumherum einfach überall und ziemlich laut. Es lässt sich kaum eine Zeitschrift oder Zeitung aufschlagen, die nicht vor Mütter-Bashing strotzt. Das kann schon mal ein bisschen oder auch ganz viel Unsicherheit und Unbehagen auslösen.

Wie über sie gesprochen wird

Die Autorin und Bloggerin Andrea Harmonika veröffentlichte im Sommer 2017 einen wunderbaren und zugleich schockierenden Text[118], der die gesellschaftliche Haltung zu Müttern ziemlich auf den Punkt bringt. Sie zitiert Zeitungs- und Zeitschriftenartikel quer durch die Bank – *Huffington Post, taz, Zuger Woche, Stern, Bunte, Bild, Inside, Der Spiegel, EMMA, Tagesanzeiger, Focus, Heise Online, Süddeutsche Zeitung, Brigitte, Die Welt, Frankfurter Allgemeine* ... – und fasst dabei die vielfältigen Abwertungen zusammen, die darin über Mütter formuliert werden. Egal was sie tun, sie können scheinbar nichts richtig machen.

So wird von »Softie-Müttern« geschrieben, die ihre »Euter«, »Milchtüten« oder »tropfenden Nippelbretter auspacken«, um ihre Kinder an öffentlichen Orten zu stillen, und dabei scheinbar nicht dem Attraktivitäts-Standard genügen: »Wie die aussehen! Man könnte würgen, wer geht denn über so wat noch drüber?« Umso gefeierter werden frischgebackene Mütter, die der »Schenkel-Schande«, den »Wabbel-Wellen« und dem »Dellen-Drama« trotzen und bereits »vier Tage nach der Geburt unter ihrem pinkfarbenen Kleidchen nur noch ein winziges Mini-Bäuchlein« zu verbergen haben.

Es wird aufgeregt verbreitet, wie eine »Armee aus Buggys, Zwillingswägen und Dreirädern den städtischen Fußgängerverkehr lahmzulegen« versucht und damit »das Leben zwischen Müttern und allen anderen Menschen« erschwere. Journalisten und Journalistinnen sind sich nicht einig darüber, wofür sie die Mütter mehr an den Pranger stellen sollen: das Verteilen von Croissants an ihre Kinder statt einer ordentlichen Mahlzeit, die Nutzung der Mikrowelle, den Besitz eines SUV oder die Besessenheit von »schadstofffreien Lebensmitteln«, der Vermeidung »böser Umweltgifte«, »ungesunder Tiefkühlkost« und der Bereitschaft, dafür den »15 Kilometer entfernten Biobauern« aufzusuchen.

Die Mutter wird belächelt dafür, »selbst gemachten Ketchup in handbeschriftete Retro-Gläser« zu füllen, weil sich ihr Leben nur mehr um »Kindererziehung und gepunktete Servietten« drehe. Es ist von einer promovierten Chemikerin die Rede, die nur mehr »zu Hause Frau Doktor am Herd« spielen würde, »dumm« sei, weil sie nicht an die Rente denke und stattdessen lieber »in der heimeligen Familienblase« verweile. Wenn eine Mutter dann doch wieder in den Beruf zurückkehrt, würde sie auf der Arbeit bloß die »langweiligen Geschichten vom Wickeln, Stillen und Rückbildungsturnen« teilen. Ansonsten ende sie ohnehin mit 60 als »Heimveredlerin im Ruhestand«. An sich sei die deutsche Mutter »zu anspruchsvoll« und jammere gern. Grundsätzlich seien die »Cappuccino-Mütter« »eine Gefahr für die Gleichstellung«.

Andrea Harmonika macht es mit ihrer Zusammenfassung ziemlich deutlich: Die Art und Weise, wie über Mütter geschrieben wird, ist unter aller Sau. Von Wertschätzung und Empathie kann nicht die Rede sein. Stattdessen ständige Schuldzuweisungen und Besserwisserei. Diese spiegelt sich auch in realen Gesprächen mit bekannten und unbekannten Personen wider. Die in Medien abgedruckten Meinungen begegnen Müttern auch am Arbeitsmarkt, auf dem Spielplatz, am Gipfelkreuz, beim Begräbnis, auf einer Konferenz oder an der Bar. Sobald eine (als) Mutter (bekannte Frau) die öffentliche Sphäre ohne ihren Nachwuchs betritt, wird die Sorge um die Betreuung des Kindes laut. »Und wo ist dein Kind jetzt?«, heißt es im privateren Kontext. »Und wie machen Sie das mit der Betreuung?«, heißt es im Vorstellungsgespräch. Dass Vätern diese Fragen erspart bleiben, brauche ich kaum zu erwähnen. Statt vorwurfsvoller Blicke ernten sie Hilfsbereitschaft, wenn ihre Kinder im Bus zu schreien beginnen. Während also die Papas mit Herzchen in den Augen beklatscht werden, wird auf die Mütter mehr oder weniger subtil verbal eingedroschen, wenn eine die erlaubten Bahnen des Verhaltenskatalogs für Mütter sprengt. Es scheint fast so, als wäre es ein gesellschaftlicher Auftrag, dem alle Folge leisten müssten und sich vergewissern, dass wohl eh alle Mütter mitspielen und brav und gut sind. Manchmal sind es nett gemeinte Hinweise, manchmal patzige Feststellungen und leider oft übergriffige Bevormundung und Zurechtweisungen. Das mit dem Mutterinstinkt, der Mutterliebe und der natürlichen Begabung für die Brutpflege scheint wohl doch nicht so sicher – beziehungsweise nicht der Realität entsprechend. Warum sonst muss es immer und immer wieder thematisiert werden, wenn nicht aus Unsicherheit über diese »Natürlichkeit«?

Insofern ist es nur logisch, dass Nicht-Mutter-sein-Wollen beziehungsweise Mutterschaft zu bedauern einen ungeheuren Sturm der Entrüstung auslöst – sofern öffentlich darüber diskutiert wird. Die Tatsache, dass es Frauen gibt, die tatsächlich keine Kinder wollen, hat die Autorin Sarah Diehl 2015 dazu veranlasst, das Buch *Die Uhr, die nicht tickt. Kinderlos glücklich* (2015) zu verfassen. Sie hat keine Kinder, forscht aber trotzdem zu reproduktiven Rechten. Auf dem Klappentext zu ihrem Buch steht:

»Unverrückbar steht die Front zwischen Müttern und Nicht-Müttern: ›Man muss wahnsinnig sein, heute noch Kinder zu kriegen‹, hieß es im Januar 2014 in der *FAS*. Kurz darauf kam die Antwort: ›Ruhe, ihr Jammerfrauen! Eure Ausreden zum Kinderkriegen sind narzisstisch und absurd.‹ Dabei kann eine Frau heute frei zwischen verschiedenen Lebensmodellen wählen. Dennoch dominiert in unserer Gesellschaft noch immer die Vorstellung, dass potenziell alle Frauen den Kinderwunsch in sich tragen. Kein Kind zu wollen, gilt als unnatürlich, egoistisch oder feige.«

Noch schlimmer, als kein Kind zu wollen, ist nur noch, die Mutterschaft zu bereuen. Die israelische Soziologin Orna Donath veröffentlichte 2015 eine Studie mit dem Titel *Regretting Motherhood*.[119] Darin befinden sich Interviews mit Frauen, die ihre Mutterschaft eben anhaltend bereuen. Es geht nicht darum, dass sie ihre Kinder nicht lieben würden, sondern ausschließlich um die Rolle als Mutter, die von ihnen als negativ erlebt wird. Besonders in Deutschland löste die Studie eine breite Debatte und Aufruhr aus. Unter dem Hashtag #regrettingmotherhood entstanden unzählige Blog- und Zeitungsartikel. Weitere Bücher wurden veröffentlicht, die sich ebenfalls auf die Studie bezogen. Es schien so, als hätte etwas Unsagbares und Undenkbares den Raum betreten. Auf jeden Fall scheint es ein absoluter Tabubruch zu sein, Mutterschaft zu bereuen und nicht die Erfüllung darin zu finden.

Dabei sei Mutterschaft lange nicht so selbstlos wie oft behauptet, schreibt Psychologin Gaby Gschwend in *Mütter ohne Liebe*.[120] Mutterschaft könne eine Frau mit einer Aufgabe versorgen, eine Fluchtreaktion aus dem bestehenden Leben sein, eine Machtposition über von ihr abhängige Menschen bieten. Sie könne Statussymbol sein, Erwachsensein demonstrieren und vor der Dominanz der eigenen Eltern schützen, könne der Versuch sein, eigene Kindheitsträume zu verwirklichen, die eigene lieblose Kindheit zu kompensieren, eine Beziehung zu kitten.[121] Aber darüber reden wir nicht gern. Mutterliebe sei auch nicht »rein«. Die Gefühle von Bereicherung und Last gehen oft Hand in Hand. Warum soll gerade diese Liebesbeziehung keine Konflikte kennen?

Autorin Gaby Gschwend schreibt dazu: »Manchmal verlieren Mütter die Geduld und schreien ihr Kind an, manchmal treiben sie es an, wenn es trödelt. Nicht alle Aktivitäten und Interessen des Kindes interessieren sie. Manchmal befehlen sie, statt ewig zu erklären und zu begründen. Und natürlich kann es so sein, dass ihnen das Kind manchmal weniger wichtig ist als andere Menschen oder Tätigkeiten. Für Mütter früherer Generationen und noch bis in die 1960er-Jahre war das alles auch ganz selbstverständlich und weder mit Schuldgefühlen noch Zweifeln an ihren mütterlichen Qualitäten verbunden. Heutige Mütter haben das Gefühl, ›komplett zu versagen‹, sich als schlechte Mutter zu erweisen und ihrem Kind erheblich zu schaden.«[122]

Man braucht sich nur anzuschauen, wann die gesetzlichen Grundsteine für eine gewaltfreie Erziehung gelegt wurden: In

Österreich 1989, in Deutschland im Jahr 2000. In der Schweiz wehrt sich die Politik noch heute gegen die Einführung eines Züchtigungsverbots. Die Angst, als Mutter zu versagen oder dem Kind Schaden zuzufügen, scheint also relativ neu. Trotzdem getrauen wir uns kaum, über unsere »Verfehlungen« zu sprechen, mögen sie noch so klein sein. Als mein eigenes Kind noch ein Säugling war und das erste Mal einen wunden Hintern hatte, kam ich mir vor wie die schlechteste Mutter der Welt. Als mich eine Bekannte, die wenige Monate später ihr Kind zur Welt brachte, wegen genau dieses »Problems« anrief, waren wir beide unglaublich erleichtert. Kein Riesendrama, nur ein roter Hintern – aber das Gefühl war da, alles von Beginn an richtig machen zu müssen, über alles Bescheid zu wissen und ansonsten dafür bestraft zu werden. Wen wundert's?

Denn das Bashing scheint den Müttern gewiss, egal worum es sich dreht: für den Einsatz für ein selbstbestimmtes Gebären, Fürsorglichkeit, das Ausprobieren neuer Erziehungsstile, Umweltverträglichkeit oder das Sich-ganz-einfach-Anfreunden mit der Situation, nicht wieder so schnell einen Job zu finden. All das wird relativ schnell der Lächerlichkeit preisgegeben. Übertriebenes, esoterisches oder hysterisches Getue heißt es dann. Unzufriedenheit und Sich-Auflehnen gegen schlechte Rahmenbedingungen werden als Zimperlichkeit abgetan, als Schwäche. Die Machtposition, die Mütter eigentlich aufgrund ihrer Gebärfähigkeit und ihrer absoluten Einflussnahme auf unsere nächste Generation hätten, wird entweder heruntergespielt und vertuscht oder wegen vermeintlichen Misserfolgs an den Pranger gestellt. Diese Art der Berichterstattung erinnert nicht zufällig an jene über die Riot Grrrls oder die über #aufschrei und #metoo. Die Hexenjagd auf Frauen, die Ungerechtigkeiten öffentlich aufzeigen, ist nicht vorbei. Sie ist nur subtiler geworden. Kein Wunder, wenn Mütter so verdammt unsicher sind. So verstummen auch viele, weil sie genau wissen, dass sie an Tabus rütteln. Lieber nichts sagen, stumm lächeln, im stillen Kämmerlein weinen. Dabei sind es gerade die ehrlichen Offenbarungen von Frauen bei #aufschrei und #metoo, die andere beflügelt haben, auch sichtbar zu werden. Sie zeigen, dass frau absolut nicht allein ist. Die Vielzahl an Elternblogs beweist das. Bloggerin Susanne Mierau[*] prägte 2014 auf der re:publica[**] den Begriff »Online-Eltern-Clan« – gemeint ist damit die Vernetzung von Eltern übers Internet, um sich in Sachen Elternschaft auszutauschen. Denn dort, wo Öffentlichkeit schweigt oder durch globalere Familiengebilde[***] guter Rat manchmal teuer ist und dringend gesucht wird, verlagert er sich ins Netz.

Twitter, Online-Foren, Facebook-Gruppen und die Kommentarspalten von Mommy-Blogs sind zu den Zeiten, wo andere einen draufmachen, voll von Müttern, die sich austauschen über Kinderkrankheiten, Bastelideen für Geburtstage, Entwicklungsphasen und -schübe, Ernährung, Brustentzündungen und vieles mehr. Auf den Blogs finden sich Geschichten aus dem Familienalltag – manche minutiös dokumentiert, manche mit vielen Fragezeichen und steigenden Erschöpfungsgraden gespickt, aber viele um zu zeigen: Du bist nicht allein. Nicht allein mit deiner Erschöpfung, deinen Zweifeln, deinem Schmerz, der Verwirrung, dem Chaos, deinen Versuchen, Arbeit und Elternschaft unter einen Hut zu bringen.

Und manchmal finden sich auch Nischen, in denen ganz besonders heikle Themen Platz haben wie Probleme in der Partnerschaft, das Sexleben und das Verarbeiten von Geburtstraumata. Darüber wird nicht gerne gesprochen oder geschrieben; von Angesicht zu Angesicht fällt es oft noch schwerer. Öffentlich wird ein Mantel des Schweigens darübergelegt. Zumindest kann die Anonymität

---

[*] Susanne Mierau bloggt unter www.geborgen-wachsen.de über bindungsorientierte Elternschaft.

[**] Die re:publica in Berlin ist eine Konferenz zu Digitalisierung und Gesellschaft in Europa und findet jährlich seit 2007 statt.

[***] Familien, die weit zerstreut wohnen.

des Netzes beziehungsweise das Fehlen eines direkten Gegenübers eine gewisse hilfreiche Distanz schaffen. So ging auch meine eigene Geburtsgeschichte[123] rund um die widersprüchlichen Gefühle zu meinem Notkaiserschnitt zuerst einmal anonym auf umstandslos.com online. Erst als ich eine Reihe von bestärkenden Kommentaren dazu erhielt, traute ich mich, den Blogeintrag auf meine eigene Webpräsenz krachbumm.com zu stellen. In Folge wurde er schließlich auf *BrigitteMOM* veröffentlicht und im Magazin *Familie rockt* abgedruckt. Viele Leser*innen erhielt ich rein durch diesen Beitrag. Viele Kommentare enthielten ein »Danke«: Danke, dass jemand darüber spricht.

Wenn wir uns ansehen, wie über Mütter in der Öffentlichkeit gesprochen wird, finden wir also aufmerksamkeitsheischende Medienberichte, die Mütter auf die Finger klopfen, ein riesiges Tabu rund um das Nicht-Mutter-sein-Wollen beziehungsweise sich nicht in diese aufopfernde Mutterrolle zu fügen. Dem gegenüber stehen Eltern, die sich online über diesen Druck, die Widersprüchlichkeiten zwischen Idealen und eigenem Tun, unterhalten. Wer nicht auf einschlägigen Foren oder Blogs unterwegs ist, dem bleiben Film und Fernsehen vorbehalten, um Anhaltspunkte zu finden, wie es den anderen geht. Denn vieles ist wie gesagt tabu.

Die einzig zulässige Form, Tabus zu thematisieren, scheint die humoristische Auseinandersetzung damit. Genauso wie Tod, Missbrauch, Untreue, Sexismus und Rassismus Grundlage für viele Witze sind, scheint es um die mütterlichen Tabus bestellt. Wer sie breitenwirksam beackern möchte, macht lieber eine Komödie draus. Dann kann noch immer gesagt werden: alles nur Satire. Diejenigen, die es betrifft, wissen allerdings um das faustgroße Korn Wahrheit, das darin steckt. Beispiele für solche Satiren sind z.B. Hollywoodfilme wie *Was passiert, wenn's passiert ist* (USA 2012), *Bad Moms* (USA 2016) und *Bad Moms 2* (USA 2017. Wer selbst gerade in der Lebensphase der Schwangeren oder der Mutter steckt, kann sich meist gut hineinfühlen. Doch weil

Filme wie diese so lustig sind, getraut sich kaum eine, den Wahrheitsgehalt so mancher Szene zu bestätigen.

Einen anderen Ansatz verfolgen Reality-TV-Formate wie das australische *Yummy Mummies*, das im Sommer 2017 vier wohlhabende Celebrity-Schwangere im ziemlich trashigen Stil um die beste Babyparty wetteifern ließ. In Deutschland ist mit *6 Mütter – Zwischen Kind und Karriere* seit Herbst 2016 zwar ein Bemühen erkennbar, etwas vom realen Alltag deutscher Promi-Mamas zu zeigen und sich gegenseitig zu Erziehungsstilen Feedback zu geben. Aber eine Penthouse-Wohnung in New York, ein Kind, das bereits ein YouTube-Star ist, oder auch eine Alleinerziehende, die mit vier Kindern gut über die Runden kommt, weil der Ex-Mann zufällig Til Schweiger ist, schrammt dann doch etwas an der Realität der meisten Mütter vorbei. Das perfekte Aussehen auch mit Mitte 40, die Karriere im Hintergrund und genug Geld auf dem Konto, um sich Babysitter*innen leisten zu können, weisen zwar stark auf den MILF-Status hin, haben aber mit der Normalo-Mutter leider nur wenig zu tun. Da beruhigt es kaum, dass auch die Kids von Promis mal nicht schlafen gehen wollen oder anstrengend sind.

Der Rest bleibt surreal, der Anspruch dennoch hoch. Wenn *Yummy Mummies* und *6 Mütter – Zwischen Kind und Karriere* die überzeichnete Spitze des Eisbergs eines MILF-haften Mütterideals sind und die alternative Besprechung dazu eher als Komödie angesiedelt ist, bleibt ganz viel Vakuum der Sprachlosigkeit in der Mitte. Oder Verzweiflung und Ratlosigkeit. Die Realität von eher linkspolitischen Akademiker-Pärchen des 21. Jahrhunderts, die ein hippes und scheinbar gleichberechtigtes Leben bis zur Geburt des ersten Kindes führen, greifen zumindest die Filme *Ein freudiges Ereignis* (FR 2011) und *Was hat uns bloß so ruiniert* (Ö 2016) auf. So lustig oder schön ihre Trailer auch anmuten, so bitter ist ihr Nachgeschmack, so sehr entzaubern sie das perfekte Familienglück. Trennungen, chronisches Unglücklichsein, Enttäuschung, Überforderung mit den Ansprüchen und Erwartungen an die

Elternschaft und unromantische Geburten stehen in beiden Filmen auf dem Programm. Auch die Romane *Herzmilch* (Gertraud Klemm, 2014) und *Lasse* (Verena Friederike Hasel, 2015) lassen ihre Leserschaft mit Betroffenheit, Sprachlosigkeit und vor allem ohne Lösungen zurück, weil die Mutterschaft doch nicht das verheißene Familienglück bringt. Die Protagonistinnen scheinen ratlos und stehen einem Berg von Erwartungen gegenüber, die sie nicht erfüllen können oder wollen.

Egal ob Comedy-Blockbuster, Reality-TV, europäischer Film oder Literatur – überall trieft es also vor Stress, Überforderung und großen Fragezeichen. Nie war es einfacher, Elternschaft mittels Verhütung gezielt zu planen. Umso größer sind die Erwartungen, die darauf lasten. Umso größer die Enttäuschungen. Kinder wurden gesamtgesellschaftlich nie als Heilsbringer für unser Erwachsenenleben gesehen. Jetzt tun wir so, als würden sie alles mit Glitzer bestreuen und wie kleine Einhörner unser Leben veredeln. In gewissem Maße tun sie das. Aber Einhörner verfügen, wie der Name schon sagt, über ein Horn. Dieses steckt oftmals wie ein schmerzender Stachel in der Work-Life-Balance der Eltern und deren Beziehungsleben. Auch darüber sollten wir ohne Vorbehalte sprechen können.

Was von ihnen erwartet wird

Eine der vielen heutigen Erwartungen an Mutterschaft ist, alles möglichst allein zu schaffen. Das fällt dann unter Selbstständigkeit, Power oder Alles-im-Griff-Haben. Dabei war Kinderbetreuung eigentlich nie Sache einer einzelnen Person, sondern vielmehr eine Mischung aus einer Vielzahl von Familienmitgliedern, Nachbar*innen und Bekannten, die auf irgendeine Art und Weise ein Auge auf die Kinder haben, und der Tatsache, dass ein Haufen Kinder sich selbst überlassen abseits der Kontrolle der Erwachsenen spielte und sich die Zeit vertrieb. Heute ist unser Alltag anders strukturiert und mit Handy und Jugendamt im Nacken auch anders überwacht. Es gibt klare Zuständigkeiten, und diese übernehmen ihre Verantwortung zu 100 Prozent (oder zumindest sollten sie es). Das hat durchaus einige gute Seiten. Die vernachlässigte Seite ist allerdings, dass uns dieses sprichwörtliche »Dorf«, das es bräuchte, um ein Kind zu erziehen, abhandengekommen ist und oft nur mehr in institutionalisierter Form auftritt.

Die australische Autorin und Bloggerin Constance Hall* fasste diesen Umstand im Herbst 2017 ganz gut auf ihrer Facebook-Seite zusammen. Sie schreibt über die Einsamkeit, die die Mütter oft umgebe. Dieses »Dorf« fehle uns ganz oft. Statt des Dorfes hätten wir nun unsere eigenen vier Wände und ein iPhone. Frauen beziehungsweise Mütter seien heute so isoliert, weil von ihnen erwartet werde, dass sie sich perfekt selbst versorgen. Sie gingen oft nicht mehr zu den Nachbarn, wenn ihnen Lebensmittel fehlten oder sie schnell jemanden benötigten, um auf die Kinder aufzupassen. Die Menschen im selben Wohnhaus oder derselben Straße seien uns kaum noch bekannt. Wenn Mütter um Hilfe bäten, würde es ausgelegt, als hätten sie versagt, weil sie es alleine nicht schafften. Aber genau das sei der Fall: Sie schaffen es alleine nicht. Denn der Preis, der bezahlt wird, seien unsere partnerschaftlichen Beziehungen. Genau von jenen erwarteten wir nämlich, dass sie all diese Aufgaben übernähmen. So wie die Gesellschaft heute gestrickt sei, gaukle sie uns vor, dass beide die Brötchen verdienen müssten, hart arbeiten sollten, den Haushalt gemeinsam führen, beste Freunde sein, sich bei Streitigkeiten mit den Schwiegereltern

---

* Constance Hall, die mittlerweile über eine Million Follower auf Facebook hat, setzt sich für Solidarität unter Frauen – »Queens«, wie sie sie nennt – ein. Bekanntheit erlangte sie durch ihre freimütigen Postings zu ihrem Privatleben, psychischen Erkrankungen, Beziehungsschwierigkeiten, ihrem Körper und ihren Kindern. Als sie im April 2016 über die Wahrheiten des sexuellen Elternlebens schrieb, wurde ihre Statusmeldung 40.000 Mal geteilt und erhielt 36.000 Kommentare. Mittlerweile veröffentlichte sie ein Buch im Eigenverlag und betreibt einen Online-Shop mit Kleidungsstücken, die dem »Mummy Tummy« schmeicheln.

unterstützen, immer ein offenes Ohr und eine starke Schulter für den anderen haben, qualitative Zeit miteinander verbringen, aber sich auch gegenseitig die Kinder abnehmen sollten, damit eine*r mal Zeit für sich hat. Wir sollten füreinander noch schnell etwas einkaufen, füreinander kochen und natürlich auch noch sexuelle Abenteuer miteinander erleben.[124]

Wir leben in einer Gesellschaft, in der uns zwar Tausende Möglichkeiten offenstehen und überall Tipps und Tricks für die Selbstoptimierung in jedem Bereich herumgeistern. Ein Tipp, der allerdings oft fehlt, ist jener, einfach andere um Hilfe zu bitten. Es wird als Eingeständnis von Schwäche betrachtet. Wer will schon schwach sein, jetzt, wo wir doch so emanzipierte und selbstständige Frauen sind? Schafft es eine Mutter nicht allein, folgt sofort die Frage nach dem Partner, wie es denn mit seinem Beitrag aussähe. Zu zweit müsste das doch möglich sein. Ist es nicht. Das Dorf fehlt. Richtig bitter wird es dann alleinerziehend. Eigentlich dürfte es so ein Wort gar nicht geben. Niemand sollte sich komplett allein um Kinder kümmern. Weder in einer aufrechten Beziehung der Eltern, noch wenn sie getrennt sind. Was spricht gegen Großeltern, Tanten, Onkel, Nachbarn und Nachbarinnen, Babysitter und Babysitterinnen, Kinderbetreuungseinrichtungen und den Freundeskreis? Wozu Hunderte Facebook-Friends, wenn im Real Life alles allein geschafft werden soll?

Die Journalistin Alice Schwarzer sagte dazu: »Historisch [ist es] ein ganz und gar neues Phänomen, dass ein Kind – ohne Anregungen durch andere Erwachsene und Austausch mit anderen Kindern – allein mit seiner Mutter innerhalb von vier Wänden hockt. Da war früher die Großfamilie, war das Dorf oder Stadtviertel vor.«[125]

Ein Partner allein, der »mithilft« oder sich sogar zu gleichen Teilen im Haushalt und in der Elternschaft engagiert, ist also noch lange nicht das Gelbe vom Ei. Es braucht mehr. Und zwar eine ganze Gemeinschaft. Constance Halls Facebook-Posting (in englischer Sprache) wurde über 11.000 Mal geteilt und erhielt innerhalb des ersten Monats über 4.600 Kommentare. Offensichtlich traf sie damit einen Nerv. Es ist schon verdammt viel, was wir heute von uns und unseren Partnerschaften erwarten. Vieles hat sich erst in einem relativ kurzen Zeitraum zum Ideal entwickelt. Heiraten war vor gar nicht allzu langer Zeit eine wirtschaftliche Notwendigkeit beziehungsweise hatte nur diesen Zweck. Heute leben so viele Menschen wie nie zuvor in Single-Haushalten, weil wir nicht mehr von »Partnerschaften« abhängig sind. Gleichzeitig haben wir erstmals die Zeit und Möglichkeit, uns umfassend mit kindlichen, erwachsenen und partnerschaftlichen Bedürfnissen auseinanderzusetzen. Trotzdem, oder vielleicht genau deshalb, stehen wir irgendwie allein da, obwohl alle mitreden wollen. Der Online-Eltern-Clan kann eben doch nicht alles leisten.

Die gefühlte Einsamkeit entsteht durch das Zusammenspiel von fehlender Gemeinschaft vor Ort und dem Leistungsdruck unserer Zeit. Denken wir nur an die Beschreibung der MILF als »Multitasking-Maschine« von Sarah Maizes. Dabei fehlen uns die Antworten dafür, wie die Beziehung der Eltern funktionieren kann/soll: romantisch, organisatorisch und sexuell. In Elternzeitschriften wird diese Thematik gerne ausgelassen. In Beziehungsratgebern wiederum kommt die Elternschaft meist nur am Rande vor. Die MILF ist ebenso wenig hilfreich. Sie ist heiß und tut so, als könne sie einfach alles – Beruf, Elternschaft, Styling. Das passende Hashtag auf Instagram würde #lifegoals lauten.

Die Historikerin Lisa Malich schreibt dazu: »Die Übermutter [ist] der neue Übermensch und versammelt sämtliche Attribute des Superlativs in sich. Sie ist schön! Sie ist erfolgreich! Sie ist glücklich! Sie hat schöne Kinder! Und glücklich und erfolgreich werden die Kinder auch! Ihr Körper ist stets schlank, fit und sexy, sie kann männlich-hart sein, sie brilliert im Kampfsport und trinkt Bier, sie kann aber auch weiblich-weich sein, hat tolles Haar, eine saubere Wohnung und bastelt die buntesten Bento-Boxen für ihre

Kinder. Und stricken kann sie vielleicht auch, aber keine langweiligen Wollsocken, sondern hippe Handwärmer.«[126]

Was im realen Abgleich bleibt, ist ein ständiges Scheitern.

Ein Uterus macht noch keine Mutter

Im Grunde könnten wir uns viel Stress und Ärger ersparen, wenn
wir uns immer wieder vor Augen hielten, dass die Gesellschaft,
wie sie heute existiert, noch nicht einmal vor 40 Jahren so aus-
gesehen hat. Noch weniger vor 300 Jahren. Es ist ganz nett, wenn
wir von uns heute erwarten, romantische Liebe, achtsame Elternschaft und geilen Sex unter einen Hut zu bringen. Historisch gesehen ist das jedoch ziemlicher Bullshit. Vor unserer Generation
ist noch nie jemand auf die Idee gekommen, das so zu regeln.
Familie, Sexualität und Liebe sind drei komplett unterschiedliche
Bedürfnisse. Nun strampeln wir uns damit ab und verzweifeln
zusätzlich an Vereinbarkeitsdebatten. Wir lesen tausend Ratgeber
und Blogartikel, die uns zehn Schritte für ein erfülltes Berufs-,
Liebes- und Elternleben vorgaukeln. Als ob irgendjemand das
langfristig schon geschafft hätte. Wir sind die Laborratten in
unserem eigenen Experiment.

Dabei reicht ein Blick in die Literatur des 19. Jahrhunderts, als
über das neumodische bürgerliche Liebesideal geschrieben wurde.
Mit dem Happy End sieht es dort noch relativ mager aus. *Madame
Bovary* und *Anna Karenina*[127] zeigen ziemlich deutlich zwei Hel-
dinnen, die genau an dem Versuch scheitern, Liebe und Ehe zu
verknüpfen, weil es für das »How to« zu dieser Zeit noch keine
ausgefeilte Vorgehensweise gab. Die Wirtschaftsgemeinschaft und
das romantische Gefühl in Verbindung zu bringen war ziemlich
neu. Im Fall von Madame Bovary und Anna Karenina klappt das
mit dem Ehemann, das mit der Liebe und dem tollen Sex geht
allerdings in die Hose. Ein Jahrhundert früher hätten solche

ungünstigen Umstände der Einfachheit halber noch zu Affären geführt. Niemand hätte an »Unvereinbarkeit« gelitten wie in diesen Erzählungen. Die beiden Romanheldinnen versauern im 19. Jahrhundert jedoch in ihren »Beziehungen«, weil sie sich wegen der bürgerlichen Moral keine Seitensprünge mehr leisten können. Also bringen sie sich um.

Im 21. Jahrhundert greifen wir kaum zu so drastischen Mitteln. Stattdessen lassen wir uns einfach scheiden und heiraten dann wenig später mit dem größtmöglichen Pomp wieder die nächste große Liebe. Aber dass Ehe und Liebe zusammengehören steht unwiderruflich für uns fest. Wenn es im Bett dann trotzdem wieder nicht auf Dauer klappt, steht zumindest der Weg in die Sexualtherapie offen oder die zahlreichen Sextipps in diversen Männer- und Frauenzeitschriften. Das wird ja wohl irgendwie zu richten sein. Meinen wir. Der britisch-schweizerische Philosoph Alain de Botton, der sich mit dem menschlichen Scheitern an Liebe und Sexualität beschäftigt, meint dazu, dass die glückliche Ehe durchaus eine reale Möglichkeit sei, allerdings eine sehr, sehr seltene. Er schreibt:

»Dass ein Paar gewillt ist, aus dem Gefängnis der Ehe heraus sein Leben vorüberziehen zu sehen, ohne auf sexuelle Impulse aus der Außenwelt zu reagieren, ist ein Wunder der Zivilisation und ein Glücksfall, für den beide Beteiligte tagtäglich dankbar sein sollten. [...] Im Sexuellen Entsagungen zu üben ist weder normal noch sonderlich angenehm. Treue sollte als Leistung anerkannt und gebührend gewürdigt werden – ideal wären Orden und das Schlagen eines öffentlichen Gongs –, anstatt sie als wenig bemerkenswerte Norm abzutun, deren Verletzung durch eine Affäre den Partner zurecht erzürnen darf.«[128]

Insofern sollten wir etwas gelassener mit unseren Ansprüchen an die Verbindung Familie, Liebe und Sexualität umgehen. Wir sind am Beginn dieses historischen Experiments, und es ist auch ein Luxus, überhaupt die Zeit und Möglichkeit zu haben, sich mit diesen Fragen auseinanderzusetzen. Alain de Bottons pessimistischen Ton schlage ich nicht etwa an, weil ich verbittert wäre, keinen abgekriegt hätte oder betrogen worden wäre. Nope. Der Grund liegt einzig und allein im geschichtlichen Beweismaterial. Bei Historikerin Gisela Bock lässt sich beispielsweise Schritt für Schritt genau diese Entwicklung von Ehe, Rollenbildern, Hausarbeit und der Bedeutung der Mutterschaft nachlesen:[129] Wie bereits gesagt war die Ehe lange Zeit eine wirtschaftliche Notwendigkeit, um zu überleben. Für Frauen ohnehin, da sie wenig bis keine Rechte besaßen. Aber auch generell funktionierte individuelles Herumwursteln einfach nicht. Vor der Industrialisierung war das Leben durch die Familienwirtschaft geprägt. Niemand »ging« arbeiten. Es gab keine Trennung zwischen öffentlichen und privaten Bereichen beim Arbeiten und Wohnen. Alle wollten überleben, und das klappte nur in der Gemeinschaft. Egal ob es sich um eine Bauern- oder Handwerksfamilie handelte: Der ganze Hausstaat arbeitete mit, im und außer Haus. Eheleute, Kinder, Knechte, Mägde, Hausdiener, Gesellen – jede und jeder hatte seine eigenen Aufgaben. Männer und Frauen übten dabei durchaus unterschiedliche Tätigkeiten aus, die sich allerdings ergänzten. Es gab keine Unterscheidung zwischen bezahlter und unbezahlter Arbeit.

Die Arbeitsaufgaben der Frauen waren unverzichtbar. Sie arbeiteten auf dem Feld, verkauften Waren auf Märkten, produzierten Textilien, Kerzen, Seifen, etc. Eine besonders wichtige Aufgabe der Frauen war das Sparen und Aufbewahren – und zwar ebenso wichtig wie das Verdienen – von Geld. Beides machte sich auf der Kostenseite bemerkbar. Der Mangel gehörte zum Alltag, deshalb musste beispielsweise auf die Wäsche, die nur sehr selten gewaschen wurde, besonders geachtet werden, damit sie nicht zu schimmeln begann oder von Mäusen und Motten zernagt wurde. Ähnliches galt für das Kochen. Auch hier musste gespart werden und trotzdem der ganze Haushalt mit allen Gesellen so durchgefüttert werden, dass gestärkt gearbeitet werden konnte. Eine

Aufteilung in bezahlte Arbeit und Hausarbeit hätte wenig Sinn gemacht.

In der städtischen und ländlichen Unterschicht konnte von Kochen und Putzen aber nicht wirklich die Rede sein. Brotsuppen und Grützen kamen auf den Tisch, und das vor allem kalt, um Feuerholz zu sparen. Der Wohnraum, oder sagen wir Lebensraum, war eher eine Urversion der multifunktionalen Ikea-Miniwohnungsfantasie: Werkstatt, Schlafraum und Kochstelle waren oft ein Zimmer. Wo wenig Platz ist, gibt es auch wenig zu putzen. Hygiene war ohnehin noch nicht »im Trend«. Es reichte eigentlich, die Tiere aus dem besagten Raum zu vertreiben und mal zu kehren. Möbel zum Abstauben? Fehlanzeige. Oft gab es nur ein Bett, in dem mehrere gemeinsam schliefen. Nicht nur die Eheleute.

Und die zwei hielten sich im besten Fall gerade so aus. Denn bevor das bürgerliche Liebesideal aufkam, war die Ehe ein offener Kampf. Frauen wurden als »wild, frech, aufrührerisch und ungebärdig« beschrieben und lieferten sich mit ihren Gatten den »Kampf um die Hosen«. Davon erzählen zahlreiche Flugblätter aus dieser Zeit. Auch die kratzbürstigen Frauencharaktere aus Shakespeares *Der Widerspenstigen Zähmung* haben hier ihren Ursprung. Die wilden Frauen schlugen sich mit ihren Ehepartnern, leisteten Widerstand, streikten und demonstrierten, wo es ging. »Das Wort ›Liebe‹ auf die Ehe bezogen bedeutet in der alten Gesellschaft lediglich, sich nicht so sehr zu hassen, dass ein Zusammenleben völlig ausgeschlossen war«, formulierte es die Historikerin Gisela Bock.[130] Ein Beobachter in England schrieb 1807, dass die Frauen die Ersten wären »in allen öffentlichen Tumulten, unübertroffen an Gewalt und Wildheit«.[131]

Äh, und wie wurden aus diesen wilden Weibern derart zahme Sexkätzchen und Helikoptermütter? Durch die Industrialisierung begannen immer mehr Menschen außer Haus zu arbeiten. Langsam entwickelten sich eine öffentliche und eine private Sphäre. Für die Arbeiterschicht war das natürlich egal, da mussten alle ran.

Für das Bürgertum, das neu entstand, machte es aber wohl einen Unterschied. Der Mann ging hinaus, und die Frau erhielt immer stärker ihren Machtbereich zu Hause. Denn dort, wo sich Mütter bislang so gar nicht um ihre Fortpflänzlinge gekümmert hatten, war nun die Politik daran interessiert, dass die Bevölkerung wuchs.

Vor dem 18. Jahrhundert interessierte sich niemand so recht für Kindeserziehung. Eine Tracht Prügel, das ja. Aber vor allem waren Kinder ein Kostenfaktor, der abgewogen wurde. Es war keine Seltenheit, Kinder bei Hungersnöten auszusetzen oder sie von anderen Familien aufziehen zu lassen, sie für die Arbeit, Lehre oder, in besseren Kreisen, fürs Stillen oder die Schulbildung wegzuschicken. Im Mittelpunkt von Märchen, die wir aus unserer eigenen Kindheit kennen,[*] oder in Klassikern wie *Oliver Twist* von Charles Dickens stehen oft solche Waisenkinder im Mittelpunkt. Es gab weder Kindheit noch pädagogische Überlegungen. Kinder waren einfach nur kleine Erwachsene – und Frauen damit auch nur Menschen, die Kinder zur Welt brachten, weil sie die körperlichen Voraussetzungen dazu mitbrachten. Es wurde sogar von einer »natürlichen Bosheit«[**] des Kindes ausgegangen. Deshalb sollten die Erwachsenen lieber distanziert bleiben. Der Überlebensinstinkt regierte vor dem »Mutterinstinkt«. Auch der Tod von Kindern berührte nicht sonderlich. War das Kind unter fünf Jahre alt, ging niemand zum Begräbnis. Emotionale Bindung: Fehlanzeige. Es gab so viele Kinder, dass sie leicht zu ersetzen waren. Nur die Hälfte wurde überhaupt zehn Jahre alt. Doch ausschlaggebend waren nicht allein die schwierigen Lebensbedingungen, sondern auch der Umgang miteinander. Die Philosophin Elisabeth Badinter schrieb dazu:

---

[*] Z.B. *Hänsel und Gretel* oder *Sterntaler.*

[**] In der christlichen Theologie gab es vor der Aufklärung ein sehr negatives Bild von Kindheit. Aurelius Augustinus sprach von der Bosheit des Kindes, die sich durch die Erbsünde ergab. Das Bild des Menschen, der von Natur aus gut sei, vom Pädagogen Jean-Jacques Rousseau war im 18. Jahrhundert eine vollkommen neue Weltanschauung.[132]

»Nicht weil die Kinder wie die Fliegen starben, haben sich die Mütter so wenig für sie interessiert, sondern die Kinder sind deshalb in so großer Zahl gestorben, weil die Mütter sich nicht für sie interessierten.«[133]

Von klein an wurden sie gerade mit dem Notwendigsten versorgt. Das Stillen übernahm teils die Amme. Konnten sich die Kleinen noch nicht recht bewegen, wurden sie einfach von Kopf bis Fuß eingewickelt, damit sie sich erst recht nicht bewegen konnten. Dadurch war es einfach, sie stundenlang allein zu lassen. Teils wurden sie auch an Haken an der Wand aufgehängt (in ihrem Wickel), damit die Ratten sie nicht anfraßen.

Als es dann ein gesellschaftliches (vor allem ein politisches und wirtschaftliches) Interesse daran gab, dass mehr Kinder überlebten, wurden die bürgerlichen Mütter mit einer neuen gewichtigen Aufgabe ausgestattet. Parallel zum Mütterideal entwickelte sich die Kinderheilkunde. Das Ziel waren vor allem gesunde Kinder von der richtigen Sorte. Der aufstrebende Nationalismus und die neue Wichtigkeit des Volkskörpers trugen zur Idealisierung der Mutterschaft im 19. Jahrhundert massiv bei. Philosophen beschäftigten sich Ende des 18. Jahrhunderts intensiv mit dem »Geschlechtscharakter« von Männern und Frauen und legten den Grundstein für die Mars-Venus-Zuschreibungen, mit denen wir uns heute herumplagen. Erstmals kamen sie auch auf die Idee, dass die »Mütterlichkeit« ein Hauptmerkmal für Frauen sei. Gaby Gschwend schrieb dazu: »Die wahre Berufung und auch das wahre Bedürfnis der Frau sei es, so heißt es nun, für das Wohlergehen von Männern und Kindern zu sorgen.«[134] – Ganz im Gegensatz zum bis dahin üblichen Kampf und zur Verwahrlosung.

Es dauerte nicht lange, und die »Mutterliebe« tauchte als neuer Begriff auf. »Mutterliebe« klingt recht schwülstig und emotional. Allerdings war diese Mutterliebe noch lange nicht so emotional angehaucht, wie sie klingt. Sie war vor allem praktisch gelagert. Mutterliebe bedeutete Aufopferung und Pflichterfüllung für das gesundheitliche Wohlergehen der Sprösslinge. Immerhin sollte die Kindersterblichkeit gesenkt werden. Liebevolle und fürsorgende Mütter hat es sicher auch schon immer in irgendeiner Art gegeben, aber nicht im Sinne der absoluten Erfüllung im Leben einer Frau.

Ende des 18. Jahrhunderts setzte schließlich der Schweizer Pädagoge Johann Heinrich Pestalozzi noch einen weiteren Begriff als Sahnehäubchen oben drauf: den Mutterinstinkt. Damit sollte noch mal deutlicher werden, dass dieses erwünschte Verhalten von Müttern natürlich sei. Diese mussten davon allerdings erst überzeugt werden. Immerhin hatten sie sich in der Vergangenheit ja nicht gerade mit ihren mütterlichen Qualitäten ausgezeichnet. Aber die männlichen Experten mussten es ja wissen.

Das Leitbild der bürgerlichen Kleinfamilie, in der der Mann außer Haus arbeitet und die Frau zu Hause die Kinder versorgt, wurde im 19. Jahrhundert langsam zum Leitbild – auch für die Arbeiterschicht. In der Praxis sah das freilich anders aus. Wirklich durchgesetzt in allen Schichten hat sich dieses Modell erst im 20. Jahrhundert, und da auch nur bedingt in den Nachkriegsjahren der 1950er und 1960er, dem goldenen Zeitalter von Ehe und Familie (in Deutschland und Österreich war dieses Modell zusätzlich durch die Überhöhung der Mutterschaft im Nationalsozialismus gepusht worden). In der Praxis begann das Bild vom Heimchen am Herd mit den 1970ern bereits wieder zu bröckeln. Die Vereinbarkeit von Familie und Beruf trat in den Vordergrund. Die Zweite Frauenbewegung setzte sich für viele heute selbstverständliche Freiheiten ein.

Was Mitte des 20. Jahrhunderts allerdings zu der Baustelle Muttermythos hinzukam, waren viele Forschungen im Bereich der kindlichen Psyche. Mutterschaft wurde psychologisiert. Bereits in den 1960ern wurde in den USA zunehmend von Müttern erwartet, dass ihre Kinder nun nicht nur gehorsam und gesund, sondern auch ausgeglichen und glücklich sind. John Bowlby leistete dabei einen großen Beitrag mit seiner Bindungstheorie. Damit begann aber auch der Regelkatalog für die Mütter weiter zu wachsen. Ein »Zu viel« sollte schädlich sein, ein »Zu wenig« auch. Für Deutschland und Österreich sollte es gar noch ein wenig länger dauern, bis diese Anforderungen aus den USA umgesetzt wurden.

Die Mutter-Kind-Beziehung wurde um das Gewissen der Mutter und die Gefühle beider Parteien erweitert. Die Kehrseite: Wenn das Kind eine psychische Störung bekommt, ist die Mutter schuld, weil sie sich entweder wie eine Glucke verhalten hat oder berufstätig ist. Dabei unterscheiden sich die Ansichten, was den Schaden durch die Erwerbstätigkeit angeht, je nach kultureller Prägung. In den ehemaligen kommunistischen Staaten war die erwerbstätige Mutter die Norm, in der BRD und in Österreich blieben die traditionellen Werte und die Überhöhung der Mutterschaft aus dem Nationalsozialismus erhalten. Das zeigt sich auch an den vergleichsweise langen Elternzeitmodellen.

In den 1980er-Jahren brachte die Frauenbewegung erstmals das Thema »Bedürfnisse der Mütter« auf den Tisch. In den 1990ern kam die späte Erkenntnis hinzu, dass auch noch andere Bezugspersonen abseits der Mütter durchaus wichtig für ein Kind sein könnten. Langsam begann sich der Kreis der Verantwortlichen etwas zu erweitern. Mütter »durften« arbeiten und sexier sein. 1991 traute sich gar die schwangere Demi Moore nackt aufs Cover der Zeitschrift *Vanity Fair* und löste damit einen Boom aus, sich schwanger fotografieren zu lassen. Heute gehören die Babybauchfotos bereits zum Repertoire jeder Schwangerschaft. Damals kam es fast einem Skandal gleich.

Dass nun diese Bedürfnisse von Müttern und ihr mütterlicher Instinkt nicht unbedingt auf einer Wellenlänge sein müssen, zeigte ein Versuch von Craig Kinsley, Professor für Neurowissenschaften an der Universität Richmond. Er veröffentlichte 2006 einen Aufsatz mit dem Titel *The Maternal Brain* (dt.: Das mütterliche Gehirn),[135] in dem er anhand seiner Versuchsreihe mit Ratten nachwies, dass mütterliches Verhalten nicht von Instinkten, sondern von Hormonen und sozialem Verhalten gesteuert wird. Das bedeutet: Auch Väter können Spitzenmütter sein. Denn Hormone jeglicher Art sind in den Körpern von Männern und Frauen vorhanden. Männer könnten also ohne Weiteres anfangen zu stillen. Stillen dient ja nicht nur der Nahrungsaufnahme, sondern auch der Beruhigung. Was spricht also gegen männliche Brustwarzen? So viel anders als Am-Schnuller-Nuckeln ist das auch nicht. Die Männer der Aka, eines Nomadenvolks in Zentralafrika, machen's. Sie verbringen die Hälfte der Zeit ohnehin mit ihren Babys, da können sie diese auch gleich stillen. Dabei muss nicht unbedingt Milch rauskommen. Funktionieren tut es allerdings. Immer wieder mal tauchen sensationelle Zeitungsberichte von laktierenden Männern auf. Grundsätzlich besitzen sowohl weibliche als auch männliche Körper Milchdrüsen, sie müssen nur von außen gereizt werden. Und bei manchen reicht das sogar für eine Mahlzeit.

Ansonsten gilt: Fläschchen halten. Auch wenn vieles für die Muttermilch spricht – sogar die alten Ägypter verwendeten schon Trinkgefäße für die Säuglinge. Im Mittelalter bastelten die Menschen Fläschchen aus Kuhhörnern sowie Eutern, und Säuglinge wurden teils auch von Schafen und Ziegen gesäugt. Auch der deutsche Kinderarzt und Wissenschaftler Herbert Renz-Polster[136] gibt in seinem Buch *Kinder verstehen: Born to be wild* einige Beispiele, wie unterschiedlich Babys rund um die Welt mit verschiedensten Flüssigkeiten schon recht früh gefüttert werden. Ob es an ausbleibender Milch oder generellen Gewohnheiten liegt, geht daraus nicht hervor. Aber so »natürlich«, wie uns das Stillen gleich im Paket mit dem mütterlichen Instinkt und Verhalten verkauft wird, ist es wohl doch nicht. Das schlechte Gewissen, auf diesem Gebiet zu »versagen«, können wir uns also ebenfalls sparen. Ein Busen macht noch keine Mutter.

Was Kinsleys Forschungsergebnisse mit den Ratten ebenfalls zeigen: Nicht jede Mutter ist automatisch eine gute Mutter. Und noch weniger weiß sie mit dem Zeitpunkt der Geburt automatisch, was jetzt genau zu tun ist. Oder warum verkaufen sich denn sonst alle diese Ratgeber?

Es gibt Mütter mit psychischen Erkrankungen, Mütter mit Suchtproblemen, Mütter, die sich wie die Kinder der eigenen Kinder verhalten. Es gibt Mütter, die ihre Kinder nicht bedingungslos lieben, die ihre Kinder nicht so lieben, wie sie sind. Das alles ist normal, auch wenn es traurig macht. Wir sind eine vielfältige Gesellschaft mit einer unglaublichen Geschichte. Wir erfinden uns ständig neu, und auch das, was Mutterschaft ausmacht oder sein soll, gestalten wir jeden Tag mit. Was wir aus Elternschaft machen, liegt jedoch in der Verantwortung jedes einzelnen Menschen mit und ohne Kind – dem Dorf.

Die Wahrheit über »Elternsex«

Es gibt Vaginalsex, Oralsex, Analsex, Blümchensex, Kuschelsex, Hardcore-Ficken, und es gibt Elternsex. Das ist der Sex, über den die einen nichts wissen wollen (»Iiiieh, meine Eltern haben noch Sex!«) und gleichzeitig auch der Sex, der am schwersten am Leben zu erhalten scheint (»Wie oft habt ihr es schon seit der Geburt gemacht?«). Eltern und Sex zusammenzuspannen ist irgendwie ähnlich seltsam, wie Mütter und Sex in einem Wort zu nennen.

Aber sie tun es. Mütter und Väter, ja erwachsene Menschen mit Kindern, haben Sex. Manchmal entstehen dabei sogar weitere Kinder. Es ist ein gut gehütetes Geheimnis, wie das vonstattengeht, denn kaum jemand unterhält sich darüber. Vielleicht bringt ja doch der Storch die Kinder. In Beziehungs- oder Sexratgebern wird auch oft so getan, als würden Kinder im Leben der Ratsuchenden nicht existieren. In Eltern-Ratgebern für die ersten Lebensjahre wiederum bleibt dafür der Sex meist ausgespart. Auch in den Hunderten Elternblogs im deutschen und englischen Sprachraum tauchen nur wenige Beiträge über Sex auf. Wenn doch, entsteht das Gefühl, »Elternsex« wäre etwas ganz Spezielles, ein Tabu, kaum existent, von der neuen Rolle und Verantwortung komplett absorbiert. Strampler und Fesselspiele führen offensichtlich keine friedliche Koexistenz im »Familienglück«. Eher wirken sie wie aus einem Paralleluniversum. Stattdessen ist die Trennungsrate von frischgebackenen Eltern im ersten Lebensjahr am höchsten, weil die Beziehungszeit drastisch zurückgeht und damit auch die Zeit, die ins gemeinsame Liebesleben investiert wird. Die tatsächliche Häufigkeit des Beischlafs, den Eltern pflegen (oder auch nicht), scheint wenig mit der medial aufgeladenen Stimmung zu tun zu haben, in der MILFs unsere Bildschirme schmücken. Denn im Real Life ist die MILF eher am Wickeltisch als auf dem Küchentisch zu finden.

Doch wie wichtig ist der Sex für eine Beziehung heute überhaupt? Für viele Menschen ist er das beste Mittel, um Nähe und Intimität herzustellen. Manche fühlen sich aber auch mit unregelmäßigem Austausch von Körperflüssigkeiten durchaus gut aufgehoben und begehrt. Andere brauchen die körperliche Nähe wie die Luft zum Atmen und kommen sich wenig liebenswert und schnell vernachlässigt vor, sobald die Aufmerksamkeit zurückgeht. Historisch gesehen ist die Freiwilligkeit der Ehepartnerinnen dabei erst ein junges Gut, die Möglichkeit des sorgenfreien, weil folgenfreien Herumvögelns ebenso.

Trotzdem wird die Sexualität von Eltern in unseren Breitengraden zur Herausforderung. Denn in unserem Kulturkreis steht und fällt alles mit der Frage: Wo schläft das Kind? Nicht alle Babys und Kleinkinder verbringen die Nacht im eigenen Zimmer oder eigenen Bett. Es gibt gute Gründe, warum ein Familienbett oder -zimmer Sinn macht. Nicht für alle Familien passt das so. Und obwohl es in der pädagogischen, psychologischen oder wie auch immer gearteten Frage des Kinderschlafortes überhaupt nicht um Sex geht, wird dieser in den Kommentarspalten der Familienbett-Blogartikel immer mit ins Spiel gebracht. Das Schlafzimmer ist mittlerweile *der* Ort für Sex.

Erinnern wir uns kurz an die Zeit vor 300 Jahren, als sehr viele Menschen im selben Bett lagen, oder schauen wir einfach in andere Länder, wo alle in einem Zimmer oder gar Bett schlafen, wo es vielleicht nur eine Hängematte gibt oder ein Zelt. Es wird gemunkelt, in diesen Fällen würde an der Schlafstätte tatsächlich eben nur geschlafen. Aber nicht miteinander. Der Sex passiert dann anderswo – außerhalb des Hauses, Zeltes oder eben außerhalb der Hängematte. Die Familienbett-Befürwortenden werden nicht müde, in den Kommentarspalten Anregungen für andere Sexplätzchen in der Wohnung beziehungsweise im Haus zu nennen. Die Urgroßmutter einer Bekannten berichtete von einem Holzstoß und dem geschwänzten Kirchgang, bei dem sich jeweils eine Freundin immer die Predigt anhörte, damit sie die anderen für deren Alibi updaten konnte.

Menschen finden offensichtlich immer Wege, um Sex zu haben. So auch die Bloggerin Constance Hall. Das Posting, mit dem sie bekannt wurde, dreht sich genau um diesen Umstand:

»Wir hatten gestern ›Elternsex‹. Du weißt, was Elternsex ist. Das sind diese dreieinhalb Minuten, die du zwischen Windelwechseln und Essenmachen hast, in denen du bemerkst, dass alle deine Kinder gerade ziemlich abgelenkt sind. Das ist dieser Moment, indem dir bewusst wird, dass es schon fast einen Monat her ist, seit ihr das letzte Mal miteinander gevögelt habt, und ihr langsam beginnt, euch wie WG-Mitbewohner zu fühlen. Es ist dieser Moment, in dem die Verführung deines Ehemanns nur mehr daraus besteht, mit einem Finger Richtung Schlafzimmer zu zeigen und sich mit der anderen in den Schritt zu fassen. […] Es ist eine ziemlich romantische Szene, wenn im Hintergrund Iggle

Piggle läuft und du weißt, dass deine Minuten gezählt sind, wenn die Werbepause beginnt.«[*]

Für die einen kann das aufregend sein, für die anderen aufreibend und frustrierend. Nach MILF klingt es jedenfalls nicht. Die Rahmenbedingungen für Paare ohne Kind(er) sind komplett anders. Die Frage um die Häufigkeit stellen sich trotzdem alle. Das Autorenpaar Theresa Bäuerlein und Tom Eckert versuchte, als Experiment ein Jahr lang diverse Sextipps auszuprobieren, um ihr Sexleben in Schwung zu bringen.[138] Dabei informierten sie sich auch darüber, wie oft Deutsche durchschnittlich Sex hatten. Seit Jahren geistern die Zahlen der Durex-Studien durch die Medien und unsere Köpfe. »Ein- bis zweimal die Woche« scheint dabei die Standardantwort zu sein. Es bleibt die Frage offen, ob alle bei diesen statistischen Erhebungen tatsächlich die Wahrheit sagen oder doch sozial erwünscht antworten und sich an dem orientieren, was man so hört. Solche Studienergebnisse würden jedenfalls unser Ego beeinflussen, meint das Autorenpaar. Bloß: Was machen wir mit dem Ergebnis? Was sagt das über unser eigenes Sexleben aus? Ist es oft genug, oder ist es zu wenig? Ist es gut, zu viel oder gerade richtig?

Die elterliche Blog-Landschaft, die sich an dieses Thema heranwagt, schreibt aus einer ähnlichen Sorge heraus. Meistens geht es bei den Sexartikeln um:

– mögliche Gründe, warum es keinen (oder zu wenig) Sex mehr gibt
– Vorschläge für Sexorte für diejenigen, die das Familienbett praktizieren
– geplanten Sex und Tipps für das Aufrechterhalten einer Partnerschaft
– Bedürfnisse und Irritationen rund um Schlaf und veränderte Körperregionen wie Bauch und Busen

---

[*] Frei übersetzt.[137]

Was der MILF im Weg steht

Zwischen dem Idealbild der MILF, die alles gebacken bekommt und sich dabei noch begehrenswert fühlt sowie Zeit für Sex hat, und der Realität klafft eine große Lücke. Der Weg zum Quickie im Badezimmer ist in der Pornofantasie weder mit Legosteinen gepflastert, noch bilden Kinderlieder den Soundtrack für Sexual Healing. Eigentlich muss man schon richtig scharf aufeinander sein, um all das auszublenden.

Für meinen Blog krachbumm.com (Lifestyle, Sex & Eltern-schaft) wollte ich genauer wissen, was es mit dem »Elternsex« auf sich hat, und so bastelte ich 2014 einen anonymen Fragebogen, stellte ihn ins Netz und verlinkte in einschlägigen Mütterforen auf Facebook darauf. Mich interessierte, was die Häufigkeit be-einflusste und wie zufrieden die Eltern damit waren. Innerhalb weniger Stunden wurde er von 150 Müttern und einem Vater ausgefüllt.

Alle waren gespannt auf die Ergebnisse und wollten vor allem wissen, wie und vor allem wie oft die anderen Sex haben. Mir dagegen ging es um ein Stimmungsbild und was die Gründe für die angenommene Seltenheit für den Sex waren, nicht um eine repräsentative Studie. Ich selbst bin 2013 Mutter geworden und hatte so eine Ahnung, dass ein Sexleben nicht von sich aus ein-schläft, aber möglicherweise die beteiligten Personen gerade vom Einschlafen träumen.

Also fragte ich nach den Rahmenbedingungen, die die Zahl der sexuellen Ausschweifungen einschränken konnte (z.B. An-zahl der Kinder, Alter der Kinder, Stillen, Schlafort des Kindes, Schlafrhythmus des Kindes, Geburtserlebnis, persönliches Wohl-befinden und die persönlichen Einschätzung, was die Häufigkeit von Sex beeinflusst). Außerdem ging ich von einer generellen Unzufriedenheit mit der Häufigkeit von Sex aus.

Was kam heraus?

Grundsätzlich ist es egal, wie viele Kinder, wie alt diese sind, ob gestillt wird, ob die Kinder im Familienbett schlafen, im eigenen Bettchen im Elternschlafzimmer oder im Kinderzimmer. Zumindest in dieser Befragung hatte das NULL Einfluss darauf, wie oft Paare miteinander Sex hatten. Auch die Beziehungsjahre übten keinerlei Einfluss auf das Sexleben aus.

Viel ausschlaggebender für das Ausbleiben des »feuchtfröhlichen« Treibens waren:

– Müdigkeit (87 %)
– Zeitmangel (51 %)
– den Kopf mit anderen Dingen voll zu haben (37 %)
– wenig bis keine Lust auf Sex (28 %)
– körperliches Unwohlsein oder Schmerzen (26 %)

Für 17 % bis 20 % machten auch Beziehungsprobleme, ein nicht schlafen wollendes Kind, nächtliches Stillen und persönliches Unwohlsein einen Strich durch die Rechnung. Bei 11 % wurde das Bedürfnis nach Nähe schon durchs Stillen abgedeckt, und ebenfalls 11 % nannten ein trockenes Scheidenmilieu als Grund.

Davon abgesehen gibt es tausend neue Aufgaben und Situationen, mit denen sich Eltern nach der Geburt eines Kindes auseinandersetzen müssen. Das kann einen ziemlichen Knick in der Begehrensskala verursachen. Entweder findet der Partner das stillende Muttertier nicht mehr sonderlich sexy, weil Brüste plötzlich eine ganz andere Funktion haben, die Stillende kommt sich vor wie eine wandelnde Milchkuh, ist mit Brustentzündungen beschäftigt oder findet kaum noch Zeit, um ihre eigenen Grundbedürfnisse nach Duschen, warmem Essen/Trinken oder Schlaf zu erfüllen. Die Libido ist aufgrund des Hormonstatus im Sinkflug, die ehemals gleichberechtigte Partnerschaft bricht über Nacht wie ein Kartenhaus zusammen und entspricht plötzlich dem goldenen Hausfrauenzeitalter der 1950er, das beide nie leben wollten. Überhaupt fragen sich beide, was der jeweils andere den ganzen Tag tut, um so erschöpft zu sein, und warum die eigene Position so gar nicht nachvollzogen werden kann.

Insofern schön, dass die frischgebackene Mutti als MILF durchgeht, aber wann/wo/wie soll denn nun überhaupt gevögelt werden? Für viele geht es plötzlich vielmehr um die Kosten-Nutzen-Frage. Bloggerin Christine Finke von mama-arbeitet.de hat in einem Artikel die sieben Todsünden in einer Elternvariante zusammengefasst. Wollust interpretiert sie dabei so:

»Ausschlafen. Ein Orgasmus ist unattraktiv verglichen mit der Wonne des Schlafens. 9 Stunden, 10 Stunden, 12 Stunden. Oder einfach in der Sonne sitzen und nix tun. […] Die eigenen Bedürfnisse hemmungslos ausleben, ein Swingerclub ist nichts dagegen, wenn du Jahre nicht mehr durchgeschlafen hast – die beste aller Todsünden, wenn Ihr mich fragt.«[139]

Im schlimmsten Fall sind es Geburtsnarben, komplett andere Geburtsverläufe als geplant, Babyblues, postnatale Depressionen, Fehlgeburten und Sternenkinder, die körperliche und psychische Schmerzen verursachen, die dem elterlichen Sexleben entgegenstehen. Sie geben einer tiefen Traurigkeit und Enttäuschung Raum; und dem Gefühl, komplett versagt zu haben und nicht zum Shiny-Happy-Motherhood-Club dazuzugehören, der einer versprochen wurde. Beziehungstechnisch bereitet darauf kein Elternratgeber wirklich ausreichend vor. Am wenigsten fühlt sich frau vom Partner verstanden, der das alles nicht am eigenen Leib erlebt hat. Es gibt kaum Worte, um darüber zu sprechen. Eigentlich müsste ich doch glücklich sein. Sex? Glaubst du, ich hab keine anderen Sorgen?

Und dann gibt es Gebärende, die irgendwann im Laufe ihres Lebens sexualisierte Gewalt erfahren haben und die bewusst oder unbewusst durch die Geburt retraumatisiert wurden. Darauf hat sie oftmals niemand vorbereitet. Auf die Folgen ebenso wenig. Hinweise in gut gemeinten Beziehungsratgebern auf Sex nach Plan fühlen sich dann vielleicht wie ein Aufruf zu weiteren Grenzüberschreitungen an. Was ist, wenn ich gar keine Lust habe? Was ist, wenn ich überhaupt nicht möchte, dass mich irgendjemand anfasst? Wenn ich das Stillen schon nicht ertragen kann, weil da ständig jemand meinen Körper fordert? Fuckability? Fuck off!

Abgesehen davon verändert sich der weibliche Körper durch die Geburt. Schwabbelige, taube oder schmerzende Stellen, ungewohnte Anblicke, Brüste, die plötzlich kleiner oder größer sind ... das Wohlgefühl rund um den Körper ist im ständigen Wanken. Eine 2010 durchgeführte Umfrage des Körperpflege-Herstellers Dove[140] mit über 6.000 Frauen zwischen 18 und 64 Jahren ergab, dass sich grundsätzlich nur 2 % der deutschen Frauen als schön bezeichneten. 39 % sahen den größten Druck dabei von sich selbst ausgehend. Bauch, Beine und Po wurden am wenigsten geliebt. Da verwundert es eigentlich nicht, wenn besonders Frischgebärende mit ihrem Körper unzufrieden sind und sich so gar nicht wohl in ihrer Haut fühlen. Die Berichterstattungen rund um heiße Promi-Mütter, die schon wieder auf dem Laufsteg von Victoria's Secret dahinstolzieren, das Post-Babybäuchlein von Herzogin Kate oder auch der erhobene Zeigefinger zum Thema »Schenkel-Schande« und »Wabbel-Wellen« tragen ihr Scherflein bei. Warum das Thema Abnehmen Gebärende also so sehr beschäftigt und im Endeffekt auch Taryn Brumfitts Posting viral werden ließ und zum Kinofilm *Embrace – Du bist schön* (2017) führte, darf eigentlich nicht verwundern. Die Fuckability ist längst bei den Müttern angekommen.

Ganz abgesehen von den Müttern: Kinder kommen nicht immer gesund zur Welt. Es kann Komplikationen bei der Geburt geben oder kurz danach. Es gibt Kinder mit körperlichen und geistigen Beeinträchtigungen. Manches Leben hängt zu Beginn noch am seidenen Faden. Manches nicht, stellt die Eltern aber vor große Rätsel, wie beispielsweise Babys mit uneindeutigem Geschlecht. Es gibt also unzählige Dinge, die Eltern beschäftigen können, die Einfluss auf ihr Sexleben haben. Dadurch rückt es manchmal in den Hintergrund, manchmal aber auch in den Vordergrund – als letzte partnerschaftliche Ressource, wenn Worte fehlen.

Was auch immer die Gründe sein mögen, Eltern denken an Sex. Vielen kommt es zu wenig vor. Auch das zeigten die Ergebnisse meines Fragebogens. Die meisten (30 %) hatten etwa einmal in der Woche Sex, 17 % beziehungsweise 18 % hatten entweder mehrmals die Woche, mehrmals im Monat oder gar keinen Schimmer mehr wann, aber zumindest hin und wieder.

67 % gaben an, sie hätten das Gefühl, es müsste eigentlich öfter sein. Für 33 % passte es so, wie es ist. Mit der tatsächlichen Häufigkeit hatte das allerdings nichts zu tun. Sogar von denen, die mindestens einmal in der Woche miteinander schliefen (oder eben öfter), kreuzten einige an, dass ihnen das zu wenig sei. Andere wiederum, bei denen es nur hin und wieder passierte, waren durchaus damit zufrieden. Die Durex-Statistik mit der Angabe, die meisten hätten ein- bis zweimal pro Woche Sex, hilft uns also eigentlich nicht weiter.

Mehr oder anders?

Was lernen wir daraus? Entscheidend ist unser eigenes Bedürfnis nach Sex. Natürlich können wir versuchen, den statistischen Wert einer alljährlichen Durex-Studie einzuhalten, wenn wir uns damit besser fühlen. Aber die Frage ist doch: Sind wir am Ende der Woche wirklich selbst befriedigt, wenn wir das Wort »Sex« auf unserer To-do-Liste abhaken können?

Für zwei Drittel der Personen, die bei der Umfrage mitgemacht haben, hat Sex einen wichtigen oder sehr hohen Stellenwert in der Beziehung. Das kann einerseits daran liegen, dass der Sex an sich Spaß macht, aber auch, dass er ein Bedürfnis an Nähe oder eine andere Form der Kommunikation erfüllt. Je nachdem, welche Bedeutung Sex für eine Beziehung hat, fühlt es sich auch anders an, ob es ein »Genug« oder ein »Zu wenig« gibt. Das ist nichts, was sich mit anderen Paaren vergleichen lässt.

Dem Autorenpaar Theresa Bäuerlein und Tom Eckert ist bei ihrem Sex-Experiment vor allem eines aufgefallen: Hinter der Angst des schwindenden Sexlebens steckt eigentlich (zumindest bei ihnen) die Angst vor dem Beziehungsende. Gleichzeitig ist es schon fast ein Tabu, keinen Sex zu haben. Noch größer ist allerdings das Tabu in einer Beziehung zu sagen: »Nein, heute habe ich keine Lust auf Sex.« Da werden lieber diverse Schmerzen oder Müdigkeit vorgeschoben, als Nein zu sagen. Da wird lieber abgewogen, wie lange die Nummer jetzt dauert, die Bereitschaft als Konfliktvermeidungsstrategie benutzt und Ja gesagt. So wie es die richtige MILF bei Sarah Maizes auch tut. Viele der Beziehungscoaches raten zu geplanten Sexdates. Immerhin planen wir so schon unsere Tage. Aber was macht das mit uns und unseren Grenzen?

Ein Nein wird auch gerne als »Ich liebe dich nicht« oder »Ich begehre dich nicht« verstanden. Dabei kann es so viel bedeuten. Und manchmal haben wir dann eben keine Lust. Männer wie Frauen. Männer würden aber noch seltener Nein sagen, schließlich sei Knallersex ein Statussymbol für Männer, meinen Bäuerlein und Eckert. Kein Sex ist also schlecht fürs Ego. Überhaupt werde Sex oft als Spiegelbild der Beziehung gehandelt. Wenn es mit dem Sex nicht klappt, könne es ja mit der Liebe auch nicht so prickelnd sein – so die klassische Paartherapie. Dabei haben heutzutage immer weniger Menschen Sex, was zum Teil sicherlich an den gestiegenen Anforderungen beispielsweise im Job liegt. In den USA gibt es mittlerweile sogar schon den Begriff »DINS« – *double income, no sex* (doppeltes Einkommen, kein Sex).

Wenn es dann doch mal dazu kommt, sollte der Beischlaf natürlich ekstatisch sein. Dabei haben wir auch alle ein Recht auf schlechten Sex. Je mehr wir miteinander schlafen, desto höher ist die Wahrscheinlichkeit, dass wir ihn öfter erleben. Und das ist normal so. Wir schlafen vor Ermüdung mittendrin ein, wir verlieren den Faden, stoßen uns den Kopf an, bekommen einen Krampf im Bein, haben unglaubliche Blähungen, spüren einfach gar nichts mehr oder sind gedanklich schon beim nächsten Thema. So was kommt vor. Darüber können und sollten Menschen reden, ja sogar Lachen ist erlaubt. Sex ist keine todernste Sache und genauso fehleranfällig wie jede andere Form von Kommunikation. Auch dass wir unsere Partner und Partnerinnen nach einer gewissen Zeit nicht mehr – wie Bäuerlein und Eckert es formulieren – als »aufreizende Wunderwesen« wahrnehmen, ist klar. »Man ist der Mensch, den der andere morgens nackt vor dem Computer sitzen sieht, mit Croissantkrümeln in den Schamhaaren.«[141]

Trotzdem: Die Frauen, die den Fragebogen beantwortet haben, wollten definitiv Sex. Die meisten waren mit dem momentanen Zustand ihres Liebeslebens nicht besonders glücklich. Sie schrieben mir, sie reagierten grantig, versuchten, mit dem Partner darüber zu sprechen, Zeitfenster zu planen, es trotzdem zu probieren oder einfach zu verdrängen.

Und das Schwierige kann ebendieser Zwang der kleinen Zeitfenster sein. Eine Person schrieb: »Sex ist schon wichtig. Ich möchte geliebt werden und lieben können. Es gibt mir Sicherheit. Die Zeiten, wo man ›darf‹, sind geringer. Es geht eben nur, wenn das Kind schläft. Und da fühlt man sich oft dazu gezwungen.«

Fragen, mit denen sich Eltern deshalb auseinandersetzen können, wären:

Sind wir mit unserem Sexleben zufrieden?
Dann sollten wir vielleicht nicht dran herummäkeln.

Wie wichtig ist uns Sex für unsere Beziehung?
Wenn Sex sehr wichtig ist, dann muss wohl Zeit dafür geschaffen werden. Tätigkeiten und »Verpflichtungen« könnten ausgemistet werden. Wenn es andere Gründe hat, kann ebenfalls etwas ge-

ändert werden (z.B. sich abwechselnd ausschlafen lassen am Wochenende) oder gemeinsam daran gearbeitet werden und vielleicht Expert*innen hinzugezogen werden (z.B. in puncto Schmerzen, fehlende Libido oder fehlende Leidenschaft).

Welche Erwartung haben wir an unser Sexleben?
Woran oder an wem orientieren wir uns? An Zeitschriften, die uns sagen, was wir noch alles tun müssten und an Erfahrungen haben sollten? An Bekannten, bei denen das alles kein Problem ist? An unserer Beziehung vor dem Kind? An unserem Single-Leben? Was wünschen wir uns für unser Sexleben unbedingt? Was ist das Dringlichste, was sich ändern soll? Wäre öfter schon besser, auch wenn öfter trotzdem leiser und schneller ist als früher? Wäre »selten« okay, wenn es dafür leidenschaftlicher und intensiver zur Sache ginge? Wo liegen unsere Prioritäten?

Der Sex von Eltern verändert sich

Neben der Häufigkeit des Sex wollte ich auch mehr über die Veränderungen in Erfahrung bringen. Für viele hatte das Wort »Veränderung« einen negativen Touch. Es klang nach Wehmut und Sehnsucht, nach Vergangenem und Abschied. Nur wenige meinten, es habe sich gar nichts verändert. Andere beklagten die Häufigkeit, die fehlende Spontaneität, das Tempo (damit kein Kind reinplatzt), die Lautstärke (damit die Kinder nicht aufwachen), weniger Variation, fehlende Leidenschaft, Schmerzen, das Gefühl, sich weniger sich fallen lassen zu können. Das klang ziemlich deprimierend, und die Frage nach dem »Wozu dann alles überhaupt?« stellte sich ein.

Sexualität ist ein Lebensthema, es ist nichts, mit dem wir irgendwann abschließen (wollen). Wir hören als Gesellschaft ja auch nicht auf, an die Liebe zu glauben und zu heiraten, nur weil sich 50 % wieder scheiden lassen. Also warum sollten wir den Sex aufgeben? Da kaufen wir doch lieber Sexspielzeug und Apps, die uns beim Optimieren helfen sollen, oder ziehen uns die Ratschläge in Zeitschriften zu Gemüte. Wir alle knabbern daran.

Allerdings lassen sich Fragen nach dem Sex von Elternpaaren auch anders stellen. Ein paar wenige hatten in meiner Umfrage gemeint, der Sex sei intensiver geworden. Also fragte ich erneut in die Social-Media-Runde, was denn vielleicht auch besser als vor der Elternschaft sei und ob es denn seitdem besonders aufregende Erlebnisse gegeben habe.

Und siehe da, zahlreiche Meldungen trudelten ein. Frauen erzählten, dass sie das Gefühl hatten, seit der Geburt leichter und intensiver Orgasmen erleben zu können. Sie schrieben, dass sie ihren Körper nun besser kennen und sich in ihm wohler fühlen würden oder auch ganz einfach stolz darauf seien, dass dieser Körper einen neuen Menschen »gemacht« hatte. Einige meinten, dass sie durch dieses neue Körpergefühl auch hemmungsloser und schamloser seien als früher, dass sie bewusster wahrnehmen würden, und dass gleichzeitig der Sex auch, durch die nicht mehr ständige Verfügbarkeit, zu etwas Besonderem geworden sei.

Für einige wurde der Sex spontaner, für viele vertrauter und ganzheitlicher. Auch die Kommunikation mit den Partnern spielte dabei eine wichtige Rolle. Es hieß, gerade weil der Sex nicht mehr selbstverständlich jederzeit umzusetzen sei, ginge es für manche darum, sich mehr damit auseinanderzusetzen, was guttut und gewünscht ist. Dies ginge auch Hand in Hand mit einer gewissen Ehrlichkeit.

Der Zeitdruck mache dann oft besonders wilden und leidenschaftlichen Sex aus. Gleichzeitig scheint bei einigen die »endgültige« Verhütungslösung oder auch das Häkchen hinter dem Auftrag der Zeugung eine Entlastung zu bieten.

Das macht einen sehr versöhnlichen und offenen Eindruck fürs partnerschaftliche (Familien-)Bett. Nach MILF klingt es nicht. Zu eng, zu fern von weiblicher Sexualität und weiblichem Begehren wirkt das Label. Zu klinisch und fiktional im Vergleich zu dem wunderbaren Sex, den zwei Menschen ohne Porno-Choreografie haben können.

Damit wir aber nicht bei wohlig weich vs. böser Porno hängen bleiben, verrate ich noch die Antworten zu den besonders aufregenden Erlebnissen. Dazu zählten für die meisten Mütter ungewöhnliche Orte und Tageszeiten, gerade weil jede Minute genutzt werden muss, bevor die Kinder wieder in der Nähe sind. So seien auch sämtliche Zimmer, Balkone, etc. bereits getestet worden. Gerade der Zeitdruck wurde als besonderer Geilheitsfaktor von einigen Eltern genannt: schnell noch, bevor die Kinder von der Schule heimkommen oder aufwachen; im Badezimmer, während die Kinder schon an der versperrten Tür rütteln; in der Küche, während das Kleinkind im Wohnzimmer selig mit Duplo spielt; oder im Auto an der Raststätte, als gerade das eigene Haus voller Jugendlicher war.

Auch Personen, die nicht mehr mit dem anderen Elternteil zusammenlebten, beschrieben die kinderfreien Tage und Nächte als besonders aufregend, fast so, als seien sie wieder Teenager und würden etwas Verbotenes in aller Heimlichkeit tun.

Der erste Sex nach der Geburt eines Kindes wurde ebenso öfter als besonderer Kick genannt. Weil mehr Spannung und Aufregung. Wie wird es sein? Tut es weh? Endlich wieder!

Alles in allem scheint es die Spontanität, aber auch die Abwechslung zu sein, die sich zumindest Paare schaffen, die viele gemeinsame Jahre miteinander verbringen. Hier hängt es wohl mit der neu gewonnenen beschriebenen Schamlosigkeit zusammen, der Vertrautheit in einigen Partnerschaften und dem neuen Wohlgefühl im Körper, dass nun auch ganz neue Saiten aufgezogen werden/wurden. Auch einzelne neue Praktiken wurden verraten, wie Pegging (Umschnalldildo), Sexting, Sex Toys, Sex zu dritt mit anderen Menschen, die ebenfalls Eltern sind, Fisting – um nur ein paar zu nennen. Das heißt allerdings nicht, dass all diese Dinge zu einem »guten« Sexleben von Eltern gehören müssen.

Vielleicht ist ja doch etwas dran am Mythos der erfahrenen, reifen MILF, die weiß, was sie will, und gleich zur Sache kommt. Die Partner, mit denen sie diese Entwicklung durchlebt, sind jedoch nicht unbeteiligt. Das Autorenpaar Bäuerlein und Eckert, das zwar keine Kinder hat, aber mit seinem Experiment ja vor allem aktiv an seinem Sexleben »arbeiten« wollte, stellte jedenfalls fest, dass Leistungsdenken hier nicht weiterbringt. Im Grunde ist auch die MILF nichts anderes als ein Leistungskorsett.

»Zahlen, die das durchschnittliche Verhalten von Paaren beschreiben, sind für Individuen vollkommen irrelevant. Wie oft man pro Woche miteinander schläft: egal. Wie verspielt man dabei ist: belanglos. Wie lange es dauert: nebensächlich. Kurz: Man kann alle Vergleichswerte getrost vergessen. Die Person, mit der du zusammen bist, ist nicht der Durchschnittswert aus einer Umfrage. Sie ist auch nicht der Typ oder die Frau aus dem Video neulich. Perfektionismus hat im Bett nichts zu suchen. Das Unperfekte nämlich macht den Sex erst einmalig.«[142]

Oder: »Worry is just a meditation on shit.«*

---

* Zitat aus dem Film *Thanks for Sharing* (USA, 2013)

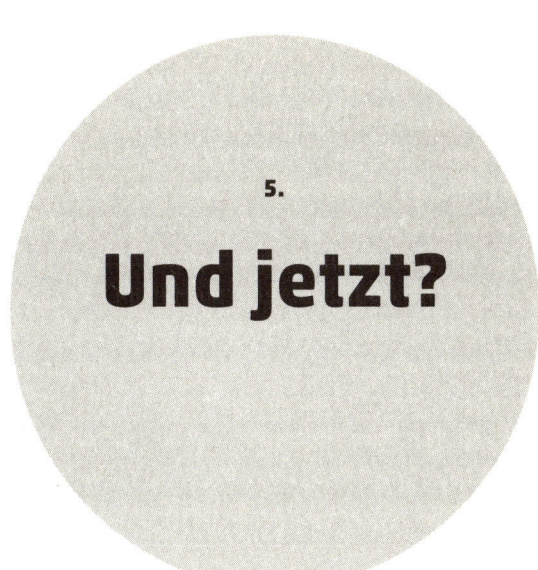

5.

Und jetzt?

Wir sind gemeinsam quer durch die Kultur-, Religions- und auch Wirtschaftsgeschichte von Fuckability und Mutterschaft gereist. Am aktuellen Standpunkt blicken wir auf unseren Mutanten, die MILF, das Mischwesen aus allerlei Frauenidealen. Wie Gelatine hat sie sich still und heimlich eingefügt in alle vorhandenen Leerstellen und Grauzonen zwischen Porno, Popkultur und Real Life. Wir haben ihren Siegeszug kaum bemerkt, doch jetzt thront sie wie der Zuckerguss süß und verheißungsvoll auf einem Cupcake, der sich Mutterschaft nennt. Cupcakes stecken in diesen feinsäuberlich gefalteten Tütchen. Es gibt sie in allerlei Variationen, mit unterschiedlichen Geschmäckern. Das Grundgerüst ist allerdings immer gleich. Wir wissen ziemlich genau, wo die Grenze zwischen Cupcake und Backunfall liegt.

Mütter sind weder das eine noch das andere, weder perfekt noch fail. Sie sind Menschen in all ihrer Vielfalt. Manche sind bei ihrer ersten Geburt noch Teenies, andere an der Schwelle zu den Wechseljahren. Sie sind wohlhabend, prekär beschäftigt, gut abgesichert, arbeitslos, kommen gerade so über die Runden oder kommen nachts in einer Notschlafstelle unter. Jede dieser finanziellen Ausgangslagen kann sich in bestimmten Lebensphasen schlagartig oder auch nur tendenziell ändern.

Mütter leben auf der ganzen Welt. Sie sind ihr Ursprung. Manche von ihnen leben mit Männern, mit Frauen, mit Liebhaber*innen, mit Familienmitgliedern, mit Freunden oder Freundinnen, allein, im Kollektiv, mit vielen, wenigen oder keinen Kindern. Sie teilen sich Erziehungsaufgaben auf unterschiedliche Weise. Manche besitzen ein Auto, manche leihen sich eines, manche fahren mit dem Bus, dem Rad, dem Moped, gehen zu Fuß, haben einen Führerschein oder fahren mit dem Tuk-Tuk*.

Sie sind unordentlich, verfallen temporär einem Putzfimmel, frönen der Häufchenbildung, lieben es minimalistisch oder mit

---

* Autorikscha in Südostastien

ganz viel Deko, räumen immer gleich alles weg oder besitzen nur so viel, wie in einem Müllsack Platz hat.

Sie sind aufbrausend, sanftmütig, pragmatisch, sorgenvoll, zu Tode erschöpft, voller Energie, liebevoll, leidenschaftlich, verzweifelt, strukturiert, situationselastisch oder stetig – manches davon ist grundsätzlich, und manche schaffen all dies an einem einzigen Tag.

Die MILF hat keinen Platz für so viel Komplexität. Sie ist ein Ideal mit Regeln. Sie ist der gezähmte Rosenbusch um den weißen Gartenzaun, den Sarah Maizes in ihrem Ratgeber beschreibt. Jedes Ideal hat seine Grenzen, es ist immerhin »nur« ein Ideal. Ideale sind allerdings auch Leitsterne. Wir orientieren uns an ihnen und bemerken ihre Wirkmächtigkeit oft erst, wenn wir gegen sie verstoßen: wenn wir als böse Mütter, gute Väter, Kampfemanzen oder Weicheier beschimpft werden. Dann schränken sie uns ein. Nichts anderes tut die MILF und macht dabei die Rechnung ohne die Lebenswirklichkeit von Frauen, Männern und Kindern.

Die MILF bietet scheinbar die Komplettlösung für die Vereinbarkeit von Beruf, Familie, Anerkennung, Beziehung und Attraktivität. Dabei schultert sie alle To-dos auf den Rücken der Mütter. Sie sind nun für alles zuständig. Und was ist mit den Männern? Kein Wunder, wenn die laut Medien in der Krise stecken und nicht so recht wissen, wie sie ihre Männlichkeit bewahren sollen, sich nach Survival-Camps im Wald sehnen und lange Bärte wachsen lassen. Sie haben ja auch nichts mehr zu tun. Die eierlegende Wollmilchsau macht ja schon alles. Wo ist das Regelkorsett für sie, das Porno, Popkultur und Real Life infiltriert? Natürlich gibt es dieses. Und es tut ihnen genauso wenig gut. Doch es heißt »Mann« oder »Männlichkeit« und lässt sich dadurch wenig konkretisieren und lokalisieren, weil es genauso schwammig und gleichzeitig komplex daherkommt wie »Frau«, »Weiblichkeit«, »Mutter« oder »Sexiness«. Mit dem Aufhänger MILF haben wir es trotzdem geschafft, hinter die Kulissen zu blicken und etwas von jener Schwammigkeit und Komplexität zu erklären. Vielleicht sollte ich genau dasselbe Buch über Männer schreiben. Eine spontane Idee. Ich notier mir das mal.

Die MILF ist nicht nur einfach gestrickt, sie macht ihre Rechnung auch ohne die Kinder. Sie karrt sie von A nach B und kümmert sich darum, dass sie vorzeigbare Mitglieder einer Leistungsgesellschaft werden. Das Kunststück liegt allerdings darin, dass sie das möglichst so zustande bringt, ohne die Kinder dabei sichtbar werden zu lassen. Sie ist fickbar im Porno und eine geile Fantasie, weil eben keine Spielsachen herumliegen, ihr T-Shirt nicht davon zeugt, dass sich ein Baby auf ihrer Schulter übergeben, oder ein Dreijähriger seinen Rotz am Rockzipfel abgewischt hat. Sie ist fickbar, obwohl diese Dinge zu ihrem Alltag gehören, aber sie es bravourös schafft, sich diesen Umstand nicht anmerken zu lassen. Darin geht sie mit der Popkultur-MILF und dem Ideal der Real-Life-MILF d'accord. Für das überhöhte Ideal sind die Kinder das Krönchen, in der Dating-Praxis sind sie ein Makel, den es zu verbergen gilt. Die MILF sorgt sich so gut um ihre Kinder, dass diese komplett unproblematisch und unsichtbar werden. Sie ist nicht diejenige, die angepöbelt wird, weil sie in der Öffentlichkeit stillt, den ganzen Gehsteig mit ihrem Buggy braucht oder sich auskotzt, wie anstrengend ihr Alltag mit Kind, Beruf und Haushalt ist. Darum ist sie ja gerade die »Mother I'd like to fuck«, weil so ein Muttertier ja normalerweise nicht ganz oben auf der Dating-Liste steht. Wäre Muttersein und das Verbergen-Wollen dieses Umstands nicht so ein Spagat, würde die Bezeichnung »geile Schnecke« genauso reichen. Die »Mutter« müsste nicht extra betont werden.

Im Real Life ist es für viele Frauen mit Kindern nach Trennungen unglaublich schwer, einen passenden Partner zu finden. »Wer nimmt mich denn noch mit Kind?« – Als wäre eine Mutter eine beschädigte Ware. Funkt uns hier das alte Ideal der Jungfräulichkeit noch hinein, oder wo liegt das Problem? Kann die Gesellschaft von alleinstehenden Männern nicht erwarten, dass sie sich auf eine Frau einlassen, die bereits ein Kind hat, weil damit automatisch die Übernahme von Verantwortung mitschwingt? Muss diese Verantwortung etwas sein, was Männern erst ganz vorsichtig und langsam untergejubelt wird, damit sie nicht gleich davonlaufen? Ja, warum brauchen Frauen überhaupt einen Back-up-Plan, falls sie mit dem Kind »sitzen gelassen« werden? Ist das nicht ein Zeichen einer zutiefst kinderfeindlichen Gesellschaft?

Würden wir uns alle in gleichem Maße für unsere nächsten Generationen zuständig fühlen, wäre in einem solidarischen Miteinander ganz egal, in welchem Beziehungsmodus Kinder entstehen, weil die Gemeinschaft die kollektive Verantwortung trägt. Kinder wären kein Makel, für dessen »Drüber-Hinwegsehen« eine Single-Mutter dankbar sein muss. Sie wären keine Hürde für neue Liebesbeziehungen, sie wären kein Grund für Jobverlust oder Altersarmut. Sie wären kein Störfaktor im Café, Supermarkt oder überhaupt in der Öffentlichkeit. Sie wären kein Werkzeug, um Frauen gleiche Rahmenbedingungen zu verwehren. Sie müssten auch nicht in langwierigen Prozessen von Pflegefamilie zu Pflegefamilie hoppeln, wenn sich von Beginn an mehr Menschen zuständig fühlten, falls die leibliche Mutter nicht das leisten kann, was von ihr in ihrer Rolle erwartet wird. Und schon gar nicht wären sie ein Grund, der gegen sexuelle Attraktivität spricht.

Wie wir in diesem Buch festgestellt haben, profitieren Politik und Wirtschaft am meisten von der MILF-Mädchenrechnung. Auf der Strecke bleiben die Frauen, die Männer, alle dazwischen, die Kinder, die Beziehungen, die Familien, das Sexleben. Warum also hat sich der MILF-Begriff dann so festgesetzt? Vielleicht, weil in dieser Pornofantasie eine Sehnsucht steckt: die Sehnsucht danach, dass die Sorte Mensch, die alles Leben gebiert, alles wieder ins Lot bringen möge. »Mutti wird's schon richten.« Der letzte Anker, die letzte Instanz in einer Welt, die komplett im Umbruch scheint.

In den letzten 50 Jahren haben sich Technik, Arbeitsmarkt und Beziehungsleben derart stark zu verändern und aufzudröseln begonnen, dass wir vor tausend Möglichkeiten und keinem blassen Schimmer stehen. Es fällt uns schwer, uns noch verbindlich auf etwas einzulassen, dranzubleiben, Entscheidungen zu fällen. Wir suchen nach Orientierung – die Vielfalt macht uns Angst. Die MILF steht für eine »einfache« Lösung. Vielfalt aber steht für mehr Spielraum für alle Menschen. Was können wir also tun?

Mehr Spielraum für alle

Menschen müssen ihre Komfortzone verlassen, um etwas zu verändern. Das ist nicht neu und muss auch nicht anstrengend sein oder unlustig. Kinder tun nichts anderes, wenn sie die Welt kennen- und erfahren lernen. Sie befinden sich in einem beständigen Spiel und weiten ihren Kosmos aus. Als Erwachsene spricht nichts dagegen, uns spielerisch mehr Platz in der Welt zu erobern. Das bedeutet nicht, dass alles einen Spaßfaktor haben muss, sondern dass wir ohne Bewertung ausprobieren können.

Radikale Selbstliebe

Was wäre, wenn wir die MILF und all die anderen Bewertungsrahmen einfach einmal beiseiteschieben und uns sowie den Menschen rundherum einfach so viel wie möglich gönnen? Gönnen wir ihnen ihr Styling, ihr Make-up, ihre Jogginghosen, ihr perfekt aufgeräumtes Zuhause oder ihre Spinnweben an den Türrahmen und die Brösel unterm Tisch. Gönnen wir ihnen ihre Achselhaare und ihre glattgewachsten Vulven, ihre Fertigpizza und ihr Gourmet-Menü, ihre nervigen Kinder und ihre hochbegabten Sprösslinge, die sich nie ankleckern, ihren Urlaub auf den Malediven, ihr schmutziges Auto. Gönnen wir ihnen all das, und gönnen wir es uns vor allem selbst! Klar wohnen in uns verschiedene Abneigungen und Vorlieben – eben Bewertungen – zu alldem. Wir »wissen«, was besser, was schlechter, was gewünscht, was nicht gewünscht ist. Für einen Moment zumindest könnte es uns aber auch einmal herzlich egal sein. Seien wir nicht immer so streng mit uns und den anderen. Umarmen wir uns und die anderen in unserer Vielfalt doch einfach mal.

Gönnen wir uns allen auch Wut, Verzweiflung, Ratlosigkeit und Stolz, Neid und Selbstbewusstsein, Ignoranz und Angst. Manches löst sich schon allein dadurch auf, dass wir es einfach mal stehen lassen, anerkennen und nicht sofort nach einer Lösung suchen. Wir alle sind komplex, manche komplexer, andere Komplexhaufen. Wir sind in der Masse vielfältig und einzeln auch. So what?

Begehen wir den radikalsten Akt überhaupt: Nehmen wir uns heraus, nicht beliebt sein zu wollen. Das bedeutet nicht, dass wir alles dafür tun, um uns bei anderen unbeliebt zu machen. Stattdessen lassen wir den Drang hinter uns, es allen recht machen zu wollen, allem gerecht zu werden – dem Job, der Beziehung, der Elternschaft, dem Schönheitsideal, den eigenen Eltern. Lassen wir im Damenklo doch ein einziges Mal einen lauten Furz und verweilen anschließend nicht in der Kabine, bis alle anderen die Toilette verlassen haben. Gehen wir doch mal mit komplett unrasierten Beinen zum Yoga-Kurs und ziehen uns seelenruhig vor allen anderen um. Die Welt wird sich weiterdrehen. Nichts wird passieren, außer dass uns jemand für unseren Mut bewundern und ein anderer sich wiederum darüber ärgern wird, weil wir uns nicht an die unausgesprochenen Regeln halten – der Ärger rührt aber auch meistens nur daher, dass die Person ebenso gerne diesen Mut aufbringen würde, es aber nicht kann. Vielleicht sagen wir einfach kurzfristig einen Besuch bei den Schwiegereltern ab, weil es uns gerade zu stressig ist. Was auch immer. Radikale Selbstliebe kann unsere Fesseln ein bisschen lockern und uns mehr Spielraum ermöglichen.

Gemeinschaft

Was wäre, wenn wir, statt unser Leben in einen MILF-Keks-Ausstecher zu pressen versuchen, uns mit anderen verbünden, das Dorf wiederaufleben lassen, Milieu-Grenzen überwinden und uns solidarisch miteinander erklären? Warum verändert sich eigentlich der Freundeskreis so stark mit der Geburt des ersten Kindes? Warum unterscheiden sich die Lebenswelten der Mütter und Nicht-Mütter plötzlich so stark, und warum ist jede Seite genervt von den Erzählungen der anderen? Würden wir uns solidarisch erklären, könnten alle voneinander profitieren.

Durch das Zurückdrängen von Kindern im öffentlichen Raum und die geringe Geburtenrate haben Menschen in Mitteleuropa, wenn sie nicht selbst aus Großfamilien stammen, kaum Kontakt zu Babys und Kleinkindern. Sie wissen wenig über deren Bedürfnisse und Entwicklungsphasen. Steht dann das erste eigene Kind an, müssen sie sich erst mal informieren. Würden wir generell mehr in Austausch miteinander treten, hätten wir mehr Verständnis füreinander, wären (als Nicht-Eltern) von Kindern in der Öffentlichkeit weniger genervt, hätten öfter Babysitter*innen zur Verfügung, mehr Kontakt zum »alten« Leben beziehungsweise zur Außenwelt, ohne über Brei und Kinderkacke sprechen zu müssen, sowie ein umfassenderes Verständnis dafür, was die Rahmenbedingungen für den jeweils anderen sind. Als Eltern beziehungsweise gerade als Mutter hat man nicht immer die Kraft, sich für Veränderungen einzusetzen. Hat die Mutter jedoch Verbündete unter den Nicht-Eltern, können diese die Rahmenbedingungen der Mutter aktiver mitgestalten. Umgekehrt können Nicht-Eltern von Müttern viel über Organisation, Geduld und Frustrationstoleranz lernen, über Flexibilität und Relativität.[*]

---

[*] Die Väter lasse ich an dieser Stelle aus, da ihre Rolle nicht im Fokus der MILF und des Muttermythos steht.

Die britische Autorin und Journalistin Caitlin Moran zählt in ihrem Buch *How to be a woman*[143] mehrere Gründe auf, warum Menschen Kinder haben sollten und warum nicht. Auf der Haben-Seite verbucht sie die Erkenntnis darüber, wie lang eine Stunde tatsächlich ist, die Einschätzung, was in welchem Zeitraum überhaupt alles bewältigt werden kann. Moran bezieht aus ihrer Elternschaft, dass kaum eine Herausforderung zu groß sein könne und so ziemlich alles irgendwie bewältigbar sei – und sei es ein Häufchen, das dein Kind gerade mitten im Zoo hinterlassen hat.

Auf der Contra-Seite führt Moran an, dass Elternschaft auch im großen Maß davon ablenke, ernsthaft an der Rettung der Welt beteiligt zu sein. Dies läge an der Verschiebung der Prioritäten sowie an den vielen Aufgaben, die plötzlich auftauchen und einfach viel Zeit und Energie kosten. Die Zeitung regelmäßig zu lesen und mitzubekommen, was sonst noch in der Welt passiert, rücke für viele Menschen mit Säuglingen weit weg in einen fernen Kosmos. Aber wer sich tatsächlich mit der Rettung der Welt oder Ähnlichem intensiv beschäftigen möchte, solle das tun. Nicht jede Frau müsse unbedingt Kinder bekommen, nur weil sie eventuell eine Gebärmutter besitzt. Caitlin Moran wirft als Argument ein, dass auch Batman kein Baby brauche, nur damit er das Gefühl habe, er hätte alles auf seiner Bucket List erledigt. Immerhin rette er ständig Gotham City. Warum also Mutter sein wollen, wenn frau auf andere Weise ebenso für sich erfüllend die Welt mitgestalten kann? Wie Jane Goodall* zum Beispiel? Und warum sich dann nicht mit den Müttern über beide Welten austauschen?

Neben dem Austausch untereinander und der Solidarität scheinbar verfeindeter Gruppen empfiehlt sich auch mehr Solidarität innerhalb der Elterncommunity. Bei all den vielen Er-

---

* Jane Goodall ist eine britische Verhaltensforscherin, die sich ihr ganzes Leben schon mit dem Erforschen und Artenschutz von Schimpansen auseinandersetzt. Ihr Leben wurde mit der Dokumentation *Jane's Journey* (2010) auch auf die Leinwand gebracht.

ziehungsstilen, die gerade empfohlen werden, muss nicht immer gleich verglichen und bewertet werden. Statt verurteilen lässt sich auch prima unterstützen. Statt neidvoll sein lieber etwas abschauen. Statt wegschauen die persönliche Betroffenheit deutlich machen und Hilfe anbieten. Statt fürchten, etwas falsch zu machen und sich im Freundeskreis zu viel einzumischen, lieber signalisieren: »Ich bin da, wenn du mich brauchst.« Solidarität und Gemeinschaft entstehen nur, wenn wir aufeinander zugehen. Grenzen dürfen wir einander trotzdem oder gerade deshalb aufzeigen. Daran können wir wachsen.

Wir dürfen auch Medien auf die Finger klopfen, wenn sie Scheiße über Mütter schreiben. Vielleicht sollten wir einmal all die Schlagzeigen ausschneiden, eine schöne Collage daraus basteln und mit den Worten »Geht's noch?« an die jeweiligen Redaktionen senden. Wie Shitstorms im Netz funktionieren ist hinlänglich bekannt. Nutzen wir sie vermehrt, um Medien darauf aufmerksam zu machen, wenn sie unterirdische Artikel über Mütter veröffentlichen.

Lassen wir uns nicht vom Staat instrumentalisieren und uns dafür loben, wenn wir die richtige Anzahl der richtigen Kinder bekommen. Fordern wir stattdessen gemeinsam andere Rahmenbedingungen dafür ein. Das beginnt bei der freien Entscheidung des Geburtsortes, der Begleitung von ein und derselben Hebamme vor, während und nach der Geburt und einem behutsamen Umgang mit uns während dieser Vorgänge. Dazu brauchen wir alle, die Teil der Gesellschaft sind.

Seien wir ehrlich im Umgang mit unseren Vorstellungen zu Familie, Beziehung und Sexleben. Die drei Bereiche haben keine gemeinsame Geschichte, aber heute gehören sie für uns selbstverständlich zusammen. An der Umsetzung hapert es deshalb ordentlich. Wir sind noch immer am Probieren, am Testen, am Finden von Lösungen – am Spielen! Einige wenige schaffen, was sich viele von uns wünschen; aber nicht genug, um ein Erfolgsrezept für alle daraus abzuleiten. Was, wenn wir einfach ein bisschen lockerer mit uns selbst sind, uns zugestehen zu scheitern und neue oder andere Familienmodelle ausprobieren? Was, wenn wir an all die Familien denken, in denen Kinder ohnehin schon mit anderen Familienmitgliedern als den Eltern aufwachsen? Das hat viele Gründe, und sie müssen nicht immer traurig sein. Menschen können sich auch einfach gegenseitig unterstützen. Was spricht dagegen, mit Personen mit ähnlichen Vorstellungen ein Kind aufzuziehen und mit jemand anderem eine Liebesbeziehung zu führen? Schön, wenn sich beides erfolgreich verbinden lässt. Wenn nicht, gibt dieses Modell des Co-Parenting[144] aber auch viele neue Perspektiven.

Rollenspiele

Eine Phase im Leben von Kindern ist jene, wenn sie beginnen, in verschiedene Rollen zu schlüpfen. Sie spielen Vater-Mutter-Kind oder mit Puppen, Arzt-Köfferchen, Stofftieren, Verkleidungen usw. Dadurch festigen sie soziales Rollenverhalten in verschiedenen Situationen. Je mehr Vorbilder sie kennenlernen, desto vielfältiger werden die Rollen, in die sie schlüpfen können. Als Erwachsene vergessen wir oft, dass wir selbst verschiedene Rollen innehaben und dass wir trotzdem authentisch sein können, wenn wir uns unterschiedliche, manchmal auch gegensätzliche Facetten erlauben. So werden wir mit scheinbar gegensätzlichen Positionen konfrontiert wie »sich gehen lassen« vs. »Frau sein« oder »Feministin« vs. »sexy«. In Wahrheit schließt sich nichts davon aus. Genauso wenig wie Heilige und Hure einander gegenüberstehen müssen. Es braucht aber keine MILF, um beides zu verbinden, sondern einfach ein bisschen Offenheit. Natürlich dürfen wir sexy sein, natürlich dürfen wir damit spielen, begehrt werden zu wollen. Es bleibt nur eine Frage unserer persönlichen Freiheit, daraus ein Spiel oder ein Must-have zu machen.

Wenn wir unseren Körper schon ins Zentrum unserer Aufmerksamkeit stellen, dann freut sich dieser auch, wenn wir ihn nicht nur instrumentalisieren, sondern ihn feiern, hegen und pflegen, ihm Gutes tun und auch mal ein Auge zudrücken, wenn er aus der (Wunsch-)Form gerät. Selbstliebe ist schön, klappt aber nicht immer mit allen Körperstellen. So manchen krummen Zeh muss eine*r einfach akzeptieren.

Und natürlich dürfen wir auch alle Klischees von Weiblichkeit erfüllen und Dinge tun, die typisch Frau sind. Es spricht nichts dagegen, sich die Nägel zu lackieren, Stunden mit Make-up-Tutorials auf YouTube zu verbringen, die Bohrmaschine dem Partner zu überreichen, anstatt das Regal selbst zu montieren, auf dem Beifahrersitz Platz zu nehmen und sich unaufhörlich entzückt in einem Kleid zu drehen, das so schön schwingt. Wir müssen nicht immer alles können, wir dürfen auch mal delegieren. Statt Dinge kollektiv als »mädchenhaft« oder »tussig« abzuwerten, können wir uns auch erfreuen an der Vielfalt von bunten Farben auf unseren Nägeln, die Frauen viel eher zusteht als Männern. Wir können die Make-up-Artists auf YouTube bewundern für ihre (Wandlungs-)Fähigkeit und einfach genießen, wie toll sich Kleider anfühlen können. Machen wir unser eigenes Ding aus dem »Girlie stuff«, so wie es uns die Riot Grrrls in den 1990ern vorgemacht haben, und lassen uns nicht erzählen, dass irgendetwas »uncool« sei, nur weil es zur klassischen Sozialisation einer Frau gehört.

Außerdem brauchen wir mehr Vorbilder, denen wir eine gewisse Ambivalenz zugestehen. Nicht nur im Spielfilm wären weibliche Charaktere wünschenswert, die mehr zu bieten haben als einen attraktiven Körper und die Rolle der Liebhaberin. Auch im Real Life sollten wir mehr Vielschichtigkeit zulassen: bei jedem Menschen und bei Müttern im ganz Speziellen. Der Muttermythos lässt sich nur dann aufbrechen, wenn wir Mütter in all ihren Persönlichkeiten zulassen. Dafür brauchen wir ebenfalls mehr Role Models; Prominente genauso wie Nachbarinnen. Wir brauchen

Verbündete, die laut und stolz ihre Stimme erheben und sich getrauen, auch unsere mediale Welt mitzugestalten, wie eine Carolin Kebekus, Hazel Brugger, Amy Shumer, Celeste Barber* oder auch die italienischen Autorinnen Elena Favilli und Francesca Cavallo[146], die 100 wunderbare Vorbilder für Mädchen in einem Gutenachtgeschichten-Buch gesammelt haben.

Bedürfnisse

Wie wir in den Kapiteln rund um die Inszenierung und Vermessung gesehen haben, ist Sexualität heute vor allem von Optimierung und Arbeit geprägt; von Bewertungen wie »richtig«**, besser oder langweilig. Dabei hat nichts davon wirklich mit Sexualität zu tun. Sie ist ein menschliches Grundbedürfnis mit vielen Facetten, das sich von Geburt an entwickelt. Wenn wir uns als Erwachsene gegen die stetige »Arbeit« und »Verbesserung« unseres Sexlebens stellen wollen, dann müssen wir uns mit Intimität und unseren Bedürfnissen auseinandersetzen. Wir sollten uns darüber unterhalten, was wir uns wirklich im Bett wünschen – auch wenn es peinlich sein kann und schwerfällt. Wir sollten uns darüber unterhalten, was ein Nein zum Sex für uns bedeutet und uns dieses jedenfalls erlauben. Jemandem zuliebe etwas zu tun, was über die eigenen körperlichen Grenzen hinausgeht, trägt eher weniger zu mehr Intimität und Vertrautheit bei, dafür zu Erwartungsdruck und Distanz.

Wir können über Sex auch wie übers Pizzaessen nachdenken. Der US-amerikanische Sexualpädagoge Al Vernacchio hat diesen

---

*   Carolin Kebekus (Deutschland), Hazel Brugger (Schweiz), Amy Shumer (USA) – alle drei Comedians sind für ihren sarkastischen, feministischen Humor bekannt. Celeste Barber (australische Komikerin) wurde vor allem auch über ihren Instagram-Account in Übersee bekannt. Hier postet sie vor allem Fotos, auf denen sie Posen von Stars und Models nachahmt.[145]

**   Im Sinne von »So wird's richtig gemacht«.

wunderbaren Vergleich in einem TED-Talk ziemlich anschaulich erklärt.[147] Wenn wir Sex als Sport wahrnehmen, und das tun wir laut Al Vernacchio recht oft, dann gibt es Gewinner und Verlierer, es gibt einen Ablauf und ein Ziel. Im Sinne von Sex wäre dies ein Orgasmus. Nach allzu viel Gemeinsamkeit und Spaß klingt das allerdings weniger. Beim Pizzaessen, so Vernacchio, sei das anders: Wer zu zweit eine Pizza essen will, spricht erst mal darüber, sucht gemeinsam einen Belag aus, der für beide passt. Es wird solange gegessen, bis beide satt sind. Manchmal hat jemand danach auch noch mehr Hunger. Es gibt keine Gewinner oder Verlierer, stattdessen geht es ums gemeinsame Genießen. Die Bedürfnisse stehen im Vordergrund. Und diese können sich von Mal zu Mal ändern – oder auch gleich bleiben. Entscheidend ist die Kommunikation.

Wir kommen nicht um sie herum: Wenn wir versuchen, langfristig Elternschaft, Sexualität und Liebe unter einen Hut zu bringen, müssen wir kommunizieren. Wenn wir versuchen, langfristig alles davon auf verschiedene Personen aufzuteilen, um unserer Vorstellung eines guten Lebens gerecht zu werden, bleibt uns das Reden ebenso wenig erspart. Die MILF ist kein Langzeitmodell, an dem wir uns orientieren sollten. Schon nach Kurzem wird uns dabei die Puste ausgehen. Sie ist mehr oder weniger ein Symptom unserer Zeit, das irgendwann auch wieder durch ein neues Ideal ersetzt wird. Antworten und Lösungen dürfen wir uns deshalb von ihr nicht erwarten.

Was können wir stattdessen noch für ein Sexleben fernab der ständigen Optimierung tun?

Wir könnten uns vornehmen, beim nächsten Mal keinen Orgasmus haben zu wollen, sondern ausschließlich alles andere in vollen Zügen zu genießen, möglichst unernst zu sein und viel dabei zu lachen, mehr mit anderen Menschen ehrlich über Sexualität zu reden und öfter darüber auch zu schreiben.

Tabus und Zwänge entstehen durch Schweigen. Brechen wir sie einfach auf.

Sichtbarkeit bis an die Schmerzgrenze

Debatten wie jene rund um #metoo haben etwas bewegt. Sie haben Geschichten an die Öffentlichkeit gebracht, die seit Jahren schlummerten. In Österreich brachten sie vor der Jahreswende 2017/18 den Skisport so richtig in Bedrängnis, als Missbrauchsvorwürfe an Trainer und Funktionäre des Österreichischen Ski-Verbands laut wurden. Über Wochen war es kaum möglich, die Nachrichten zu hören, ohne mit Situationen konfrontiert zu werden, in denen es um sexualisierte Gewalt oder sexuelle Belästigung in der Politik, im Sport, am Arbeitsplatz oder in der Filmbranche ging. Es erreichte einen Punkt, an dem es fast unerträglich war. Nicht mehr anzuhören. Aber genau diese Sichtbarkeit ermutigte immer mehr Frauen, laut zu werden und auszusprechen, was ihnen widerfahren war. Ohne sichtbare Ungerechtigkeiten kann auch nichts an deren Rahmenbedingungen verändert werden. Wir brauchen diese Schmerzgrenzen. Und wir brauchen sie nicht nur in Bezug auf sexualisierte Gewalt, sondern auch, wenn es um den Muttermythos geht, um Bauchspeck und Cellulite, Konfektionsgrößen und sexualisierte Kinderkleidung. So lange und so oft müssen wir damit in der Thematisierung in der (medialen) Öffentlichkeit sichtbar sein, bis breitenwirksame Debatten angestoßen und Gesetzesänderungen verabschiedet werden oder Bilder zu Staub zerfallen.

Wer lieber auf Guerilla-Taktiken steht, kann sich natürlich auch die Vorschläge aus dem Kapitel *Wir bewerten* zu Herzen nehmen:
– als Frau im Stadtgebiet an Büsche pinkeln
– sämtliche Bushaltestellen, die bereits über eine Penis-Zeichnung
  verfügen, mit einer zusätzlichen Skizze einer Vulva ausstatten
– am Stammtisch beim Zuprosten in der Frauenrunde laut rufen:
  »Ex oder Schamlippen auf den Tisch!«
– im Bus breitbeinig sitzen und so viel Platz wie möglich einnehmen

- und/oder wenn ringsum bereits Männer beginnen, ihr Shirt auszuziehen (im Sommer, in der Disco, auf der Baustelle, etc.), als Frau dasselbe tun – komplett oben ohne, oder eben mit BH
- im Fitnessstudio beim Heben von Gewichten einfach mal so richtig laut stöhnen
- und nach dem Mittagessen, wenn der Bauch so richtig schön gebläht ist, ihn ganz selbstverständlich präsentieren
- keinen BH drunter tragen und Menschen wechselweise mit steifen und nicht-steifen Nippeln konfrontieren
- oder einfach mit sichtbar unrasierten Beinen oder Achseln einkaufen gehen

Nichts davon treibt Männern wirklich die Schamesröte ins Gesicht, wenn sie es praktizieren. Warum also sollten sich Frauen für ihren Körper schämen?

Wird uns mit (sexualisierter) Gewalt gedroht, werden wir mit Hasskommentaren im Netz überhäuft, Hexen genannt, Kampfemanzen, Feministinnen, Mädchen, Pussys oder Fotzen, Rabenmütter, Heimchen am Herd, Tussis, Helikopter- und Lattemacchiato-Mütter. Wird versucht, uns mit Worten wie Amazone, *Cougar* oder MILF zu schmeicheln, dann sollten wir hellhörig werden: In den allermeisten Fällen wird unser Körper der Grund für die Neubenennung sein. Entweder ist er wegen unserer Sexualität im Fokus oder wegen unseres Beitrags zur Fortpflanzung der Menschheit. Noch immer geht es um Heilige oder Hure. Wer sich zu weit aus dem Fenster lehnt und auch noch laut den Mund aufmacht, soll zum Schweigen gebracht werden. Das müssen wir uns nicht bieten lassen. Haben wir nie. Müssen wir jetzt auch nicht. Die Historikerin Lisa Malich, die ich schon mehrmals in diesem Buch erwähnt habe, nennt die Aufmüpfigen, die sich auflehnen, »Fuckermothers«:

Sie schreibt: »Als ›Fuckermothers‹ imaginiere ich Menschen, die sich weigern, einem unerreichbaren Ideal nachzujagen oder ihren Körper für den Fleischmarkt zu disziplinieren, die sich selbst mögen, egal ob sie nun graue kurze Haare haben oder gefärbte lange, ob sie dick oder dünn sind, ob sie Kinder Vollzeit selbst betreuen oder gerne abgeben. Diese Mütter rufen traditionellen Rollenzuschreibungen und nationalistischen Vereinnahmungen ebenso wie der Rhetorik von neoliberaler Entgrenzung ein lautes ›Fuck you!‹ zu.«[148]

Die Geschichte der weiblichen Sexualität und Mutterschaft hat uns geprägt. Prägen wir sie weiter. Statt MILFs lasst uns *Fuckermothers* sein.

Danke

Herrn Brinkmann für die Geduld, den genialen Titel und fürs Überreden, dieses Buch zu schreiben.

Andrea und Wolfgang fürs Handwerkszeug. Susanne Rieser für die Gedankenanstöße. Alex, Ilvi und Cornelia für das Samenkorn und das Gießen.

Meinen Blog-Leser*innen für ihren Support, den Austausch und die Begeisterung.

Meiner Mutter fürs Eintauchen. Meinem Vater fürs Staunen. Eva, Ulrike, Ben und Claudia für ihre Genauigkeit, die Anregungen und Feuerwehrspielen. Heidi für die ungebrochene Überzeugung und die Ehrlichkeit. Michéle für das Podest und die Diskussionen. Mareice für die Verbundenheit. Daniel für die Inspiration. Tina, Elisabeth und Iris fürs Händchenhalten. Ela fürs Foto. Herrn Wortmann für den scharfen Blick.

Allen Menschen, die mir im Laufe des Schreibens so viele Impulse beschert haben, dass ich alles wieder über den Haufen geworfen habe.

Meinem Sohn für alles.

Quellen

1 Zum Beispiel hier: www.spiegel.de/politik/deutschland/merkels-umkleide-fotos-bundesregierung-empoert-ueber-sun-a-411761.html
2 siehe Posch, Waltraud (2009): *Projekt Kör-per. Wie der Kult um die Schönheit unser Leben prägt.* Campus Verlag, S. 73
3 Song geschrieben von Jonathan Myvett, Stacy Ferguson, Jocelyn Donald, Jamal F. Jones • Copyright © Universal Music Publishing Group, Warner/Chappell Music, Inc.
4 gefunden auf: http://ew.com/article/2016/07/01/fergie-milf-money-video/
5 vgl.: www.abendzeitung-muenchen.de/inhalt.brust-op-vom-radiosender-radio-galaxy-traumbusen-bayerns-unmoralischstes-gewinnspiel.204405f6-bcb6-4435-ad42-1318d18269fe.html
6 https://www.pornhub.com/insights/2017-year-in-review
7 https://www.pornhub.com/insights/milfs-day
8 https://www.vice.com/en_us/article/3bkeav/krotka-historia-pornografii-milf
9 Fuchs, Christian, in der *Zeit* Nr. 19/2015: Mutter, Sex, Objekt. Eine Bewegung aus dem Volk erhebt die reife Frau zu einer Ikone der Lust. – auch: www.zeit.de/2015/19/milf-gesellschaft-mutter-frauen-sex/komplettansicht
10 Gernert, Johannes: *Sexreport 2018. Schamhaarverlust durch Pornokonsum,* in: *Stern,* 18.09.2008– auch: https://www.stern.de/fotografie/akt/-sexreport-2008--schamhaarverlust-durch-porno-konsum-3754358.html
11 https://www.promiflash.de/news/2017/01/22/milf-hunter-das-geht-wirklich-bei-justin-bieber-und-kourtney.html
12 https://www.stern.de/familie/henriette-hell/henriette-hell--sobald-du-30-bist--nennen-sie-dich-milf-6871458.html
13 www.nw.de/lokal/kreis_minden_lueb-becke/bad_oeynhausen/21938180_Die-Milf-Rocker-aus-Wiehen-Sued.html?em_cnt=21938180

14 Posch, Waltraud (2009): *Projekt Körper. Wie der Kult um die Schönheit unser Leben prägt.* Campus Verlag, S. 116
15 Forbes, Sarah: Mama Sex: *Something more than Milf?,* in der *Huffington Post* (18.01.2017) https://www.huffingtonpost.com/sarah-forbes/mama-sex-something-more-t_b_14242342.html
16 Nathman, Avital Norman (2014): *The Good Mother Myth: Redefining Motherhood to Fit Reality, in: Seal Press*
17 http://thepornconversation.org/
18 Fuchs, Christian: *Mutter, Sex, Objekt. Eine Bewegung aus dem Volk erhebt die reife Frau zu einer Ikone der Lust,* in: *Die Zeit* Nr. 19/2015 – auch: www.zeit.de/2015/19/milf-gesellschaft-mutter-frauen-sex/komplettansicht
19 www.dvderotik.com/blog/die-10-geilsten-milf-pornostars/; www.xfreak.net/30-milf-pornostars-die-du-kennen-solltest/
20 www.dvderotik.com/blog/die-10-geilsten-milf-pornostars/; www.xfreak.net/30-milf-pornostars-die-du-kennen-solltest/
21 https://www.youtube.com/watch?v=ociMBfkDG1w
22 www.eonline.com/de/news/638762/rihanna-jennifer-lopez-is-a-milf
23 www.dailymail.co.uk/tvshowbiz/article-3041121/Mama-mia-Jennifer-Lopez-seals-status-MILF-clingy-macrame-mini-dress-set-American-Idol.html
24 Z.B. hier: https://theundefeated.com/features/explaining-beyonces-public-perfor-mance-of-pregnancy-and-motherhood/; http://feministing.com/2016/08/31/beyonce-black-motherhood-and-the-vmas/; www.ebony.com/news-views/beyonce-black-motherhood#axzz553h0U-wAk; Trier-Bieniek, Adriane (2016): *The Beyoncé Effect: Essays on Sexuality, Race and Feminism.* McFarland
25 Goll, Claire (1926): *Der Neger Jupiter raubt Europa.* dtv, S. 8
26 Mehr dazu auch unter: www.zeit.de/

kultur/2016-10/voelkerschauen-rassismus-hagenbeck-10nach8

27 Altenberg, Peter (1897): *Ashantee.* Fischer, gefunden auf: www.m-media. or.at/gesellschaft/menschenzoos-in-wien-wir-durfen-nichts-anziehen/2012/11/12/

28 https://derzaunfink.wordpress. com/2017/01/18/ueber-mannerhaa-re-und-frauengurken/#more-2384

29 Duden, Barbara/ Schlumbohm, Jürgen/ Veit, Patrice (Hg.) (2002): *Geschichte des Ungeborenen. Zur Erfahrung und Wissensgeschichte der Schwangerschaft,* Vandenhoeck & Ruprecht

30 Francia, Luisa (1988): *Drachenzeit. Die verborgene Kraft der Menstruation.* Frauenoffensive, S. 14

31 Wolf, Naomi (2013): *Vagina. Eine Geschichte der Weiblichkeit.* Rowohlt, S. 156 ff.

32 Wolf, Naomi (2013): *Vagina. Eine Geschichte der Weiblichkeit.* Rowohlt, S. 156 f.

33 Pielow, Dorothee (2001): *Lilith und ihre Schwestern. Zur Dämonie des Weiblichen.* Grupello

34 Pielow, Dorothee (2001): a.a.O., S. 13 f.

35 Billinghurst, Jane (2004): *Bad Girls. Verführerinnen von Eva bis Madonna.* Gerstenberg, S. 24

36 Sanyal, Mithu M. (2009): *Vulva. Die Enthüllung des unsichtbaren Geschlechts.* Wagenbach, S. 16

37 Federici, Silvia (2012): *Caliban und die Hexe. Frauen, der Körper und die ursprüngliche Akkumulation.* Mandelbaum Verlag, S. 117

38 Federici, Silvia (2012): a.a.O., S. 124

39 Federici, Silvia (2012): a.a.O., S. 104

40 Ahrendt-Schulte, Ingrid (1994): *Weise Frauen – böse Weiber. Die Geschichte der Hexen in der Frühen Neuzeit.* Herder, S. 19

41 Sanyal, Mithu M. (2009): *Vulva. Die Enthüllung des unsichtbaren Geschlechts.* Wagenbach, S. 14 / Wolf, Naomi (2013): *Vagina.* Rowohlt, S. 164

42 Wolf, Naomi (2013): ebd.

43 Sanyal, Mithu M. (2009): *Vulva. Die Enthüllung des unsichtbaren Geschlechts.* Wagenbach, S. 14

44 Sanyal, Mithu M. (2009): a.a.O., S. 170

45 Ahrendt-Schulte, Ingrid (1994): *Weise Frauen – böse Weiber. Die Geschichte der Hexen in der Frühen Neuzeit.* Herder, S. 104

46 www.spiegel.de/kultur/gesellschaft/nach-thatchers-tod-song-ding-dong-die-hexe-ist-tot-stuermt-charts-a-893548. html; www.spiegel.de/politik/ausland/strassenparty-in-london-200-menschen-feiern-thatchers-tod-a-893251.html

47 https://kurier.at/kultur/baby-katzengate-sargnagels-reinwa-schung-von-der-dummheit/253.409.380

48 http://fm4v3.orf.at/stories/1777779/index. html

49 gefunden in: www.spiegel.de/lebenund-lernen/schule/sex-aufklaerung-forsche-rin-tuider-ueber-streit-um-sexuelle-vielfalt-a-1001437.html

50 Strube, Miriam (2009): *Subjekte des Begehrens. Zur sexuellen Selbstbestimmung der Frau in Literatur, Musik und visueller Kultur.* Transcript Verlag, S. 55

51 Federici, Silvia (2012): *Caliban und die Hexe. Frauen, der Körper und die ursprüngliche Akkumulation.* Mandelbaum Verlag, S. 127

52 Cooey, Paula (1997): *Bad Women. The Limits of Theory and Theology.* In: Chopp, Rebecca S. & Davaney, Sheila Greeve (Hg.): *Horizons in Feminist Theology. Identity, Tradition and Norms.* Fortress Press, S. 1997

53 Leonhard, Marion (2007): *Gender in the Music Industry. Rock, Discourse and Girl Power.* ashgate, S. 80

54 (2006) Ariel Levy: *Female Chauvinist Pigs: Woman and the Rise of Raunch Culture*

55 Levy, Ariel (2006): *Female Chauvinist Pigs: Woman and the Rise of Raunch Culture.* Free Press

56 Textzeile aus *Leck mich am A, B, Zeh,* geschrieben von: Thorsten Boerger/Liane Wegelmann/Claudia Alexandra Wohlfromm, © SMPG Publishing (Germany) GmbH

57 Der Spiegel 50/1992, zit. n. Felber, Ulrike (2005): *Riot Grrrls. Repräsentationen einer*

88 Fuchs, Kirsten (2017): *Die Nacktheit der anderen*, in: *Zeit Online, 03.10.2017*

89 Maier, Josephina und Wüsthof, Achim (2009): *Schönheit unter der Gürtellinie*, in: *Zeit Online, 09.07.2009*

90 Follmann, Silvia (2017): *Neues aus der Beauty-Hölle: Es gibt jetzt einen Highlighter für die Vulva.* edition f (online), 24.07.2017

91 Lauenstein, Mercedes (2017): *Warum Frauen sich zu oft Körperprobleme einreden. jetzt.de,* 09.04.2017

92 Posch, Waltraud (2009): *Projekt Körper. Wie der Kult um die Schönheit unser Leben prägt.* Campus Verlag, S. 143

93 vgl. www.labialibrary.org.au

94 www.layla-martin.com/ – Epic Sex & Legendary Love

95 In: Posch, Waltraud (2009): *Projekt Körper. Wie der Kult um die Schönheit unser Leben prägt.* Campus Verlag

96 vgl. https://www.omgyes.com/de/; https://www.vice.com/de_at/article/kbxenn/was-ich-bei-omgyes-ubers-masturbieren-gelernt-habe

97 vgl. Korbik, Julia (2014): *Stand up. Feminismus für Anfänger und Fortgeschrittene.* Rogner & Bernhard

98 http://cathyreisenwitz.com/review-omgyes-website-trying-close-orgasm-gap/

99 Wolf, Naomi (2013): *Vagina. Eine Geschichte der Weiblichkeit.* Rowohlt

100 vgl. Penny, Laurie (2012): *Fleischmarkt. Weibliche Körper im Kapitalismus.* Edition Nautilus, S. 31

101 Posch, Waltraud (2009): *Projekt Körper. Wie der Kult um die Schönheit unser Leben prägt.* Campus Verlag, S. 37

102 Posch, Waltraud (2009): *Projekt Körper. Wie der Kult um die Schönheit unser Leben prägt.* Campus Verlag, S. 42

103 Posch, Waltraud (2009): *Projekt Körper. Wie der Kult um die Schönheit unser Leben prägt.* Campus Verlag, S. 67

104 Stokowski, Margarete (2016): *Untenrum frei.* Rowohlt, S. 103

105 ebd.

106 Stokowski, Margarete (2016): *Untenrum frei.* Rowohlt, S. 58

107 Penny, Laurie (2012): *Fleischmarkt. Weibliche Körper im Kapitalismus.* Edition Nautilus, S.8

108 Penny, Laurie (2012): *Fleischmarkt. Weibliche Körper im Kapitalismus.* Edition Nautilus, S. 9

109 Posch, Waltraud (2009): Projekt Körper. Wie der Kult um die Schönheit unser Leben prägt. Campus Verlag, S. 164 f.

110 https://derzaunfink.wordpress.com/2017/01/18/ueber-mannerhaare-und-frauengurken/

111 Torberg, Friedrich (1975): Die Tante Jolesch oder Der Untergang des Abendlandes in Anekdoten. dtv

112 vgl. Posch, Waltraud (2009): *Projekt Körper. Wie der Kult um die Schönheit unser Leben prägt.* Campus Verlag, S. 127

113 vgl. Penny, Laurie (2012): *Fleischmarkt. Weibliche Körper im Kapitalismus.* Edition Nautilus, S. 49

114 vgl. Posch, Waltraud (2009): *Projekt Körper. Wie der Kult um die Schönheit unser Leben prägt.* Campus Verlag, S. 127

115 Malich, Lisa (2013): *Who's your mommy now? Nationalmütter, Fuckermothers und die Geschichte des Muttermythos.* In: Annika Meckenbrauck/ Lukas Böckmann (Hg.): *The Mamas and the Papas. Reproduktion, Pop & widerspenstige Verhältnisse.* Ventil Verlag, S. 31

116 Maizes, Sarah (2011): *Got Milf? The Modern Mom's Guide to Feeling Fabulous, Looking Great, and Rocking a Minivan.* Berkley Books

117 Maizes, S.: a.a.O., S. 71

118 https://andrea-harmonika.de/2017/06/30/deine-mudda/, auch in Harmonika, Andrea (2018): *Jedem Zauber wohnt ein verdammter Zauber inne.* Bastei Lübbe, S. 56 ff.

119 2016 erschien die Studie auf Deutsch unter Donath, Orna (2016): *Regretting Motherhood: Wenn Mütter bereuen.* Knaus

120 Gschwend, Gaby (2009): *Mütter ohne Liebe. Vom Mythos der Mütter und seinen Tabus.* Huber, S. 34

121 Ebd.

122 Gschwend, Gaby (2009): *Mütter ohne Liebe. Vom Mythos der Mütter und seinen Tabus.* Huber, S. 37

[123] https://umstandslos.com/2014/03/28/ und-schnitt/

[124] https://www.facebook.com/mrsconstance-hall/photos/a.1020217474689744.1073741 828.1019711431407015/168728161798332 3/?type=3&theater

[125] Schwarzer, Alice (2007): *Die Antwort*. Kiepenheuer & Witsch, S. 85

[126] Malich, Lisa (2013): *Who's your mommy now? Nationalmütter, Fuckermothers und die Geschichte des Muttermythos*. In: Annika Meckenbrauck/ Lukas Böckmann (Hg.): *The Mamas and the Papas. Reproduktion, Pop & widerspenstige Verhältnisse*. Ventil Verlag, S. 29

[127] Flaubert, Gustave (1856): *Madame Bovary*; Tolstoi, Leo (1878): *Anna Karenina*

[128] de Botton, Alain (2012): *Wie man richtig an Sex denkt. Kleine Philosophie der Lebenskunst*. Kailash Verlag

[129] Bock, Gisela/ Duden, Barbara (1977): *Arbeit aus Liebe – Liebe als Arbeit. Zur Entstehung der Hausarbeit im Kapitalismus*. In: Gruppe Berliner Dozentinnen (Hg.): *Frauen und Wissenschaft: Beiträge zur Berliner Sommeruniversität für Frauen*. Berlin

[130] Bock, Gisela/ Duden, Barbara (1977): *Arbeit aus Liebe – Liebe als Arbeit. Zur Entstehung der Hausarbeit im Kapitalismus*. In: Gruppe Berliner Dozentinnen (Hg.): *Frauen und Wissenschaft: Beiträge zur Berliner Sommeruniversität für Frauen*. Berlin, S. 142

[131] Bock, Gisela/ Duden, Barbara (1977): *Arbeit aus Liebe – Liebe als Arbeit. Zur Entstehung der Hausarbeit im Kapitalismus*. In: a.a.O, S. 139

[132] vgl. Bock, Gisela/ Duden, Barbara (1977): *Arbeit aus Liebe – Liebe als Arbeit. Zur Entstehung der Hausarbeit im Kapitalismus*. In: Gruppe Berliner Dozentinnen (Hg.): *Frauen und Wissenschaft: Beiträge zur Berliner Sommeruniversität für Frauen*. Berlin

[133] Badinter, Elisabeth (1981): *Die Mutterliebe. Geschichte eines Gefühls vom 17. Jahrhundert bis heute*. Piper, S. 63

[134] Gschwend, Gaby (2009): *Mütter ohne Liebe. Vom Mythos der Mütter und seinen Tabus*. Huber

[135] Kinsley, Craig (2006): *The maternal brain*. In: Scientific American January/2016, https://www.scientificamerican.com/ article/the-maternal-brain/

[136] Renz-Polster, Herbert (2009): *Kinder verstehen. Born to be wild: Wie die Evolution unsere Kinder prägt*. Kösel

[137] vgl. https://www.facebook.com/ mrsconstancehall/posts/ 1061290347249123:0

[138] Bäuerlein, Theresa/ Eckert, Tom (2016): *Besser als Sex ist besserer Sex. Ein Paar. Ein Jahr. Ein Experiment*. Heyne

[139] https://mama-arbeitet.de/erziehung/ die-7-eltern-todsuenden

[140] Studie *Die ganze Wahrheit über Schönheit* von Dove, Mai 2010, zitiert in: Korbik, Julia (2014): *Stand up. Feminismus für Anfänger und Fortgeschrittene*. Rogner & Bernhard, S. 28

[141] Bäuerlein, Theresa/ Eckert, Tom (2016): *Besser als Sex ist besserer Sex. Ein Paar. Ein Jahr. Ein Experiment*. Heyne

[142] Bäuerlein, Theresa/ Eckert, Tom (2016): *Besser als Sex ist besserer Sex. Ein Paar. Ein Jahr. Ein Experiment*. Heyne, S. 151

[143] Moran, Caitlin (2012): *How to be a woman. Wie ich lernte, eine Frau zu sein*. Ullstein

[144] Mehr zum Co-Parenting bei König, Jochen (2015): *Mama, Papa, Kind? Von Singles, Eltern und anderen Familien*. Herder

[145] https://www.instagram.com/celestebarber/

[146] (2016) Elena Favilli, Francesca Cavallo: *Good Night Stories for Rebel Girls*. 100 Tales of Extraordinary Women. – Mittlerweile auch schon auf Deutsch und in mehreren anderen Sprachen erschienen.

[147] https://www.ted.com/talks/al_vernacchio_ sex_needs_a_new_metaphor_here_s_ one?language=de

[148] Malich, Lisa (2013): *Who's your mommy now? Nationalmütter, Fuckermothers und die Geschichte des Muttermythos*. In: Annika Meckenbrauck/ Lukas Böckmann (Hg.): *The Mamas and the Papas. Reproduktion, Pop & widerspenstige Verhältnisse*. Ventil Verlag, S. 32

HOW TO SURVIVE ALS FRAU AB 40

SO LEBEN SIE GLÜCKLICH MIT FALTEN, PFUNDEN UND ANDEREN ZUMUTUNGEN DES ÄLTERWERDENS

HOW TO SURVIVE ALS FRAU AB 40
SO LEBEN SIE GLÜCKLICH MIT FALTEN, PFUNDEN
UND ANDEREN ZUMUTUNGEN DES ÄLTERWERDENS
Von Dagmar da Silveira Macêdo
280 Seiten, Taschenbuch
ISBN 978-3-942665-42-1 | Preis 9,99 €

Ab 40 ist Älterwerden ein akutes Thema. Sie werden merkwürdige Veränderungen an Ihrem Körper und Ihrer inneren Einstellung wahrnehmen, und einige dieser Neuentdeckungen brauchen verdammt viel Mut.

Zum Beispiel, wenn Sie eines Morgens feststellen, dass Sie über Nacht zwei Kleidergrößen gewachsen sind oder dass eine unscheinbare Falte an Ihrem Hals beim Vorbeugen zur Truthahnhaut mutiert. Die Autorin zeigt selbstironisch, dass frau mit 40 keinesfalls zum alten Eisen gehört, sondern ganz im Gegenteil: Das Leben fängt erst jetzt richtig an. Mit 40 hat frau noch die Hälfte ihres Lebens vor sich und damit genügend Zeit und Energie, um das Ruder noch mal komplett herumzureißen: Start-up gründen, Kinder kriegen, Selbstverwirklichung und auswandern, neuen Partner finden, Marathon laufen – eine Frau ab 40 kann alles.